U0908646

普通高等教育规划教材

# 高级财务会计

主　编　吕春艳　江　霞
主　审　韩沚清

机 械 工 业 出 版 社

本书以“注重实用性，兼顾研究性”为原则，择取了理论界普遍认同而又具有现实意义的，特别是我国注册会计师考试中要求而中级财务会计未涉及的内容作为主要内容，同时，以一定的篇幅介绍了其他会计专题。全书包括外币折算、租赁、股份支付、政府补助、会计调整、企业合并、合并财务报表、分部报告和中期财务报告、每股收益、分支机构会计、企业清算会计和其他专题介绍共12章内容。各章后均附有复习思考题和实务练习题，以提高学生的实务能力和分析、解决问题的能力。

本书可作为应用型本科会计学、财务管理等专业以及成人教育和高等职业教育相关专业的教材，也可作为会计从业人员的参考用书。

**图书在版编目（CIP）数据**

高级财务会计/吕春艳，江霞主编．—北京：机械工业出版社，2011.9（2017.6重印）
普通高等教育规划教材
ISBN 978-7-111-34336-3

Ⅰ．①高…　Ⅱ．①吕…　②江…　Ⅲ．①财务会计—高等学校—教材
Ⅳ．①F234.4

中国版本图书馆CIP数据核字（2011）第119622号

机械工业出版社（北京市百万庄大街22号　邮政编码100037）
策划编辑：商红云　责任编辑：商红云　魏　悦
封面设计：张　静　责任校对：赵　蕊
责任印制：张　楠
北京宝昌彩色印刷有限公司印刷
2017年6月第1版第3次印刷
169mm×239mm・16.75印张・322千字
标准书号：ISBN 978-7-111-34336-3
定价：34.00元

凡购本书，如有缺页、倒页、脱页，由本社发行部调换

电话服务
服务咨询热线：（010）88379833
读者购书热线：（010）88379649

网络服务
机 工 官 网：www.cmpbook.com
机 工 官 博：weibo.com/cmp1952
教育服务网：www.cmpedu.com
金 书 网：www.golden-book.com

# 前　言

“高级财务会计”是会计学专业、财务管理专业的重要主干课程之一，它以中级财务会计为基础，主要涉及复杂业务与特殊业务的会计处理问题。随着社会经济的不断发展，高级财务会计研究与处理的内容越来越丰富，对于这门课程应该包括的基本内容，目前尚无统一的看法。近几年，国内出版的相关教材中，真正适用于应用型本科人才培养的不多。应用型本科人才培养应以“注重实用性，兼顾研究性”为原则，以知识传授的应用性来构建课程及其内容。基于这种认识，本书择取了理论界普遍认同而又具有现实意义的，特别是我国注册会计师考试中要求而中级财务会计未涉及的内容作为主要内容，同时，用一定的篇幅介绍了其他会计专题，以开拓学生的视野，并给学有余力的学生以引导与启发。本书的特点如下：

（1）衔接性。本书的内容注重财务会计体系的完整性与系统性，在避免重复的基础上，实现了与中级财务会计的衔接。

（2）新颖性。本书严格按照我国最新的《企业会计准则》及企业会计准则解释而编写。

（3）实用性。以我国注册会计师考试中要求而中级财务会计未涉及的内容作为本书的主要内容，同时，还以一定的篇幅介绍了其他会计专题。

（4）注重应用能力的培养。每章之后均附有复习思考题与实务练习题，帮助学生巩固所学知识，提高学生分析、解决问题的能力。

本书共十二章，由吕春艳、江霞任主编，刘恩杰、崔冰、张承前、戴华江任副主编。具体分工如下：吕春艳编写第一章、第二章、第四章，并对本书进行总纂；江霞编写第六章、第七章；刘恩杰编写第八章、第十二章；崔冰编写第三章、第九章；张承前编写第十章、第十一章；戴华江编写第五章。另外，孙立新、国风兰、王富兰也参与了部分内容的编校工作。

本书由山东科技大学经济管理学院韩沚清教授任主审，韩教授在审阅过程中提出了许多宝贵的意见和建议，在此表示衷心的感谢。在本书的编写过程中，编者参阅了许多专家、学者的著作，在此也向他们表示由衷的谢意。

本书可作为应用型本科院校会计学、财务管理等专业以及成人教育和高等职业教育相关专业的教材，也可作为会计从业人员的参考用书。

由于编者水平有限，书中难免出现某些错误和不妥之处，请各位读者批评、指正。

编　者

# 目　录

# 第一章　外币折算

## 第一节　外币折算的相关概念

### 一、外汇和外币

1. 外汇

根据国际货币基金组织的解释，外汇是指货币行政管理当局以银行存款、国库券、长短期政府债券等形式所保有的在国际收支逆差时可以使用的债权。《中华人民共和国外汇管理暂行条例》规定，外汇是指以外国货币表示的用于国际结算的支付手段以及可用于国际支付的特殊债券和其他货币资产。它具体包括：①外国货币。它包括纸币、铸币等。②外币有价证券。它包括政府公债、国库券、公司债券、股票、息票等。③外汇收支凭证。它包括票据、银行存款凭证、邮政储蓄凭证等。④其他外汇资金。

由于黄金可以用做国际支付和结算的手段，执行世界货币的职能，许多国家也将其列入外汇范畴。

2. 外币

外币通常是指除了本国货币以外的其他国家和地区的货币。可见，外汇和外币是两个不同的概念。外汇包括外币，但不仅仅指外币，还包括其他国际支付手段。

值得注意的是，会计上的外币是指企业所采用的记账本位币以外的货币。当企业采用本国货币作为记账本位币时，外币指的是外国货币；当企业采用某种外国货币作为记账本位币时，外币包括本国货币在内。

### 二、记账本位币

记账本位币是指企业经营所处的主要经济环境中的货币。通常这一货币是企业主要收、支现金的经济环境中的货币。在我国，企业通常应选择人民币作为记账本位币。业务收支以人民币以外的货币为主的企业，可参照下列规定选定其中一种货币作为记账本位币，但编报的财务报表应当折算为人民币。需要说明的是，我国会计上所称的记账本位币，与国际财务报告准则中的功能货币，虽然名称不同，但实质上是一致的。

1. 企业记账本位币的选定

企业根据经营所处的主要经济环境选定记账本位币时，应考虑下列因素：

（1）该货币主要影响商品和劳务的销售价格，通常以该货币进行商品和劳务的计价和结算。

（2）该货币主要影响商品和劳务所需人工、材料和其他费用，通常以该货币进行上述费用的计价和结算。

（3）融资活动获得的货币以及保存从经营活动中收取的款项所使用的货币。

在确定企业的记账本位币时，上述因素的重要程度因企业具体情况不同而不同，需要企业管理层根据实际情况进行判断。在一般情况下，综合考虑前两项因素即可确定企业的记账本位币，第三项为参考因素。在综合考虑前两项因素仍不能确定企业记账本位币的情况下，结合第三项因素进行综合分析后作出判断。

### 2. 境外经营记账本位币的选定

境外经营是指企业在境外的子公司、合营企业、联营企业、分支机构；在境内的子公司、合营企业、联营企业、分支机构，选定的记账本位币不同于企业记账本位币的，也视同境外经营。可见，确定境外经营不是以位置是否在境外作为判定标准，而是要看其选定的记账本位币是否与企业的记账本位币相同。

境外经营选定记账本位币时，除考虑上述因素外，还应考虑下列因素：

（1）境外经营对其所从事的活动是否拥有很强的自主性。

（2）境外经营活动中与企业的交易是否在境外经营活动中占有较大比重。

（3）境外经营活动产生的现金流量是否直接影响企业的现金流量，是否可以随时汇回。

（4）境外经营活动产生的现金流量是否足以偿还其现有债务和可预期的债务。

### 3. 记账本位币的变更

企业的记账本位币一经确定，不得随意变更，除非与确定记账本位币相关的企业经营所处的主要经济环境发生了重大变化。企业因经营所处的主要经济环境发生重大变化，确需变更记账本位币的，应当采用变更当日的即期汇率将所有项目折算为变更后的记账本位币，折算后的金额作为以新的记账本位币计量的历史成本。由于采用同一即期汇率进行折算，不会产生汇兑损益，但企业需要提供确凿的证据证明企业经营所处的主要经济环境确实发生了重大变化，并应当在附注中披露变更的理由。

企业记账本位币发生变更的，在按照变更当日的即期汇率将所有项目折算为变更后的记账本位币时，其比较财务报表也应当以可比当日的即期汇率折算所有资产负债表和利润表项目。

## 三、汇率

汇率也称汇价，是指以一国货币表示的另一国货币的价格，亦即将一国货币兑换或折算为另一国货币所使用的比率。

### （一）汇率的标价方法

汇率的标价是指以外国货币表示本国货币的价格或以本国货币表示外国货币的价格。它具体包括直接标价法和间接标价法两种。

1. 直接标价法

直接标价法也称应付标价法，是指每单位外国货币可兑换的本国货币金额。或者说，它是以一定单位的外国货币为标准，来计算应付若干单位的本国货币。其特点是，外国货币的数额固定不变，本国货币标价数额与汇率的高低成正比，本国货币币值的大小与汇率的高低成反比。目前，世界上大多数国家均采用直接标价法，我国国家外汇管理局对外公布的外汇牌价，采用的就是直接标价法。

2. 间接标价法

间接标价法也称应收标价法，是指每单位本国货币可兑换的外国货币金额。或者说，它是以一定单位的本国货币为标准，来计算应收若干单位的外国货币。其特点是，本国货币的数额固定不变，外国货币标价数额与汇率的高低成正比，本国货币币值的大小与汇率的高低成正比。通常，英国、美国采用这种方法，但美国对英国采用直接标价法。

直接标价法和间接标价法没有本质的区别，只是计算方法和表示方法不同而已。实际上，同一汇率的直接标价与间接标价互为倒数。

### （二）汇率的种类

1. 买入汇率、卖出汇率和中间汇率

在通常情况下，人民币汇率是以直接标价法表示的。由于大多数外汇交易都与银行发生关系，因此，汇率总是从银行买卖外汇的角度进行标价的。买入汇率是指银行买入其他货币的价格，也称买入价。卖出汇率是指银行出售其他货币的价格，也称卖出价。买入汇率与卖出汇率的平均数，称为中间汇率或中间价。会计上将外币金额折合为记账本位币金额的折合汇率一般采用中间汇率或中间价。在直接标价法下，卖出价高于买入价，其间的差额即为银行经营外汇的毛利。

2. 现行汇率、历史汇率和平均汇率

现行汇率也称现时汇率，是指当前外币经济业务发生时的当天汇率，或当前编制财务报表时的当天汇率。企业发生外币经济业务时所采用的记账汇率，往往是现行汇率。

历史汇率是指最初取得外币资产或最初承担外币负债时的汇率，也即经济业务最初发生时的汇率。现行汇率与历史汇率是相对而言的。在记录外币交易之日，应用的折算汇率是现行汇率，但此日已过，也就成了历史汇率。

平均汇率是指会计上为了处理时简便，而将现行汇率或历史汇率进行了简单平均或者加权平均后的汇率。

3. 即期汇率、即期汇率的近似汇率和远期汇率

即期汇率也称现汇汇率，是指在外汇买卖成交后立即或最迟不超过两个营业日进行交割的汇率，即现汇交易中即期交割的汇率。根据支付凭证的不同，现汇又分为电汇、信汇和票汇，其汇率也有所不同。由于电汇交款迅速，国际上大额款项大多采用电汇方式。世界各国外汇市场公布的即期汇率指的就是电汇汇率。在我国，即期汇率一般是指当日中国人民银行公布的人民币汇率的中间价。

即期汇率的近似汇率是指按照系统、合理的方法确定的，与交易发生日即期汇率近似的汇率，通常是指当期平均汇率或加权平均汇率等。

远期汇率也称期汇汇率，是指外汇买卖双方订立外汇买卖契约，事先约定在将来的一定时日据以交割的外汇汇率，即期汇交易中所采用的汇率。约定后，不论到期时日的即期汇率如何变化，均按原定的约定汇率交割。

同一时日的远期汇率与即期汇率之间的差额，被称为升水或贴水。在直接标价法下，远期汇率高于即期汇率时为升水；反之，则为贴水。在间接标价法下，远期汇率低于即期汇率时为升水，而高于即期汇率时则为贴水。

## 四、汇兑损益

汇兑损益是指将一种货币兑换或折算成另一种货币时，由于汇率的变动所产生的兑换或折算的收益或损失。汇兑损益依据标准不同，可以分为不同的类别：

1. 按性质不同，汇兑损益分为兑换损益和折算损益

兑换损益是指将一种货币实际交换成另一种货币时，由于两者价值上的差异所产生的汇兑损益。

折算损益是指以记账本位币来重新表述外币金额时所产生的汇兑损益。它既包括外币交易中因收回债权或偿付债务、期末外币账户余额调整而产生的汇兑损益，又包括报表折算损益。

2. 按来源不同，汇兑损益分为交易损益和报表折算损益

交易损益是指在外币交易中形成的汇兑损益。它包括外币交易中形成的兑换损益和折算损益。

报表折算损益是指将外币反映的财务报表折算为某一特定货币表示的财务报表时所产生的汇兑损益。

3. 按是否在本期已实现，汇兑损益分为已实现汇兑损益和未实现汇兑损益

已实现的汇兑损益是指产生汇兑损益的外币业务在资产负债表日前已完成结算，金额已经最终确定的汇兑损益。如债权已经收回，债务已经偿付，当然它也包括外币兑换损益。

未实现的汇兑损益是指产生汇兑损益的外币业务在资产负债表日前尚未完成结算，金额尚未最终确定的汇兑损益。它包括外币交易中期末外币账户的调整损益和报表折算损益。

# 第二节 外币交易的会计处理

## 一、外币交易的含义

外币交易是指以外币计价或者结算的交易。此处所指的外币是企业记账本位币以外的货币。常见的外币交易包括以下几种：

（1）外币兑换。它是指将一种货币兑换成另一种货币。

（2）买入或者卖出以外币计价的商品或者劳务。

（3）借入或者借出外币资金。

（4）其他以外币计价或者结算的交易，如接受外币资金投资业务。

## 二、外币交易的记账方法

外币交易的记账方法有外币统账制和外币分账制两种，企业可根据实际情况加以选择。

### 1. 外币统账制

外币统账制是指企业在发生外币业务时，均按照业务发生时的即期汇率或即期汇率的近似汇率折算为记账本位币入账，除了外币兑换业务外，平时不确认汇兑损益，月末再将各外币账户的外币余额按月末汇率折合为记账本位币金额，折合后的记账本位币金额与账面记账本位币金额的差额，确认为汇兑损益的方法。目前，我国绝大多数企业采用这种记账方法。

### 2. 外币分账制

外币分账制是指企业在外币业务发生时，直接按照原币记账，不需要按一定的汇率折算成记账本位币，月末再将所有原币的发生额按一定的市场汇率折算为记账本位币，并确认汇兑损益的方法。采用这种方法，需要按币种分设账户，分币种核算损益。这种方法减少了日常会计核算的工作量，又可及时、准确地反映外币业务情况，一般适用于外币交易频繁、外币币种较多的企业。目前，我国许多金融类企业采用这种记账方法。

## 三、外币交易会计处理的基本方法

外币商品购销交易中，如果货物的交易和款项的结算没有同时进行，采用何种方法进行会计处理，取决于企业在记录外币交易业务时所选择的观点，即单一交易观点和两项交易观点。

### 1. 单一交易观点

单一交易观点也称一笔业务交易观点，是指企业将发生的购货或销货业务以及以后的账款结算视为一项交易的两个阶段。在这种观点下，汇率变动的影响应作为原入账营业收入或购货成本的调整，即按记账本位币计量的销售收入和购货成本，最终取决于结算日的汇率。这种方法的会计处理包括：

（1）在交易发生日，按当日汇率将交易发生的外币金额折合为记账本位币入账。

（2）在资产负债表日，如果交易尚未结算，应按资产负债表日的汇率将交易发生额折算为记账本位币金额，并对有关外币资产、负债、收入、成本账户进行调整。

（3）在交易结算日，应按结算日汇率将交易发生额折算为记账本位币金额，并对有关外币资产、负债、收入、成本账户进行调整。

单一交易观点要求购入的资产成本在未结算前要随资产负债表日汇率变动不断调整。可是存货在资产负债表日前已售出的情况下，资产负债表日与结算日的差额如何调整是个难以解决的问题。另外，在单一交易观点下，无法单独反映外币的风险程度，亦即无法向企业管理层提供决策的有用信息。

2. 两项交易观点

两项交易观点也称两笔业务交易观点，是指对企业发生的购货或销货业务，将交易的发生和以后的货款结算视为两项交易。在这种观点下，购货成本或营业收入均按照交易日的汇率确定，即确认的购货成本或营业收入取决于交易日的汇率，而与结算日的汇率无关。在交易中形成的应收或应付外币账款将承受汇率变动的风险。

在两项交易观点下，对于结算日前的资产负债表日，汇率变动产生的汇兑损益有两种处理方法：①作为已实现的损益，记入“财务费用”账户，列入当期利润表。②作为未实现损益作递延处理，记入“递延汇兑损益”账户，列入资产负债表，待到结算日再作为已实现的汇兑损益入账，转入“财务费用”账户，列入利润表。

两项交易观点已为大多数国家的会计准则所采用。《国际会计准则第21号——汇率变动的影响》（IAS 21）规定，原则上采用两项交易观点的第一种方法，但也未完全否定第二种方法。我国基本上采用两项交易观点的第一种方法。

## 四、外币交易的会计处理

### （一）账户的设置

在外币统账制的记账方法下，对外币交易采用两项交易观点的第一种方法进行会计核算不必单独设置科目，对外币交易金额因汇率变动而产生的差额可在“财务费用”账户下设置二级账户“汇兑损益”反映。该账户借方反映因汇率变动而产生的汇兑损失，贷方反映因汇率变动而产生的汇兑收益，期末余额转入“本年利润”账户后一般无余额。

### （二）外币交易会计核算的基本程序

企业对于发生的外币交易，其会计核算的基本程序如下：

（1）将外币金额按照交易日的即期汇率或即期汇率的近似汇率折算为记账本位币金额，按照折算后的记账本位币金额登记有关账户；在登记有关记账本位币账户的同时，按照外币金额登记相应的外币账户。

（2）期末（指月末、季末或年末，下同），将所有外币货币性项目的外币余额，按照期末即期汇率折算为记账本位币金额，并与原记账本位币金额相比较，其差额记入“财务费用——汇兑损益”账户。

（3）结算外币货币性项目时，将其外币结算金额按照当日即期汇率折算为记账本位币金额，并与原记账本位币金额相比较，其差额记入“财务费用——汇兑损益”账户。

### （三）外币交易初始确认的会计处理

企业发生的外币交易在初始确认时，采用交易日的即期汇率或即期汇率的近似汇率将外币金额折算为记账本位币金额。这里的即期汇率可以是外汇牌价的买入价或卖出价，也可以是中间价；在不与银行进行货币兑换的情况下，一般以中间价作为即期汇率。

中国人民银行每日仅公布银行间外汇市场人民币兑换美元、欧元、日元、港元的中间价。企业发生的外币交易只涉及人民币与这四种货币之间折算的，可直接采用公布的人民币汇率的中间价作为即期汇率进行折算；企业发生的外币交易涉及人民币与其他货币之间折算的，根据美元对人民币的基准汇率和国家外汇管理局提供的纽约外汇市场美元对其他主要外币的汇率进行套算，按照套算后的汇率作为折算汇率；企业发生的外币交易涉及人民币以外的货币之间折算的，可直接采用国家外汇管理局提供的纽约外汇市场美元对其他主要外币的汇率进行套算，按套算后的汇率作为折算汇率。

1. 外币兑换业务

外币兑换业务是指企业从银行买入外币或将外币卖给银行以及将一种外币兑换为另一种外币的经济业务。

（1）企业将外币卖给银行。企业按规定将持有的外币卖给银行，即结汇业务，银行买进外汇并按其买入价兑付人民币给企业。企业应按实际收到的人民币金额借记“银行存款——人民币户”账户，按向银行结售的外币与企业选定的折算汇率折合的人民币金额贷记“银行存款——外币户”，将两者之间的差额记入“财务费用——汇兑损益”账户。

**【例 1-1】** M 公司以人民币为记账本位币，对外币交易采用交易日的即期汇率折算。2010 年 6 月 2 日，M 公司将 100 000 美元到银行兑换为人民币，银行当日的美元买入价为 1 美元=6.81 元人民币，中间价为 1 美元=6.83 元人民币。有关会计分录如下：

| | | |
|---|---|---|
| 借：银行存款——人民币（100 000×6.81） | 681 000 | |
| 　　财务费用——汇兑损益 | 2 000 | |
| 　　贷：银行存款——美元（100 000×6.83） | | 683 000 |

（2）企业从银行买入外币。企业因业务需要从银行买入外币，银行售汇时按其卖出价向企业计算收取人民币，企业应按选定的折算汇率折合的人民币金额借记“银行存款——外币户”账户，按实际付出的人民币金额贷记“银行存款——人民币户”账户，将两者之间的差额记入“财务费用——汇兑损益”账户。

【例 1-2】 M 公司以人民币为记账本位币，对外币交易采用交易日的即期汇率折算。2010 年 6 月 4 日，M 公司因外币支付需要，从银行购入 100 000 欧元，银行当日的欧元卖出价为 1 欧元=9.71 元人民币，当日的中间价为 1 欧元=9.64 元人民币。有关会计分录如下：

借：银行存款——欧元（100 000×9.64）　　964 000
　　财务费用——汇兑损益　　7 000
　　贷：银行存款——人民币（100 000×9.71）　　971 000

2. 外币购销业务

【例 1-3】 M 公司属于增值税一般纳税企业，选择确定的记账本位币为人民币，其外币交易采用交易日即期汇率折算。2010 年 6 月 5 日，M 公司从美国 N 公司购入某种工业原料 500t，价格为 4 000 美元/t，当日的即期汇率为 1 美元=6.80 元人民币，进口关税为 1 360 000 元人民币，支付进口增值税 2 543 200 元人民币，货款尚未支付，进口关税及增值税由银行存款支付。

有关会计分录如下：

借：原材料（500×4 000×6.80+1 360 000）　　14 960 000
　　应交税费——应交增值税（进项税额）　　2 543 200
　　贷：应付账款——N 公司（美元）　　13 600 000
　　　　银行存款——人民币　　3 903 200

【例 1-4】 M 公司的记账本位币为人民币，对外币交易采用交易日的即期汇率折算。2010 年 6 月 8 日，M 公司向 N 公司出口销售商品 12 000 件，销售合同规定的销售价格为 200 美元/件，当日的即期汇率为 1 美元=6.77 元人民币。假设不考虑相关税费，货款尚未收到。有关会计分录如下：

借：应收账款——N 公司（美元）　　16 248 000
　　贷：主营业务收入（12 000×200×6.77）　　16 248 000

【例 1-5】 M 公司的记账本位币为人民币，对外币交易采用交易日的即期汇率折算。2010 年 6 月 13 日，M 公司从境外丙公司购入一台不需要安装的设备，设备价款为 200 000 美元，购入该项设备当日的即期汇率为 1 美元=6.72 元人民币，适用的增值税税率为 17%，款项尚未支付，增值税以银行存款支付。有关会计分录如下：

借：固定资产——机器设备（200 000×6.72）　　1 344 000
　　应交税费——应交增值税（进项税额）　　228 480

贷：应付账款——丙公司（美元） 1 344 000

银行存款——人民币 228 480

3. 外币借款业务

**【例 1-6】** M 公司的记账本位币是人民币，对外币交易采用交易日即期汇率折算。2010 年 6 月 20 日，M 公司从中国银行借入 150 000 美元，期限为 6 个月，借入的美元暂存银行，本金及利息到期一次偿还。借入当日的即期汇率为 1 美元=6.74 元人民币。有关会计分录如下：

借：银行存款——美元（150 000×6.74） 1 011 000

贷：短期借款——美元（150 000×6.74） 1 011 000

4. 接受外币资本投资业务

企业收到投资者以外币投入的资本，无论是否有合同约定汇率，均不得采用合同约定汇率和即期汇率的近似汇率折算，而只能采用交易日即期汇率折算，这样，外币投入资本与相应的货币性项目的记账本位币金额相等，不产生外币资本折算差额。

**【例 1-7】** M 公司的记账本位币为人民币，对外币交易采用交易日的即期汇率折算。根据其与外商签订的投资合同，外商将分两次投入外币资本，投资合同约定的汇率是 1 美元=7 元人民币。2010 年 6 月 25 日，M 公司第一次收到外商投入资本 300 000 美元，当日即期汇率为 1 美元=6.78 元人民币。有关会计分录如下：

借：银行存款——美元（300 000×6.78） 2 034 000

贷：实收资本 2 034 000

虽然“股本（或实收资本）”账户的金额不能反映股权比例，但并不改变企业分配和清算的约定比例，这一约定比例通常已经包括在合同中。

### （四）外币交易余额的期末调整

期末，企业应将外币交易余额分为货币性项目和非货币性项目进行会计处理。

1. 货币性项目的处理

货币性项目是指企业持有的货币和将以固定或可确定金额的货币收取的资产或者偿付的负债。货币性项目分为货币性资产和货币性负债。货币性资产包括库存现金、银行存款、应收账款、其他应收款及长期应收款等，货币性负债包括应付账款、其他应付款、短期借款、应付债券、长期借款和长期应付款等。

在资产负债表日，对于外币货币性项目的账户外币余额，应以当日即期汇率折算为记账本位币，由于期末即期汇率不同于该项目初始入账汇率或前一期末即期汇率而产生的与原账面记账本位币余额之间的差额，作为汇兑损益，记入“财务费用”或相关账户。外币货币性项目的期末调整程序如下（假定记账本位币是人民币）：

（1）根据各外币货币性账户账面记录计算出各自的期末外币余额和原账面人

民币余额，将原账面人民币余额作为调整前人民币余额。

（2）根据各外币货币性账户的期末外币余额，按照期末即期汇率折算出人民币余额，作为调整后人民币余额。

（3）比较调整后人民币余额与调整前人民币余额，计算出两者的差额作为汇兑差额。

（4）对外币货币性账户期末账面余额，根据各账户的性质及其汇兑差额进行调整的账务处理，并确认汇兑损益记入“财务费用”或相关账户。

外币货币性项目的期末调整可以分别进行，也可以如【例 1-8】综合进行，其结果相同。

**【例 1-8】** 假定 M 公司 2010 年 5 月 31 日外币货币性项目余额如表 1-1 所示。

**表 1-1 外币货币性项目余额表**

| 账户名称 | 币种 | 外币余额 | 汇率 | 折合人民币/元 |
| --- | --- | --- | --- | --- |
| 银行存款 | 美元 | 150 000 | 6.8 | 1 020 000 |

2010 年 6 月 30 日即期汇率如下：

1 美元=6.75 元人民币，1 欧元=9.60 元人民币，1 港元=0.92 元人民币。

【例 1-1】～【例 1-7】为 M 公司 2010 年 6 月发生的所有外币业务，沿用【例 1-1】～【例 1-7】的资料，2010 年 6 月 30 日 M 公司可编制外币货币性项目期末余额调整计算表，如表 1-2 所示。

**表 1-2 外币货币性项目期末余额调整计算表**

| 外币账户名称 | 币种 | 期末外币余额 | 期末即期汇率 | 调整后人民币余额/元 | 调整前人民币余额/元 | 汇兑差额/元 |
| --- | --- | --- | --- | --- | --- | --- |
| 银行存款 | 美元 | 500 000 | 6.75 | 3 375 000 | 3 382 000 | 7 000 |
| 银行存款 | 欧元 | 100 000 | 9.6 | 960 000 | 964 000 | 4 000 |
| 应收账款——N 公司 | 美元 | 2 400 000 | 6.75 | 16 200 000 | 16 248 000 | 48 000 |
| 应付账款——N 公司 | 美元 | 2 000 000 | 6.75 | 13 500 000 | 13 600 000 | 100 000 |
| 应付账款——丙公司 | 美元 | 200 000 | 6.75 | 1 350 000 | 1 344 000 | 6 000 |
| 短期借款 | 美元 | 150 000 | 6.75 | 1 012 500 | 1 011 000 | 1 500 |

根据表 1-2 做期末调整分录如下：

借：应付账款——N 公司（美元） 100 000

  贷：银行存款——美元 7 000

    银行存款——欧元 4 000

　　应收账款——N 公司（美元）　　48 000
　　应付账款——丙公司（美元）　　6 000
　　短期借款——美元　　1 500
　　财务费用——汇兑损益（倒挤数）　　33 500

**【例 1-9】** 沿用【例 1-4】，假定 M 公司 2010 年 7 月 20 日收到上述货款，兑换成人民币后直接存入银行，当日银行的美元买入价为 1 美元=6.82 元人民币。有关会计分录如下：

借：银行存款——人民币（12 000×200×6.82）　　16 368 000
　贷：应收账款——N 公司（美元）　　16 200 000
　　　财务费用——汇兑损益　　168 000

**【例 1-10】** 沿用【例 1-7】，假定 M 公司于 2011 年 2 月 3 日，第二次收到外商投入资本 300 000 美元，当日即期汇率为 1 美元=6.60 元人民币。有关会计分录如下：

借：银行存款——美元（300 000×6.60）　　1 980 000
　贷：实收资本　　1 980 000

2. 非货币性项目的处理

非货币性项目是指除货币性项目以外的项目。如存货、长期股权投资、交易性金融资产（股票、基金）、固定资产、无形资产、实收资本（股本）等。

（1）对于以历史成本计量的外币非货币性项目，已在交易发生日按当日即期汇率折算，构成这些项目的历史成本，资产负债表日不应再作调整改变其原记账本位币金额，故不产生汇兑损益。

（2）对于以成本与可变现净值孰低计量的存货，如果其可变现净值以外币确定，在计提存货跌价准备时应当考虑汇率变动的影响。即在确定存货的期末价值时，应先将可变现净值折算为记账本位币，再与以记账本位币反映的存货账面价值进行比较，计算确定存货跌价准备的计提。

**【例 1-11】** N 公司以人民币为记账本位币。2010 年 11 月 6 日，N 公司从美国 W 公司采购国内市场尚无的 A 商品 10 000 件，价格为 1000 美元/件，当日即期汇率为 1 美元=6.70 元人民币。2010 年 12 月 31 日，尚有 1 000 件 A 商品未销售出去，国内市场仍无 A 商品供应，A 商品在国际市场上的价格降至 900 美元。12 月 31 日的即期汇率是 1 美元=6.80 元人民币。假定不考虑增值税等相关税费。

本例中，期末在计算库存商品——A 商品的可变现净值时，在国内没有相应产品的价格，因此，只能依据 A 商品的国际市场价格为基础确定其可变现净值，但需要考虑汇率变动的影响，期末，以国际市场价格为基础确定的可变现净值应按照期末汇率折算，再与库存 A 商品的记账本位币成本相比较，确定其应提的跌价准备。因此，该公司应作会计分录如下：

11 月 6 日，购入 A 商品：

借：库存商品——A（10 000×1 000×6.70）　　67 000 000

　　贷：银行存款——美元　　67 000 000

12 月 31 日，计提存货跌价准备：

借：资产减值损失　　580 000

　　贷：存货跌价准备　　580 000

存货跌价准备=1 000×1 000×6.70–1 000×900×6.80=580 000（元人民币）

（3）对于以公允价值计量的股票、基金等非货币性项目，如果期末的公允价值以外币反映，则应当先将该外币按照公允价值确定当日的即期汇率折算为记账本位币金额，再与原记账本位币金额进行比较，其差额作为公允价值变动损益，计入当期损益。如属于可供出售外币非货币性项目的，形成的汇兑损益计入资本公积。

**【例 1-12】** M 公司的记账本位币为人民币。2010 年 12 月 20 日 M 公司以 1.50 美元/股的价格购入 N 公司 B 股 10 000 股作为交易性金融资产，当日汇率为 1 美元=6.75 元人民币，款项已付。2010 年 12 月 31 日由于市价变动，当月购入的 N 公司 B 股的市价变为 1 美元/股，当日汇率为 1 美元=6.80 元人民币。假定不考虑相关税费的影响，2010 年 12 月 20 日，该公司应对上述交易作以下账务处理：

借：交易性金融资产（10 000×1.50×6.75）　　101 250

　　贷：银行存款——美元　　101 250

根据《企业会计准则第 22 号——金融工具确认和计量》，交易性金融资产以公允价值计量。由于该项交易性金融资产是以外币计价的，在资产负债表日，不仅应考虑股票市价的变动，还应考虑美元与人民币之间汇率变动的影响，上述交易性金融资产在资产负债表日的人民币金额以 68 000 元（10 000×1×6.80）入账，与原账面价值 101 250 元的差额为 33 250 元人民币，计入公允价值变动损益。相应的会计分录如下：

借：公允价值变动损益　　33 250

　　贷：交易性金融资产　　33 250

33 250 元人民币既包含 M 公司所购 N 公司 B 股股票公允价值变动的影响，又包含人民币与美元之间汇率变动的影响。

2011 年 1 月 15 日，M 公司将所购 N 公司 B 股股票按当日市价 1.20 美元/股全部售出，所得价款为 12 000 美元，按当日汇率 1 美元=6.50 元人民币折算成人民币金额为 78 000 元，与其原账面价值人民币金额 68 000 元的差额为 10 000 元人民币，对于汇率的变动和股票市价的变动不进行区分，均作为投资收益进行处理。

因此，售出当日，M 公司应作会计分录如下：

1）借：银行存款——美元（1.20×10 000×6.50）　　78 000
　　贷：交易性金融资产（101 250–33 250）　　68 000
　　　　投资收益　　10 000

2）借：投资收益　　33 250
　　贷：公允价值变动损益　　33 250

## 第三节 外币财务报表折算

外币财务报表折算是指将外币反映的财务报表折算为某一特定货币表示的财务报表的会计处理程序。在企业经营中，需要进行外币财务报表折算的有两种情况：一是当企业有境外经营，在将境外经营通过合并、权益法核算等纳入到企业的财务报表中时，需要将企业境外经营的财务报表折算为以企业记账本位币表示的财务报表。二是当企业以人民币以外的货币作为记账本位币，而法规规定企业必须以人民币报告时，需要将外币财务报表折算为人民币财务报表。

在外币财务报表折算中，会计上主要处理两大问题：一是采用何种汇率对外币财务报表各个项目数据进行折算，是现行汇率、历史汇率，还是平均汇率。二是外币财务报表在折算过程中产生的折算差额如何处理，是计入当期损益，还是作递延处理。不同的外币财务报表折算方法采用了不同的会计处理。

### 一、外币财务报表折算的基本方法

目前，世界各国所采用的外币财务报表折算方法基本上可以划分为单一汇率法和多种汇率法两大类。单一汇率法主要是指现行汇率法，多种汇率法主要包括流动与非流动项目法、货币与非货币项目法和时态法三种折算方法。

#### 1. 现行汇率法

现行汇率法也称期末汇率法，在这一折算方法下，外币财务报表中所有的资产和负债项目均按资产负债表日（会计期末）的现行汇率进行折算，收入和费用项目均按当期平均汇率法进行折算，对于实收资本项目按发生时的历史汇率折算。报表折算过程中产生的折算差额确认为“报表折算差额”，在资产负债表中所有者权益部分单列一项，作递延处理。

现行汇率法简便易行，并且折算后的财务报表仍能保持折算前的财务状况的各比率关系。但是，这种方法假设企业的所有资产均暴露在外币汇率的风险下，显然不符合事实。

2. 流动与非流动项目法

流动与非流动项目法是指将资产负债表的项目按照流动性，划分为流动性项目和非流动性项目两大类，区分具体情况采用不同的汇率进行折算。对于属于流动性项目类的流动资产和流动负债项目，按照现行汇率进行折算；对于属于非流动性项目类的非流动资产和非流动负债项目，按原来入账的历史汇率折算。对于利润表中的各个项目，除折旧费用和摊销费用按照取得相关资产时的历史汇率折算外，其他项目均按照当期的平均汇率进行折算。报表折算过程中产生的折算差额按以下不同情况处理：折算净损失，直接列入利润表；折算利得，则予以递延。

流动与非流动项目法把存货列为流动性项目按现行汇率折算，表明货币性资产与存货要承受同样的汇率波动风险，这对按历史成本计价的存货项目来说是不合理的，也与事实不符。

3. 货币与非货币项目法

货币与非货币项目法是指将资产负债表所有项目划分为货币性项目和非货币性项目两大类，分别按具体情况采用不同的汇率进行折算。货币性项目按现行汇率折算；对于非货币性项目和实收资本项目，按原入账时的历史汇率折算。对于利润表中的项目，除了折旧费用及摊销费用按照取得相关资产时的历史汇率折算外，其他项目均按当期的平均汇率折算。报表折算过程中产生的折算差额确认为当期损益。

货币与非货币项目法避免了流动与非流动项目法的缺点，但对于本身按现行市价表述的非货币性项目（如以成本与可变现净值孰低表述的存货等）按历史汇率折算就不合理了。

4. 时态法

时态法也称时间性量度法，它是针对货币与非货币项目法的缺点提出来的。这种方法认为外币财务报表折算只是一个计量过程，是对既定价值的重新表述，财务报表折算只能改变计量单位，不能用来改变计量项目的属性。应根据资产负债表上各项目发生的时态来选择采用的汇率。

在时态法下，货币资金、应收项目和应付项目按照现行汇率进行折算；对于按历史成本反映的非货币性资产，必须按照历史汇率折算；对于按现行成本反映的非货币性资产，必须按照现行汇率折算；对于所有者权益项目，除未分配利润项目外也都按照历史汇率折算，未分配利润则为轧算的平衡数。利润表中的项目，一般按当期的平均汇率折算，但其中折旧费用及摊销费用按照取得相关资产时的历史汇率折算，主营业务成本则要求在对期初存货、本期购货、期末存货按照不同的适用汇率分别折算后确定。报表折算过程中产生的折算差额确认为当期损益。

各种外币财务报表折算方法的比较见表1-3。

表1-3 各种外币财务报表折算方法的比较

| 报表项目 | 现行汇率法 | 流动与非流动项目法 | 货币与非货币项目法 | 时态法 |
|---|---|---|---|---|
| 现金 | 现行汇率 | 现行汇率 | 现行汇率 | 现行汇率 |
| 应收账款 | 现行汇率 | 现行汇率 | 现行汇率 | 现行汇率 |
| 存货: | | | | |
| 以成本计价时 | 现行汇率 | 现行汇率 | 历史汇率 | 历史汇率 |
| 以市价计价时 | 现行汇率 | 现行汇率 | 历史汇率 | 现行汇率 |
| 投资: | | | | |
| 以成本计价时 | 现行汇率 | 历史汇率 | 历史汇率 | 历史汇率 |
| 以市价计价时 | 现行汇率 | 历史汇率 | 历史汇率 | 现行汇率 |
| 固定资产 | 现行汇率 | 历史汇率 | 历史汇率 | 历史汇率 |
| 其他资产 | 现行汇率 | 历史汇率 | 历史汇率 | 历史汇率 |
| 应付账款 | 现行汇率 | 现行汇率 | 现行汇率 | 现行汇率 |
| 长期负债 | 现行汇率 | 历史汇率 | 现行汇率 | 现行汇率 |
| 实收资本 | 历史汇率 | 历史汇率 | 历史汇率 | 历史汇率 |
| 留存收益 | 平衡数 | 平衡数 | 平衡数 | 平衡数 |

## 二、我国外币财务报表折算的相关规定

根据我国《企业会计准则第19号——外币折算》规定，企业对境外经营的财务报表进行折算，首先，应当调整境外经营的会计期间和会计政策，使之与企业会计期间和会计政策相一致，据调整后会计政策及会计期间编制相应货币（企业记账本位币以外的货币）的财务报表，再按照以下方法对境外经营财务报表进行折算。

### （一）在一般情况下境外经营财务报表的折算

（1）资产负债表中的资产和负债项目，采用资产负债表日的即期汇率折算，所有者权益项目除“未分配利润”项目外，其他项目采用发生时的即期汇率折算。

（2）利润表中的收入和费用项目，采用交易发生日的即期汇率或即期汇率的近似汇率折算。

（3）按照上述两步折算所产生的外币财务报表折算差额，在编制合并财务报表时，应在合并资产负债表中所有者权益项目下作为“外币报表折算差额”项目单独列示，其中属于少数股东权益的，应列入少数股东权益项目下。

比较财务报表的折算比照上述规定处理。

由上述可知，我国的外币财务报表折算实质上采用的是现行汇率法。

【例 1-13】 国内 M 公司的记账本位币为人民币，该公司仅有一全资子公司 N 公司，无其他境外经营。N 公司设在美国，自主经营，所有办公设备及绝大多数人工成本等均以美元支付，除极少量的商品购自 M 公司外，其余的商品采购均来自当地，N 公司对所需资金自行在当地融资，自担风险。因此，根据记账本位币的选择确定原则，N 公司的记账本位币应为美元。2010 年 12 月 31 日，M 公司准备编制合并财务报表，需要先将 N 公司的美元财务报表折算为人民币表述。N 公司的有关资料如下：

2010 年 12 月 31 日的即期汇率为 1 美元=8 元人民币，2010 年的平均汇率为 1 美元=8.20 元人民币，实收资本为 125 000 美元，发生日的即期汇率为 1 美元=8.30 元人民币。2009 年 12 月 31 日的即期汇率为 1 美元=8.25 元人民币，累计盈余公积为 11 000 美元，折算为人民币 90 300 元，累计未分配利润为 20 000 美元，折算为人民币 166 000 元。N 公司在 2010 年年末提取盈余公积 6 000 美元。

N 公司相关的利润表、资产负债表、所有者权益变动表的编制分别如表 1-4、表 1-5、表 1-6 所示。

**表 1-4 利润表**

编制单位：N 公司　　2010 年度　　单位：元

| 项　目 | 本年累计数/美元 | 汇　率 | 折算为人民币金额 |
|---|---|---|---|
| 一、营业收入 | 105 000 | 8.20 | 861 000 |
| 减：营业成本 | 40 000 | 8.20 | 328 000 |
| 营业税金及附加 | 6 000 | 8.20 | 49 200 |
| 销售费用 | 8 000 | 8.20 | 65 600 |
| 管理费用 | 12 000 | 8.20 | 98 400 |
| 财务费用 | 10 000 | 8.20 | 82 000 |
| 二、营业利润 | 29 000 | | 237 800 |
| 加：营业外收入 | 5 000 | 8.20 | 41 000 |
| 减：营业外支出 | 4 000 | 8.20 | 32 800 |
| 三、利润总额 | 30 000 | | 246 000 |
| 减：所得税费用 | 10 000 | 8.20 | 82 000 |
| 四、净利润 | 20 000 | | 164 000 |
| 五、每股收益 | | | |

**表 1-5 资产负债表**

编制单位：N 公司　　　　2010 年 12 月 31 日　　　　单位：元

| 资产 | 期末数/美元 | 汇率 | 折算为人民币金额 | 负债和所有者权益 | 期末数/美元 | 汇率 | 折算为人民币金额 |
|---|---|---|---|---|---|---|---|
| 流动资产： | | | | 流动负债： | | | |
| 货币资金 | 20 000 | 8 | 160 000 | 短期借款 | 10 000 | 8 | 80 000 |
| 交易性金融资产 | 10 000 | 8 | 80 000 | 应付票据 | 2 000 | 8 | 16 000 |
| 应收票据 | 8 000 | 8 | 64 000 | 应付账款 | 15 000 | 8 | 120 000 |
| 应收账款 | 22 000 | 8 | 176 000 | 应付职工薪酬 | 12 000 | 8 | 96 000 |
| 存货 | 40 000 | 8 | 320 000 | 应交税费 | 3 000 | 8 | 24 000 |
| 流动资产合计 | 100 000 | | 800 000 | 流动负债合计 | 42 000 | | 336 000 |
| 非流动资产： | | | | 非流动负债： | | | |
| 固定资产 | 120 000 | 8 | 960 000 | 长期借款 | 12 000 | 8 | 96 000 |
| 无形资产 | 30 000 | 8 | 240 000 | 长期应付款 | 20 000 | 8 | 160 000 |
| 非流动资产合计 | 150 000 | | 1 200 000 | 非流动负债合计 | 32 000 | | 256 000 |
| | | | | 负债合计 | 74 000 | | 592 000 |
| | | | | 所有者权益： | | | |
| | | | | 实收资本 | 125 000 | 8.30 | 1 037 500 |
| | | | | 盈余公积 | 17 000 | | 139 500 |
| | | | | 未分配利润 | 34 000 | | 280 800 |
| | | | | 外币报表折算差额 | 0 | | −49 800 |
| | | | | 所有者权益合计 | 176 000 | | 1 408 000 |
| 资产总计 | 250 000 | | 2 000 000 | 负债和所有者权益总计 | 250 000 | | 2 000 000 |

**表 1-6 所有者权益变动表**

编制单位：N 公司　　　　2010 年度　　　　单位：元

| 项目 | 实收资本 | | | 盈余公积 | | | 未分配利润 | | 外币报表折算差额 | 所有者权益合计（人民币） |
|---|---|---|---|---|---|---|---|---|---|---|
| | 美元 | 汇率 | 人民币 | 美元 | 汇率 | 人民币 | 美元 | 人民币 | | |
| 一、本年年初余额 | 125 000 | 8.30 | 1 037 500 | 11 000 | | 90 300 | 20 000 | 166 000 | | 1 293 800 |
| 二、本年增减变动金额 | | | | | | | | | | |

（续）

| 项　目 | 实收资本 | | | 盈余公积 | | | 未分配利润 | | 外币报表折算差额 | 所有者权益合计（人民币） |
|---|---|---|---|---|---|---|---|---|---|---|
| | 美元 | 汇率 | 人民币 | 美元 | 汇率 | 人民币 | 美元 | 人民币 | | |
| （一）净利润 | | | | | | | 20 000 | 164 000 | | 164 000 |
| （二）直接计入所有者权益的利得和损失 | | | | | | | | | | |
| 其中：外币报表折算差额 | | | | | | | | | –49 800 | –49 800 |
| （三）利润分配 | | | | | | | | | | |
| 其中：提取盈余公积 | | | | 6 000 | 8.20 | 49 200 | –6 000 | –49 200 | | |
| 三、本年年末余额 | 125 000 | 8.30 | 1 037 500 | 17 000 | | 139 500 | 34 000 | 280 800 | –49 800 | 1 408 000 |

### （二）在恶性通货膨胀经济中境外经营财务报表的折算

1. 恶性通货膨胀经济的判定

恶性通货膨胀经济通常按照以下特征进行判断：

（1）三年累计通货膨胀率接近或超过 100%。

（2）利率、工资和物价与物价指数挂钩，物价指数是物价变动趋势和幅度的相对数。

（3）一般公众不是以当地货币，而是以相对稳定的外币为单位作为衡量货币金额的基础。

（4）一般公众倾向于以非货币性资产或相对稳定的外币来保存自己的财富，持有的当地货币立即用于投资以保持购买力。

（5）即使信用期限很短，赊销、赊购交易仍按补偿信用期预计购买力损失的价格成交。

2. 处于恶性通货膨胀经济中境外经营财务报表的折算

企业对处于恶性通货膨胀经济中的境外经营财务报表进行折算时，为了消除恶性通货膨胀的影响，需要先对其财务报表进行重述。对资产负债表项目运用一般物价指数予以重述，对利润表项目运用一般物价指数变动予以重述。然后，再按资产负债表日即期汇率进行折算。

在境外经营不再处于恶性通货膨胀经济中时，应当停止重述，按照停止之日的价格水平重述的财务报表进行折算。

**（三）境外经营的处置**

企业可能通过出售、清算、返还股东或放弃全部或者部分权益等方式处置其在境外经营中的利益。企业在处置境外经营时，应当将资产负债表中所有者权益项目下列示的、与该境外经营相关的外币财务报表折算差额，自所有者权益项目转入处置当期损益；部分处置境外经营的，应当按处置的比例计算处置部分的外币财务报表折算差额，转入处置当期损益。

**（四）外币折算信息的披露**

根据我国《企业会计准则第 19 号——外币折算》规定，企业在附注中应披露以下与外币折算相关的信息：

（1）企业及其境外经营选定的记账本位币及选定的原因，记账本位币发生变更的，说明变更理由。

（2）采用近似汇率的，说明近似汇率的确定方法。

（3）计入当期损益的汇兑差额。

（4）处置境外经营对外币财务报表折算差额的影响。

## 【复习思考题】

1. 什么是外汇？外汇包括哪些内容？
2. 何为记账本位币？企业选定记账本位币时应考虑哪些因素？
3. 何为汇率？汇率的基本标价方法有哪几种？各自有什么特点？
4. 什么是汇兑损益？汇兑损益是如何分类的？
5. 什么是外币交易？它包括哪些类型？外币交易的会计处理方法有哪些？
6. 会计期末对外币货币性项目如何进行会计处理？
7. 会计期末对外币非货币性项目如何进行会计处理？
8. 外币财务报表折算的基本方法有哪些？各有什么特点？
9. 我国对外币财务报表折算有哪些规定？

## 【实务练习题】

1．N 股份有限公司（以下简称 N 公司）为增值税一般纳税人，适用的增值税税率为 17%。N 公司以人民币作为记账本位币，外币业务采用业务发生时的即期汇率折算，按月计算汇兑损益。

（1）N 公司有关外币账户 2011 年 2 月 28 日的余额如表 1-7 所示。

表 1-7 N 公司外币账户余额

| 账户名称 | 金额/万美元 | 汇率 | 折合人民币/万元 |
|---|---|---|---|
| 银行存款 | 800 | 8.05 | 6 440 |
| 应付账款 | 200 | 8.05 | 1 610 |
| 应收账款 | 400 | 8.05 | 3 220 |
| 长期借款 | 1 200 | 8.05 | 9 660 |

（2）N 公司于 2011 年 3 月份发生的有关外币交易或事项如下：

1）3 月 3 日，将 20 万美元兑换为人民币，兑换取得的人民币已存入银行。当日市场汇率为 1 美元=8.10 元人民币，当日银行买入价为 1 美元=8.02 元人民币。

2）3 月 8 日，收到国外 M 公司追加的外币资本投资 300 万美元，款项于当日存入银行，当日市场汇率为 1 美元=8 元人民币。N 公司与 M 公司的投资合同于 2011 年 1 月 1 日签订。投资合同中对外币资本投资的约定汇率为 1 美元=8.20 元人民币，签约当日市场汇率为 1 美元=8.18 元人民币。

3）3 月 10 日，从国外购入一批原材料，货款总额为 400 万美元。该批原材料已验收入库，货款尚未支付。当日市场汇率为 1 美元=8.04 元人民币。另外，以银行存款支付该批原材料的进口关税 584 万元人民币，增值税 646 万元人民币。

4）3 月 14 日，出口销售一批商品，销售价款为 600 万美元，货款尚未收到。当日市场汇率为 1 美元=8.02 元人民币（假设不考虑相关税费）。

5）3 月 31 日，尚有 10 件 A 商品未销售出去，国内市场仍无 A 商品供应，而 A 商品在国际市场上的价格突然降至 9 万美元/件。该批商品是 N 公司于 1 月 2 日从美国公司采购的，当时国内市场尚无，购买时价格为 10 万美元/件，当日市场汇率为 1 美元=8.02 元人民币（假定不考虑增值税等相关税费）。

6）3 月 31 日，由于市价变动，上月购入的 Y 公司 10 000 股作为交易性金融资产的 B 股股票的市价由 1.50 美元/股变为 1 美元/股，购入股票当日汇率为 1 美元=8.20 元人民币（假定不考虑相关税费的影响）。

7）3 月 31 日，计提长期借款第一季度发生的利息。该项长期借款是 N 公司于 2011 年 1 月 1 日从中国银行借入，用于购买建造某生产线的专用设备的，借入款项已于当日支付给该项专用设备的外国供应商。该条生产线的土建工程已于 2011 年 1 月 1 日开工。该项外币借款金额为 1 200 万美元，期限为 2 年，年利率为 4%，按季计提借款利息，到期一次还本付息。该项专用设备于 2 月 20 日验收合格并投入安装。截至 2011 年 3 月 31 日，该条生产线尚处于建造过程中。

假定 3 月 31 日，市场汇率为 1 美元=7.98 元人民币。

要求：

（1）编制 N 公司 3 月份外币交易或事项的相关会计分录。

（2）计算 N 公司 2011 年 3 月 31 日外币货币性账户发生的汇兑损益，并编制期末调整的会计分录。

2. 某公司一境外子公司记账本位币为美元，期初汇率为 1 美元=8.20 元人民币，期末汇率为 1 美元=8.40 元人民币，该企业利润表采用平均汇率折算，资产负债表盈余公积期初数为 50 万美元，折合人民币 405 万元，本期提取盈余公积 70 万美元，则本期该企业资产负债表盈余公积的期末数额应该是多少万元人民币？

# 第二章 租　赁

## 第一节 租赁概述

### 一、租赁的含义

租赁是指在约定的期间内，出租人将资产使用权让与承租人，以获取租金的协议。租赁的主要特征是，在租赁期内转移资产的使用权，而不是转移资产的所有权，且这种转移是有偿的，是以支付租金为代价取得使用权的。租赁有别于资产的购置和不把资产的使用权从合同的一方转移给另一方的服务性合同，如服务合同、运输合同、保管合同等以及无偿提供资产使用权的借用合同。

租赁有广义和狭义之分。狭义的租赁也称现代租赁，是指以融资为主要目的，以设备等资产为主要租赁对象的契约租赁业务。而广义的租赁则泛指一切财产使用权的有偿转让活动，它不仅包括现代租赁，还包括为满足短期、临时需要，或以不动产为租赁对象，不立契约的财产使用权的转让活动。会计上所讨论的租赁主要指现代租赁。

在现代租赁活动中，一般会涉及三个当事人：出租人、承租人和供货人。其中，出租人一般根据承租人的要求购入设备并出租给承租人，在租赁期间，出租人拥有该项设备的所有权，并定期收取租金，其所收取的租金中既包含购买设备的本金，还包含为承租人购买设备的资金而应收取的利息；承租人在租赁期间拥有租赁资产的使用权并定期向出租人支付租金；供货人则根据承租人的特定要求购买或制造设备并将设备提供给出租人。上述涉及三个当事人的业务关系，也正是现代租赁与分期付款购买的最大区别之一。

### 二、租赁的分类

租赁按不同的标准可以有多种分类。根据我国《企业会计准则第 21 号——租赁》对会计处理的不同要求，承租人和出租人应当在租赁开始日将租赁分为融资租赁和经营租赁。

融资租赁和经营租赁是从租赁资产所有权的风险和报酬是否从出租人转移给承租人的角度划分的。如果一项租赁实质上转移了与租赁资产所有权相关的全部风险与报酬，那么该项租赁就应当归类为融资租赁；否则就为经营租赁。所谓与租赁资产所有权相关的风险，是指由于生产能力的闲置或工艺技术的陈旧所可能造成的损失，以及由于经济情况变动所可能造成的相关收入的减少。所谓与租赁资产所有权相关的报酬，是指在资产的有效使用年限内直接使用租赁资产所可能获取的经济利益，以及因资产升值或变卖余值所可能实现的额外收入。

判断一项租赁是融资租赁还是经营租赁，应根据租赁业务的实质，即与租赁资产所有权相关的全部风险与报酬是否转移来判断，而不能根据租赁合同的形式来判断。根据《企业会计准则》规定，满足下列一条或多条标准的，应确定为融资租赁；否则，确定为经营租赁。

（1）在租赁期届满时，租赁资产的所有权转移给承租人。如果在租赁协议中已经约定，或者根据其他条件在租赁开始日就可以合理地判断，在租赁期届满时出租人会将资产的所有权转移给承租人，那么该项租赁应当确定为融资租赁。

（2）根据租赁协议约定，在租赁期满时，承租人有购买租赁资产的选择权，并且协议订立的购买价格预计将远低于行使选择权时租赁资产的公允价值，因而在租赁开始日就可以合理地确定承租人将会行使这种选择权。

如出租人和承租人签订了一项租赁协议，租赁期限为3年，在租赁期届满时承租人有权以10 000元的价格购买该项租赁资产，在签订租赁协议时预计该项租赁资产在租赁期满时的公允价值为50 000元。由于购买价格仅为公允价值的20%（远低于公允价值50 000元），如果没有其他特殊情况，在租赁开始日即可判断承租人在租赁期满时将会购买该项资产，在这种情况下的租赁应当确定为融资租赁。

（3）即使租赁期届满租赁资产的所有权不转移，但租赁期占租赁资产使用寿命的大部分。需要注意的是，这里的“大部分”一般是指租赁期占租赁期开始日租赁资产尚可使用寿命的75%（含75%，下同）以上，而非租赁期占该项资产全部可使用年限的比例。如果租赁资产是旧资产，在租赁开始日前已使用年限超过资产全新时全部可使用年限的75%以上时，则这条判断标准不适用，不能使用这条标准确定租赁的分类。需要说明的是，75%以上的量化标准只是指导性标准，企业在具体运用时，必须以《企业会计准则》规定的相关条件进行判断。

如某项租赁设备全新时可使用年限为10年，已经使用了3年，从第4年开始出租，租赁期为6年，由于租赁开始时该项设备尚可使用寿命为7年，租赁期占尚可使用寿命的85.71%（6年/7年），符合第（3）条标准，因此，该项租赁应当归类为融资租赁。假如该项设备已经使用了8年，从第9年开始出租，租赁期为2年，此时，该项设备尚可使用寿命为2年，虽然租赁期为使用寿命的100%（2年/2年），但由于在租赁前该项设备的已使用年限超过了可使用年限（10年）的75%（8年/10年=80%>75%）以上，所以不能采用这条标准来判断为融资租赁。

（4）就承租人而言，租赁开始日最低租赁付款额的现值几乎相当于租赁开始日租赁资产的公允价值；就出租人而言，租赁开始日最低租赁收款额的现值几乎相当于租赁开始日租赁资产的公允价值。这里的“几乎相当于”，通常掌握在90%（含90%）以上。需要说明的是，这里的量化标准同样只是指导性标准，企业在具体运用时，必须以《企业会计准则》规定的相关条件进行判断。

（5）租赁资产性质特殊，如果不作较大改造，只有承租人才能使用。这条标准是指租赁资产是由出租人根据承租人对资产型号、规格等方面的特殊要求专门购买或建造的，具有专购、专用性质。这些租赁资产如果不作较大的重新改制，通常其他企业难以使用。在这种情况下，该项租赁也应当认定为融资租赁。

以上为会计准则规定的租赁判断的一般标准。在我国，由于土地的所有权归国家所有，所以土地租赁不能归类为融资租赁。对于建筑物的租赁按租赁准则的规定标准进行相应的分类。对于同时涉及土地和建筑物的租赁，企业通常应当将土地和建筑物分开考虑，将最低租赁付款额根据土地部分的租赁权益和建筑物的租赁权益的相对公允价值的比例进行分配。如果土地和建筑物无法分离和不能可靠计量的，则应归类为一项融资租赁，除非两部分都明显是经营租赁；在后一种情况下，整个租赁应归类为经营租赁。

## 三、租赁业务涉及的相关概念

### 1. 租赁期

租赁期是指租赁合同规定的不可撤销的租赁期间。如果租赁协议规定，在租赁期满时承租人有权选择续租该项资产，并且在租赁开始日就可以合理地确定承租人将会行使这种选择权，那么，不论是否再支付租金，续租期也应包括在租赁期之内。租赁合同签订后一般不可撤销，但经出租人同意，或承租人与原出租人就同一项资产或同类资产订立了新的租赁合同，或承租人支付一笔足够大的额外款项，或发生某些很少会出现的或有事项等情况除外。

### 2. 租赁开始日、租赁期开始日

（1）租赁开始日。它是指租赁协议日与租赁各方就主要租赁条款作出承诺日中的较早者。在租赁开始日，承租人和出租人应当将租赁认定为融资租赁或者经营租赁。

（2）租赁期开始日。它是指承租人有权行使其使用租赁资产权利的日期，表明租赁行为的开始。在租赁期开始日，承租人应当对租入资产、最低租赁付款额和未确认融资费用进行初始确认；出租人应当对应收融资租赁款、未担保余值和未实现融资收益进行初始确认。租赁期开始日既是租赁资产使用权转移的日期，也是会计上对租赁业务进行初始确认的日期。

### 3. 初始直接费用

初始直接费用是指承租人和出租人在租赁谈判和签订租赁合同过程中发生的，可直接归属于某租赁项目的费用。它主要包括印花税、佣金、律师费、差旅费和谈判费等。

### 4. 或有租金、履约成本

或有租金。它是指在租赁协议中签订的，承租人支付给出租人的金额不固定，以时间长短以外的其他因素（如销售量、使用量、物价指数等）为依据计算的租金。

履约成本。它是指承租人在租赁期内为有效地使用租赁资产而支付的各种相关费用。如技术咨询和服务费、人员培训费、维修费和保险费等。

5. 资产余值、担保余值、未担保余值

（1）资产余值。它是指租赁双方在租赁开始日合理预计的租赁资产在租赁期满时的公允价值。

（2）担保余值。就承租人而言，它是指在租赁开始日由承租人或与其有关的第三方担保的资产余值。就出租人而言，它是指承租人的担保余值加上由独立于承租人和出租人的第三方（如担保公司）担保的资产余值。

担保余值主要是针对承租人而言的，即主要由承租人作为担保人。担保余值可以督促承租人谨慎地使用租赁资产，尽量减少出租人作为资产所有者而承担的风险和可能发生的损失，也是租赁期满时租赁资产剩余价值的最低保障。

（3）未担保余值。它是指在租赁开始日从预计的租赁资产余值中扣除就出租人而言的担保余值以后的资产余值。

6. 最低租赁付款额

最低租赁付款额是指在租赁期内，承租人应支付或可能被要求支付给出租人的各种款项（不包括或有租金和履约成本），加上承租人的担保余值。

如果承租人在租赁期满时有购买租赁资产的选择权，且租赁合同中订立的购买价款预计将远低于行使选择权时租赁资产的公允价值，那么在租赁开始日就可以合理地确定承租人将会行使这种选择权，这时，购买价款也应当计入最低租赁付款额。

7. 最低租赁收款额

最低租赁收款额是指承租人的最低租赁付款额加上独立于承租人和出租人的第三方担保余值。

8. 租赁内含利率

租赁内含利率是指在租赁开始日，由出租人计算的、使最低租赁收款额的现值与未担保余值的现值之和等于租赁资产公允价值与出租人的初始直接费用之和的折现率。

## 第二节 经营租赁的会计处理

### 一、承租人对经营租赁的会计处理

在经营租赁下，与租赁资产所有权有关的风险和报酬并没有实质上转移给承租人，承租人不能将租入的资产作为本企业的资产计价入账，也不必计提折旧。但为了保证租赁资产的安全和有效使用，承租人应设置“经营租赁资产”备查簿作备查登记，以反映和监督租赁资产的使用、归还和结存情况。

1. 租金的会计处理

承租人对经营租赁的会计处理，主要是解决应支付的租金与计入当期费用的关系。

（1）承租人在经营租赁下发生的租金应当在租赁期内的各个期间按直线法确认为费用。如果其他方法更合理，也可以采用其他方法。

（2）在某些情况下，出租人可能对经营租赁提供激励措施，如免租期、承担承租人某些费用等。在出租人提供了免租期的情况下，应将租金总额在整个租赁期内，而不是在租赁期扣除免租期后的期间内进行分摊，免租期内应确认租金费用；在出租人承担了承租人的某些费用的情况下，应将该项费用从租金总额中扣除，并将租金余额在租赁期内进行分摊。

租金的账务处理为，确认各期租金费用时，借记“管理费用”等科目，贷记“其他应付款”、“长期待摊费用”等科目。实际支付租金时，借记“其他应付款”、“长期待摊费用”等科目，贷记“银行存款”、“库存现金”等科目。

2. 初始直接费用的会计处理

对于承租人在经营租赁中发生的初始直接费用，应当直接计入当期损益。其账务处理为，借记“管理费用”等科目，贷记“银行存款”等科目。

3. 或有租金的会计处理

在经营租赁下，承租人对或有租金的处理与融资租赁下相同，即在实际发生时计入当期损益。其账务处理为，借记“财务费用”等科目，贷记“银行存款”等科目。

4. 租赁资产的修理支出和改良支出

由承租人负担的租入固定资产的修理支出应于发生时直接计入当期损益。

由承租人负担租入固定资产的改良支出，若金额不大，应于发生时直接记入“制造费用”、“管理费用”等科目；若金额较大，应于发生时先记入“长期待摊费用”科目，并在租赁期内平均摊销。

**【例 2-1】** N 企业为季节性制造企业，每年 1～3 月为生产月份。为满足生产需求，N 企业在这一期间内会从其他企业租入相关生产设备。2010 年 1 月，N 企业按惯例租入一台生产设备，租赁期限为 3 个月，租金总计 15 000 元，分 3 个月支付，每月支付 5 000 元。另外，在租赁开始日还需支付押金 20 000 元。在此次租赁期间，N 企业对租入设备进行了一次修理，支付维修费 1 000 元。

在本例中，此项租赁没有满足融资租赁的任何一条标准，应作为经营租赁处理。根据上述经济业务，N 企业应作如下账务处理：

（1）支付押金时：

借：其他应收款 20 000

贷：银行存款 20 000

（2）每月支付租金时：

借：制造费用——租赁费 5 000

贷：银行存款 5 000

（3）支付租赁资产修理费用时：

借：管理费用——修理费 1 000

贷：库存现金 1 000

（4）收回押金时：

借：银行存款 20 000

贷：其他应收款 20 000

**【例 2-2】** 2009 年 1 月 1 日，M 公司向 N 公司租入一台办公设备，设备价值为 1 000 000 元，预计使用年限为 10 年。租期为 3 年。租赁合同规定，租赁开始日（2009 年 1 月 1 日）M 公司向 N 公司一次性预付租金 150 000 元，第 1 年年末支付租金 100 000 元，第 2 年年末支付租金 150 000 元，第 3 年年末支付租金 200 000 元。租赁期届满后 N 公司收回设备，3 年的租金总额为 600 000 元（假定 M 公司和 N 公司均在年末确认租金费用和租金收入，并且不存在租金逾期支付的情况）。

在本例中，此项租赁没有满足融资租赁的任何一条标准，应作为经营租赁处理。确认租金费用时，不能依据各期实际支付的租金金额确定，而应采用直线法分摊确认各期的租金费用。此项租赁租金费用总额为 600 000 元，按直线法计算，每年应分摊的租金费用为 200 000 元。

M 公司应作如下账务处理：

（1）2009 年 1 月 1 日：

借：长期待摊费用 150 000

贷：银行存款 150 000

（2）2009 年 12 月 31 日：

借：管理费用 200 000

贷：长期待摊费用 100 000

银行存款 100 000

（3）2010 年 12 月 31 日：

借：管理费用 200 000

贷：长期待摊费用 50 000

银行存款 150 000

（4）2011 年 12 月 31 日：

借：管理费用　　200 000

　　贷：银行存款　　200 000

## 二、出租人对经营租赁的会计处理

在经营租赁下，与租赁资产所有权有关的风险和报酬并没有实质上转移给承租人，出租人对经营租赁的会计处理主要是解决应收的租金与确认当期收入之间的关系以及经营租赁资产折旧的计提问题。

1. 租金的会计处理

（1）出租人在经营租赁下收取的租金应当在租赁期内的各个期间按直线法确认为收入；如果其他方法更合理，也可以采用其他方法。

（2）在某些情况下，出租人可能对经营租赁提供激励措施，如免租期、承担承租人某些费用等。在出租人提供了免租期的情况下，应将租金总额在不扣除免租期的整个租赁期内，按直线法或其他合理的方法进行分配，免租期内应确认租赁收入；在出租人承担了承租人的某些费用的情况下，应将该项费用从租金收入总额中扣除，并将租金收入余额在租赁期内进行分配。

租金的账务处理：在确认各期租金收入时，借记"应收账款"或"其他应收款"等科目，贷记"租赁收入"、"其他业务收入"科目；在实际收到租金时，借记"银行存款"等科目，贷记"应收账款"或"其他应收款"等科目。

2. 租赁资产折旧的会计处理

如果经营租赁资产属于固定资产，出租人应当采用对类似折旧资产通常所采用的折旧政策计提折旧。会计处理为，借记"销售费用"，贷记"经营租赁资产累计折旧"，或借记"其他业务成本"，贷记"累计折旧"。

3. 初始直接费用的会计处理（同经营租赁承租人的会计处理）

对于初始直接费用，出租人与承租人会计处理相同，发生时直接将其计入当期损益。

4. 或有租金的会计处理

在经营租赁下，出租人对或有租金的处理与融资租赁下相同，即在实际发生时计入当期收益。其账务处理为，借记"银行存款"等科目，贷记"租赁收入"等科目。

此外，出租人应在财务报告中披露每类租出资产在资产负债表日的账面价值。

**【例 2-3】** 沿用【例 2-2】，假如 N 公司对租赁资产采用平均年限法计提折旧（不考虑净残值）。

在本例中，此项租赁没有满足融资租赁的任何一条标准，出租人应作为经营租赁处理。在确认租金收入时，不能依据各期实际收到的租金金额确定，而应采用直线法分配确认各期的租赁收入。此项租赁租金收入总额为 600 000 元，按直线法计算，每年应分配的租金收入为200 000元。

如果N公司为专业租赁公司，N公司应作如下账务处理：

（1）2009年1月1日：

借：银行存款 150 000

贷：应收账款 150 000

（2）2009年12月31日：

1）借：银行存款 100 000

应收账款 100 000

贷：租赁收入 200 000

2）借：销售费用 100 000

贷：经营租赁资产折旧 100 000

（3）2010年12月31日：

1）借：银行存款 150 000

应收账款 50 000

贷：租赁收入 200 000

2）同2009年折旧的计提（略）。

（4）2011年12月31日：

1）借：银行存款 200 000

贷：租赁收入 200 000

2）同2009年折旧的计提（略）。

如果N公司为非专业租赁公司，N公司应作如下账务处理：

（1）2009年1月1日：

借：银行存款 150 000

贷：其他应收款 150 000

（2）2009年12月31日：

1）借：银行存款 100 000

其他应收款 100 000

贷：其他业务收入 200 000

2）借：其他业务成本 100 000

贷：累计折旧 100 000

（3）2010年12月31日：

1）借：银行存款 150 000

其他应收款 50 000

贷：其他业务收入 200 000

2）同2009年折旧的计提（略）。

（4）2011 年 12 月 31 日：

1）借：银行存款　200 000

　　贷：其他业务收入　200 000

2）同 2009 年折旧的计提（略）。

## 第三节　融资租赁的会计处理

融资租赁与经营租赁相比，会计处理复杂一些，要解决的会计问题也比较多，主要包括承租人和出租人在租赁开始日的会计确认与计量（租赁资产公允价值的确认、最低租赁付款额和最低租赁收款额及其现值的确认、未确认融资费用及未确认融资收益的确认、初始直接费用的核算以及未担保余值的核算等）以及在租赁期内按照实际利率法分摊未确认融资费用及未实现融资收益等的会计处理。

### 一、承租人对融资租赁的会计处理

#### （一）租赁期开始日的会计处理

承租人在租赁期开始日应设置“固定资产——融资租入固定资产”、“长期应付款——应付融资租赁款”、“未确认融资费用”等会计科目。

（1）“固定资产——融资租入固定资产”科目用于核算承租人以融资租赁方式取得的固定资产的价值。其借方登记租赁开始日收到的融资租赁固定资产的成本（租赁开始日租赁资产公允价值与最低租赁付款额现值两者中的较低者加上初始直接费用），贷方登记租赁期满退还出租人或因购买而转入自有固定资产的成本。在计算最低租赁付款额现值时应注意以下几点：

1）最低租赁付款额的确定。由定义可知，最低租赁付款额=各期租金之和+对承租人而言的担保余值+购买价款。在一般情况下，若租赁协议中包含购买选择权，则最低租赁付款额=各期租金之和+购买价款；若租赁协议中不包含购买选择权，最低租赁付款额=各期租金之和+对承租人而言的担保余值。

2）折现率的选择

如果知悉出租人的租赁内含利率，应当采用出租人的租赁内含利率作为折现率；否则，应当采用租赁协议规定的利率作为折现率；如果出租人的租赁内含利率和租赁协议规定的利率均无法知悉，应当采用同期银行贷款利率作为折现率。也就是说，折现率的选择应按照“租赁内含利率—合同利率—同期银行贷款利率”顺序依次选择。

（2）“长期应付款——应付融资租赁款”科目用于核算承租人以融资租赁方式取得固定资产时所引起的长期负债。其贷方用于登记租赁期开始日形成的，应支付给出租人的最低租赁付款金额，借方登记按期偿还的应付融资租赁款金额。

（3）“未确认融资费用”科目用于核算企业应当按照实际利率法计算并分期摊销计入利息费用的融资费用。其借方登记企业在融资租赁等业务中发生的未确认融资费用金额，贷方登记每期摊销计入财务费用的金额。该科目的余额在借方，反映企业尚未确认的融资费用的摊余价值。在租赁期开始日，未确认融资费用=应付融资租赁款–租赁资产公允价值与最低租赁付款额现值两者中的较低者。

在租赁期开始日的账务处理为，承租人应将租赁资产公允价值与最低租赁付款额的现值两者中的较低者加上初始直接费用作为租赁资产的入账价值，借记“固定资产——融资租入固定资产”科目，同时，将最低租赁付款额作为长期应付款入账，贷记“长期应付款——应付融资租赁款”科目，按发生的初始直接费用金额，贷记“银行存款”等科目，将其差额作为未确认融资费用入账，借记“未确认融资费用”科目。如果融资租入的固定资产在租赁开始日需要经过安装才能投入使用，则应先通过“在建工程”科目核算，安装完毕交付使用时，再由“在建工程”科目转入“固定资产——融资租入固定资产”科目。

**（二）租金的会计处理**

承租人在每期支付租金时，应借记“长期应付款——应付融资租赁款”科目，贷记“银行存款”科目。

**（三）未确认融资费用的会计处理**

在租赁期开始日，“长期应付款——应付融资租赁款”科目反映的是承租人应向出租人支付的租金总额，其中既包含了租赁资产的本金（即租赁资产的初始入账价值），也包括了利息（即未确认融资费用）。因此，承租人在每期支付租金时，一方面应减少长期应付款，另一方面还应把因租赁资产而承担的融资费用摊销计入财务费用。根据《企业会计准则》的规定，在租赁期开始日确认的“未确认融资费用”应在整个租赁期内采用实际利率法予以分摊。在摊销时，应借记“财务费用”科目，贷记“未确认融资费用”科目。

承租人在采用实际利率法分摊未确认融资费用时，应当根据租赁期开始日租入资产入账价值的不同情况，合理选择分摊率。具体方法如下：

（1）如果在租赁期开始日，租赁资产以最低租赁付款额的现值作为入账价值，那么未确认融资费用的分摊率应与计算最低租赁付款额现值时的折现率一致。

（2）如果在租赁期开始日，租赁资产是以公允价值作为入账价值的，承租人则应当重新计算未确认融资费用的分摊率，而此时的分摊率应该等于使最低租赁付款额的现值与租赁资产公允价值相等时的折现率。

**（四）租赁资产折旧的会计处理**

由于在租赁期开始日，承租人已将租入资产作为固定资产入了账，根据固定资产的核算方法，承租人应按期对融资租入的固定资产计提折旧。在计提折旧时，应特别注意折旧政策和折旧期间的选择方法。

（1）折旧政策。对于融资租入资产计提折旧时，承租人应采用与自有应折旧资产相一致的折旧政策。同自有应折旧资产一样，租赁资产的折旧方法一般有年限平均法、工作量法、双倍余额递减法、年数总和法等。如果承租人或与其有关的第三方对租赁资产余值提供了担保，则应计折旧总额为租赁开始日固定资产的入账价值扣除担保余值后的余额；如果承租人或与其有关的第三方未对租赁资产余值提供担保，则应计折旧总额为租赁期开始日固定资产的入账价值。

（2）折旧期间。在确定租赁资产的折旧期间时，应视租赁协议的规定而论。如果能够合理地确定租赁期满时承租人将会取得租赁资产的所有权，即可认为承租人拥有该项资产的全部尚可使用寿命，因此应以租赁开始日租赁资产的尚可使用寿命作为折旧期间；如果无法合理地确定租赁期满后承租人是否能够取得租赁资产的所有权，则应以租赁期与租赁资产尚可使用寿命两者中较短者作为折旧期间。

### （五）履约成本的会计处理

在融资租赁过程中发生的履约成本名目较多，如技术咨询和服务费、人员培训费、维修费、保险费等，承租人在实际工作中可根据其内容分别进行处理。对于融资租入固定资产发生的技术咨询和服务费、人员培训费等，如果金额较大，应先予以递延，借记“长期待摊费用”科目，贷记“银行存款”科目，然后分摊计入各租赁期费用账户，借记“制造费用”、“管理费用”等科目，贷记“长期待摊费用”科目；如果金额不大，可于费用发生时，直接计入当期费用，借记“制造费用”、“管理费用”等科目，贷记“银行存款”科目。对于融资租入固定资产发生的修理费、保险费等，一般均于费用发生时，直接计入当期损益。

### （六）或有租金的会计处理

由于或有租金的金额不固定，无法采用系统、合理的方法对其进行分摊，或有租金一般在实际发生时直接计入当期损益。

（1）对于以销售量、使用量为依据计算并支付的或有租金，应借记“销售费用”科目，贷记“银行存款”等科目。

（2）对于以物价指数为依据计算并支付的或有租金，应借记“财务费用”科目，贷记“银行存款”等科目。

### （七）租赁期满时的会计处理

租赁期满时，承租人对租赁资产的处理通常有三种情况：返还、优惠续租和留购。

（1）返还租赁资产。租赁期满承租人向出租人返还租赁资产时，通常借记“长期应付款——应付融资租赁款”、“累计折旧”科目，贷记“固定资产——融资租入固定资产”科目。

（2）优惠续租租赁资产。租赁期满时如果承租人行使优惠续租选择权，则应视同该项租赁一直存在而作出相应的账务处理；如果承租人没有续租，根据租赁协议规定须向出租人支付违约金，借记“营业外支出”科目，贷记“银行存款”等科目。

（3）留购租赁资产。在承租人享有优惠购买选择权的情况下，租赁期满支付购买价款时，借记“长期应付款——应付融资租赁款”科目，贷记“银行存款”等科目；同时，将固定资产从“融资租入固定资产”明细科目转入自有固定资产的相关明细科目。

### （八）相关会计信息的列报与披露

资产负债表日，承租人应当在资产负债表中，将与融资租赁相关的长期应付款减去未确认融资费用的差额，列入“长期负债”或“一年内到期的长期负债”项目。同时，应在报表附注中披露与融资租赁有关的下列信息：

（1）各类租入固定资产的期初和期末原价、累计折旧额。

（2）资产负债表日后连续三个会计年度每年将支付的最低租赁付款额以及以后年度将支付的最低租赁付款额总额。

（3）未确认融资费用的余额以及分摊未确认融资费用所采用的方法。

### （九）承租人会计处理举例

**【例 2-4】** 2005 年 12 月 30 日，M 公司与 N 公司签订了一份租赁合同，向 N 公司租入一台塑钢机。合同主要条款如下：

（1）租赁标的物：塑钢机。

（2）起租日：2005 年 12 月 31 日。

（3）租赁期：2005 年 12 月 31 日～2008 年 12 月 31 日，共 36 个月。

（4）租金支付：每隔 6 个月于月末支付租金 150 000 元。

（5）该台机器的保险、维护等费用均由 M 公司负担，估计每年约 10 000 元。

（6）该台机器在 2005 年 12 月 31 日的公允价值为 700 000 元。

（7）租赁合同规定的利率为 7%（7%为 6 个月利率，N 公司租赁内含利率未知）。

（8）M 公司在租赁谈判和签订租赁合同过程中发生可归属于租赁项目的手续费、差旅费 1 000 元。

（9）该台机器的估计使用年限为 8 年，已使用 3 年，期满无残值。M 公司采用平均年限法计提折旧。

（10）租赁期满时，M 公司享有优惠购买该台机器的选择权，购买价为 100 元，估计该日租赁资产的公允价值为 80 000 元。

（11）2007 年和 2008 年两年，M 公司每年按该台机器所生产的产品——塑钢窗户的年销售收入的 5%向 N 公司支付经营分享收入。

假设 M 公司在 2007 年和 2008 年实现的塑钢窗销售收入分别为 100 000 元和 150 000 元，并在 2008 年年末租赁期满时，M 公司向 N 公司支付了 100 元，行使了优惠购买该台机器的选择权。

根据上述资料，承租人（M 公司）的会计处理如下：

1. 判断租赁类型

因为本例存在优惠购买选择权，优惠购买价 100 元远低于行使选择权日租赁资产的公允价值 80 000 元，所以在租赁开始日，即 2005 年 12 月 30 日就可合理地确定 M 公司将会行使这种选择权，符合融资租赁的第（2）条判断标准；另外，最低租赁付款额的现值为 715 116.60 元（计算过程见后）大于租赁资产公允价值的 90%即 630 000 元（700 000 元×90%），符合第（4）条判断标准。所以这项租赁应当认定为融资租赁。

2. 计算租赁期开始日最低租赁付款额的现值，确定租赁资产入账价值

（1）确定最低租赁付款额。

本例中，最低租赁付款额=各期租金之和+行使优惠购买选择权支付的金额

=150 000×6+100=900 100（元）

（2）计算最低租赁付款额的现值，确定租赁资产的入账价值。

因为：每期租金 150 000 元的年金现值=150 000×（P/A，7%，6）=150 000×4.767=715 050（元）

优惠购买选择权行使价 100 元的复利现值=100×（P/F，7%，6）=100×0.666=66.60（元）

所以：最低租赁付款额的现值=715 050+66.60=715 116.60（元）>公允价值700 000（元）

根据公允价值与最低租赁付款额现值孰低原则，M 公司租入资产的入账价值应为该项资产的公允价值 700 000 元与初始直接费用之和。本例中 M 公司发生了1 000 元的初始直接费用，因此，M 公司融资租赁资产的入账价值应该为 701 000 元。

（3）计算未确认融资费用。

未确认融资费用=最低租赁付款额–租赁资产公允价值与最低租赁付款额现值两者中的较低者=900 100–700 000=200 100（元）

（4）根据以上计算，租赁期开始日的会计分录如下：

| | | |
|---|---|---|
| 借：固定资产——融资租入固定资产 | 701 000 | |
| 　　未确认融资费用 | 200 100 | |
| 　　贷：长期应付款——应付融资租赁款 | | 900 100 |
| 　　　　银行存款 | | 1 000 |

3. 支付租金和分摊未确认融资费用的会计处理

（1）确定未确认融资费用的分摊率。本例中，由于租赁资产入账价值为公允价值，根据融资费用分摊率的确定方法，应当重新计算分摊率。该分摊率是使最低租赁付款额的现值等于租赁资产公允价值的折现率。

根据公式：

租赁开始日最低租赁付款额的现值=租赁开始日租赁资产的公允价值

假定未确认融资费用的分摊率为 $r$，可以得出：

150 000×（P/A，$r$，6）+100×（P/F，$r$，6）=700 000

可在多次测试的基础上，用插值法计算融资费用分摊率 $r$。

当 $r$=7%时，150 000×4.767+100×0.666=715 050+66.60=715 116.60>700 000

当 $r$=8%时，150 000×4.623+100×0.630=693 450+63=693 513<700 000

因此，7%<$r$<8%。用插值法计算如表 2-1 所示。

**表 2-1 插值法计算表**

| 现值/元 | 利 率 |
|---|---|
| 715 116.60 | 7% |
| 700 000 | $r$ |
| 693 513 | 8% |

（715 116.60−700 000）/（715 116.60−693 513）=（7%−$r$）/（7%−8%）

$r$=（21 603.60×7%+15 116.60×1%）/21 603.60=7.70%

即，融资费用分摊率为 7.70%。

（2）未确认融资费用分摊计算。在租赁期内采用实际利率法计算分摊未确认融资费用，见表 2-2。

**表 2-2 未确认融资费用分摊表**（实际利率法）

2006 年 1 月 1 日

单位：元

| 日期 | 租金 | 确认的融资费用 | 应付本金减少额 | 应付本金额 |
|---|---|---|---|---|
| ① | ② | ③=期初⑤×7.70% | ④=②−③ | 期末⑤=期初⑤−④ |
| 2005 年 12 月 31 日 | | | | 700 000 |
| 2006 年 6 月 30 日 | 150 000 | 53 900 | 96 100 | 603 900 |
| 2006 年 12 月 31 日 | 150 000 | 46 500.30 | 103 499.70 | 500 400.30 |
| 2007 年 6 月 30 日 | 150 000 | 38 530.82 | 111 469.18 | 388 931.12 |
| 2007 年 12 月 31 日 | 150 000 | 29 947.70 | 120 052.30 | 268 878.82 |
| 2008 年 6 月 30 日 | 150 000 | 20 703.67 | 129 296.33 | 139 582.49 |
| 2008 年 12 月 31 日 | 150 000 | 10 517.51① | 139 482.49① | 100 |
| 2008 年 12 月 31 日 | 100 | | 100 | |
| 合 计 | 900 100 | 200 100 | 700 000 | |

①做尾数调整：10 517.51（元）=150 000−139 482.49，139 482.49（元）=139 582.49−100

（3）根据以上计算，每期支付租金、分摊未确认融资费用的会计分录如下：

1）2006 年 6 月 30 日，支付第一期租金：

借：长期应付款——应付融资租赁款　　150 000
　　贷：银行存款　　150 000
借：财务费用　　53 900
　　贷：未确认融资费用　　53 900

2）2006 年 12 月 31 日，支付第二期租金：

借：长期应付款——应付融资租赁款　　150 000
　　贷：银行存款　　150 000
借：财务费用　　46 500.30
　　贷：未确认融资费用　　46 500.30

3）2007 年 6 月 30 日，支付第三期租金：

借：长期应付款——应付融资租赁款　　150 000
　　贷：银行存款　　150 000
借：财务费用　　38 530.82
　　贷：未确认融资费用　　38 530.82

4）2007 年 12 月 31 日，支付第四期租金：

借：长期应付款——应付融资租赁款　　150 000
　　贷：银行存款　　150 000
借：财务费用　　29 947.70
　　贷：未确认融资费用　　29 947.70

5）2008 年 6 月 30 日，支付第五期租金：

借：长期应付款——应付融资租赁款　　150 000
　　贷：银行存款　　150 000
借：财务费用　　20 703.67
　　贷：未确认融资费用　　20 703.67

6）2008 年 12 月 31 日，支付第六期租金：

借：长期应付款——应付融资租赁款　　150 000
　　贷：银行存款　　150 000
借：财务费用　　10 517.51
　　贷：未确认融资费用　　10 517.51

4. 租赁资产折旧计提的会计处理

根据本例中的租赁条款分析：①由于承租人及与其有关的第三方未对租赁资产余值提供担保，所以计提折旧总额应为租赁期开始日租赁资产的入账价值 701 000 元。②承租人租赁期满时有优惠购买权，优惠购买价款为 100 元，远远低于行权当日租赁资产的公允价值 80 000 元，可以确定 M 公司在租赁期满时，会取得这项租赁资产的所有权。M 公司应在该项租赁资产剩余使用年限（即 5 年）内计提折旧。

承租人对租入资产采用年限平均法计提折旧时，其计算见表 2-3。

**表 2-3　融资租入固定资产折旧计算表**（年限平均法）

2006 年 1 月 1 日　　单位：元

| 日　期 | 固定资产原价 | 估 计 余 值 | 折 旧 率 | 当年折旧费 | 累 计 折 旧 | 固定资产净值 |
|---|---|---|---|---|---|---|
| 2005 年 12 月 31 日 | 701 000 | | | | | 701 000 |
| 2006 年 12 月 31 日 | 701 000 | | 20% | 140 200 | 140 200 | 560 800 |
| 2007 年 12 月 31 日 | 701 000 | | 20% | 140 200 | 280 400 | 420 600 |
| 2008 年 12 月 31 日 | 701 000 | | 20% | 140 200 | 420 600 | 280 400 |
| 2009 年 12 月 31 日 | 701 000 | | 20% | 140 200 | 560 800 | 140 200 |
| 2010 年 12 月 31 日 | 701 000 | | 20% | 140 200 | 701 000 | |
| 合　计 | 701 000 | | | 701 000 | | |

根据以上计算，M 公司计提折旧的会计分录如下：

2006 年 12 月 31 日，计提本年折旧（假定按年计提折旧）：

借：制造费用——折旧费　　140 200

　　贷：累计折旧　　140 200

2007～2010 年各年分录同上。

5. *履约成本的处理*

承租人对融资租入固定资产发生的修理费、保险费等履约成本，应于费用发生时直接计入当期损益。M 公司对于租入资产每年支付的 10 000 元修理费、保险费等履约成本，应作如下会计分录：

借：管理费用　　10 000

　　贷：银行存款　　10 000

6. *或有租金的处理*

根据租赁合同规定，在 2007 年和 2008 年，M 公司每年应按塑钢窗年销售收入的 5%向 N 公司支付经营分享收入，即或有租金。这两年应支付给 N 公司的经营分享收入分别为 5 000 元和 7 500 元。相应的会计分录如下：

1）2007 年 12 月 31 日：

借：销售费用　　5 000

　　贷：其他应付款——N 公司　　5 000

2）2008 年 12 月 31 日：

借：销售费用　　7 500

贷：其他应付款——N公司　　7 500

7. 租赁期满时的处理

2008年12月31日，在租赁合同期满时，M公司向N公司支付购买价款100元，行使了购买选择权，相应的会计分录如下：

借：长期应付款——应付融资租赁款　　100

　　贷：库存现金　　100

同时，将该项租入资产转为自有资产，作如下会计分录：

借：固定资产——生产用固定资产　　701 000

　　贷：固定资产——融资租入固定资产　　701 000

## 二、出租人对融资租赁的会计处理

### （一）租赁期开始日的会计处理

出租人在租赁期开始日应设置“长期应收款——应收融资租赁款”、“未担保余值”、“融资租赁资产”、“未实现融资收益”等会计科目。

（1）“长期应收款——应收融资租赁款”科目。在融资租赁下，由于出租人将与租赁资产所有权有关的风险和报酬实质上转移给承租人，将租赁资产的使用权长期转让给承租人，并以此获取租金，因此，出租人的租赁资产在租赁开始日实际上就变成了收取租金的债权。该科目用于核算出租人以融资租赁方式出租固定资产所引起的长期债权。其借方登记租赁开始日最低租赁收款额与初始直接费用之和，贷方登记每期收回的应收融资租赁款。其中，最低租赁收款额=最低租赁付款额+独立于承租人和出租人的第三方担保余值。

（2）“未担保余值”科目用于核算出租人采用融资租赁方式租出资产的未被担保的那部分资产余值。其借方登记已出租融资租赁资产未担保余值的金额，贷方登记租赁期满转回的或发生了减值的未担保余值金额。

（3）“融资租赁资产”科目用于核算出租人为开展融资租赁业务而取得的，以租赁为目的的资产的成本。其借方登记企业购入或以其他方式取得的资产的成本，贷方登记以融资租赁方式租出的租赁资产在租赁期开始日的公允价值（最低租赁收款额的现值和未担保余值的现值之和），租赁资产公允价值与其账面价值的差额，借记“营业外支出”科目或贷记“营业外收入”科目。

（4）“未实现融资收益”科目用于核算出租人应当按照实际利率法等计算并分期摊销计入租赁收入或利息收入的融资收益。其贷方登记企业在融资租赁业务中发生的未实现的融资收益金额，借方登记每期摊销计入租赁收入或利息收入的金额。该科目的余额在贷方，反映企业尚未实现的融资收益的摊余价值。

出租人在租赁期开始日的账务处理为，按最低租赁收款额与初始直接费用之和，借记“长期应收款——应收融资租赁款”科目，按未担保余值，借记“未担保余值”科目，按租赁资产的公允价值，贷记“融资租赁资产”科目，租赁资产公允价值与其账面价值的差额，借记“营业外支出”科目或贷记“营业外收入”科目，按发生的初始直接费用，贷记“银行存款”等科目，按借方与贷方的差额，贷记“未实现融资收益”科目。

**（二）初始直接费用的会计处理**

由上述可见，出租人在租赁期开始日将初始直接费用进行资本化，记入“长期应收款——应收融资租赁款”账户。由于在计算租赁内含利率时，考虑了初始直接费用因素，为避免以后各期未实现融资收益的摊销延后及未实现融资收益的高估，在租赁期开始日应对未实现融资收益进行调整，将初始直接费用由“长期应收款——应收融资租赁款”账户转出，直接抵减未实现融资收益。账务处理为，借记“未实现融资收益”科目，贷记“长期应收款——应收融资租赁款”科目。

**（三）收取租金的会计处理**

出租人每期收到租金时，应借记“银行存款”科目，贷记“长期应收款——应收融资租赁款”科目。

**（四）未实现融资收益的会计处理**

根据租赁准则的规定，未实现融资收益应当在租赁期内各个期间进行分配，确认为各期的租赁收入。出租人分配未实现融资收益、确认各期租赁收入时，应当采用实际利率法。根据每期确认的租赁收入金额，借记“未实现融资收益”科目，贷记“租赁收入”科目。

其中，出租人分配未实现融资收益时采用的实际利率应为其租赁内含利率，也就是在租赁开始日，使最低租赁收款额的现值与未担保余值的现值之和等于租赁资产公允价值与出租人的初始直接费用之和的折现率。

**（五）或有租金的会计处理**

出租人对于或有租金，应在实际发生时确认为当期损益。其会计处理为，借记“应收账款”等科目，贷记“租赁收入”科目。

**（六）租赁期满时的会计处理**

租赁期满时，出租人针对收回租赁资产、承租人优惠续租资产、承租人留购租赁资产三种不同情况应作相应的会计处理。

1. 收回租赁资产

（1）对资产余值全部担保的，应按担保余值金额，借记“融资租赁资产”科目，贷记“长期应收款——应收融资租赁款”科目。如果收回租赁资产的价值低于担保余值，则应向担保人收取价值损失补偿金，借记“其他应收款”科目，贷记“营业外收入”科目。

（2）对资产余值部分担保的。在出租人收到承租人交还的租赁资产时，借记“融资租赁资产”科目，贷记“长期应收款——应收融资租赁款”、“未担保余值”等科目。如果收回租赁资产的价值扣除未担保余值后的余额低于担保余值，则应向担保人收取价值损失补偿金，借记“其他应收款”科目，贷记“营业外收入”科目。

（3）对资产余值全部未担保的。在出租人收到承租人交还的租赁资产时，借记“融资租赁资产”科目，贷记“未担保余值”科目。

2. 承租人优惠续租资产

（1）如果租赁期满时承租人行使优惠续租选择权，则出租人应视同该项租赁一直存在而作出相应的账务处理，如继续分配未实现融资收益等。

（2）如果租赁期满时承租人未按租赁合同规定续租，出租人应向承租人收取违约金，并将其确认为营业外收入。同时，将收回的租赁资产参照第 1 种情况进行会计处理。

3. 承租人留购租赁资产

租赁期满时，承租人行使了优惠购买选择权。出租人应按收到的承租人支付购买资产的价款，借记“银行存款”等科目，贷记“长期应收款——应收融资租赁款”科目。

### （七）出租人融资租赁业务的披露

资产负债表日，出租人应将“长期应收款——应收融资租赁款”减去“未实现融资收益”的差额，在资产负债表中列入“长期应收款”项目。同时，应当在财务报表附注中披露与融资租赁有关的下列信息：

（1）资产负债表日后连续三个会计年度每年将收到的最低租赁收款额，以及以后年度将收到的最低租赁收款额总额。

（2）未实现融资收益的余额，以及分配未实现融资收益所采用的方法。

### （八）出租人会计处理举例

**【例 2-5】** 沿用【例 2-4】资料，并假设融资租赁固定资产账面价值为 700 000 元。出租人（N 公司）为签订该项租赁合同发生初始直接费用 10 000 元，已用银行存款支付。

根据资料，出租人（N 公司）的会计处理如下：

1. 判断租赁类型

本例存在优惠购买选择权，优惠购买价 100 元远远小于行使选择权日租赁资产的公允价值 80 000 元，因此在 2005 年 12 月 30 日就可合理地确定 M 公司将会行使这种选择权，符合第（2）条判断标准；另外，在本例中，最低租赁收款额的现值=710 000 元（计算过程见后），大于租赁开始日租赁资产公允价值的 90%，即 630 000 元（700 000 元×90%），符合第（4）条判断标准。因此这项租赁应认定为融资租赁。

2. 计算租赁开始日最低租赁收款额及其现值和未实现融资收益

最低租赁付款额=各期租金之和+行使优惠购买选择权支付的金额

=150 000×6+100=900 100（元）

最低租赁收款额=最低租赁付款额+独立于承租人和出租人的第三方担保余值
=900 100+0=900 100（元）

应收融资租赁款入账价值=最低租赁收款额+初始直接费用
=900 100+10 000=910 100（元）

最低租赁收款额现值=租赁开始日租赁资产公允价值+初始直接费用
=700 000+10 000=710 000（元）

未实现融资收益=910 100−710 000=200 100（元）

根据以上计算，租赁期开始日的会计分录如下：

借：长期应收款——应收融资租赁款 910 100

 贷：银行存款 10 000

  融资租赁固定资产 700 000

  未实现融资收益 200 100

3. 计算租赁内含利率

本例中，最低租赁收款额=租金×期数+优惠购买价格=150 000×6+100=900 100（元）

假定租赁内含利率为 $r$，可以得出：150 000×（P/A，$r$，6）+100×（P/F，$r$，6）= 710 000（租赁资产的公允价值+初始直接费用）。

根据这一等式，可在多次测试的基础上，用插值法计算租赁内含利率。

当 $r$=7%时 150 000×4.767+100×0.666=715 050+66.60=715 116.60（元）>710 000（元）

当 $r$=8%时 150 000×4.623+100×0.630=693 450+63=693 513（元）<710 000（元）

因此，7%<$r$<8%。用插值法计算如表 2-4 所示。

**表 2-4 插值法计算表**

| 现值/元 | 利 率 |
|---|---|
| 715 116.60 | 7% |
| 710 000 | $r$ |
| 693 513 | 8% |

（715 116.60−710 000）/（715 116.60−693 513）=（7%−$r$）/（7%−8%）

$r$=（21 603.60×7%+5 116.60×1%）÷21 603.60=7.24%

即，租赁内含利率为 7.24%。

4. 初始直接费用的会计处理

在计算租赁内含利率时已考虑了初始直接费用的因素，为了避免未实现融资收益高估，在初始确认时应对未实现融资收益进行调整，借“未实现融资收益”，贷“长期应收款——应收融资租赁款”。本例在租赁期开始日应作会计分录如下：

借：未实现融资收益 10 000

 贷：长期应收款——应收融资租赁款 10 000

5. 租金收取和未实现融资收益分配的处理

（1）计算租赁期内各期应分摊的融资收益，见表 2-5。

表 2-5 未实现融资收益分配表（实际利率法）

2006 年 1 月 1 日　　单位：元

| 日　期 | 租　金 | 确认的融资收入 | 租赁投资净额减少额 | 租赁投资净额余额 |
|---|---|---|---|---|
| ① | ② | ③=期初⑤×7.24% | ④=②-③ | 期末⑤=期初⑤-④ |
| 2005 年 12 月 31 日 | | | | 710 000 |
| 2006 年 6 月 30 日 | 150 000 | 51 404 | 98 596 | 611 404 |
| 2006 年 12 月 31 日 | 150 000 | 44 265.65 | 105 734.35 | 505 669.65 |
| 2007 年 6 月 30 日 | 150 000 | 36 610.48 | 113 389.52 | 392 280.13 |
| 2007 年 12 月 31 日 | 150 000 | 28 401.08 | 121 598.92 | 270 681.21 |
| 2008 年 6 月 30 日 | 150 000 | 19 597.32 | 130 402.68 | 140 278.53 |
| 2008 年 12 月 31 日 | 150 000 | 9 821.47① | 140 178.53① | 100 |
| 2008 年 12 月 31 日 | 100 | | 100 | |
| 合　计 | 900 100 | 190 100 | 710 000 | |

①做尾数调整：9 821.47（元）=150 000−140 178.53，140 178.53（元）=140 278.53−100

（2）租金收取和未实现融资收益分配的会计分录。

1）2006 年 6 月 30 日：

借：银行存款　　150 000

　　贷：长期应收款——应收融资租赁款　　150 000

借：未实现融资收益　　51 404

　　贷：租赁收入　　51 404

2）2006 年 12 月 31 日：

借：银行存款　　150 000

　　贷：长期应收款——应收融资租赁款　　150 000

借：未实现融资收益　　44 265.65

　　贷：租赁收入　　44 265.65

3）2007 年 6 月 30 日：

借：银行存款　　150 000

　　贷：长期应收款——应收融资租赁款　　150 000

借：未实现融资收益　　36 610.48

　　贷：租赁收入　　36 610.48

4）2007 年 12 月 31 日：

借：银行存款 150 000

　　贷：长期应收款——应收融资租赁款 150 000

借：未实现融资收益 28 401.08

　　贷：租赁收入 28 401.08

5）2008 年 6 月 30 日：

借：银行存款 150 000

　　贷：长期应收款——应收融资租赁款 150 000

借：未实现融资收益 19 597.32

　　贷：租赁收入 19 597.32

6）2008 年 12 月 31 日：

借：银行存款 150 000

　　贷：长期应收款——应收融资租赁款 150 000

借：未实现融资收益 9 821.47

　　贷：租赁收入 9 821.47

6. 或有租金的处理：

根据租赁合同规定，在 2007 年和 2008 年，N 公司每年可按塑钢窗年销售收入的 5%向 M 公司收取经营分享收入，即或有租金。这两年可向 M 公司收取的经营分享收入分别为 5 000 元和 7 500 元。相应的会计分录如下：

（1）2007 年：

借：银行存款（或应收账款） 5 000

　　贷：租赁收入 5 000

（2）2008 年：

借：银行存款（或应收账款） 7 500

　　贷：租赁收入 7 500

7. 租赁期满时的处理

2008 年 12 月 31 日，在租赁合同期满时，N 公司收到 M 公司支付的购买价款 100 元，相应的会计分录如下：

借：银行存款 100

　　贷：长期应收款——应收融资租赁款 100

### （九）出租人会计处理中的几个特殊问题

1. 租金逾期未能收回

根据谨慎性原则的要求，出租人对于超过一个租金支付期而未收到的租金，不应确认当期的租赁收入；对于以前已经确认的租赁收入，应予冲回，借记“租赁收入”科目，贷记“未实现融资收益”科目。对于未确认和已冲回的租赁收入，在备查账中登记。如果超期支付的租金以后又收回，应将租金中所含的租赁收入确认为收到当期的收入，借记“未实现融资收益”科目，贷记“租赁收入”科目。

2. 计提“长期应收款——应收融资租赁款”坏账准备

为了真实、客观地反映出租人在融资租赁中的债权，出租人应当定期根据承租人的财务及经营管理情况，以及租金的逾期期限等因素，分析应收融资租赁款的风险程度和收回的可能性，对应收融资租赁款合理地计提坏账准备。值得注意的是，由于逾期租金所含租赁收入已停止确认，出租人只需对应收融资租赁款减去未实现融资收益的差额部分（在金额上等于本金的部分）计提坏账准备，而不是对应收融资租赁款全额计提坏账准备。坏账准备的计提方法由出租人根据有关规定自行确定，但一经确定，不得随意变更。其具体会计处理如下：

（1）根据有关规定合理地计提坏账准备时，借记“资产减值损失”科目，贷记“坏账准备”科目。

（2）对于确实无法收回的应收融资租赁款，经批准作为坏账损失，冲销计提的坏账准备，借记“坏账准备”科目，贷记“长期应收款——应收融资租赁款”科目。

（3）已确认并转销的坏账损失，如果以后又收回，按实际收回的金额，借记“长期应收款——应收融资租赁款”科目，贷记“坏账准备”科目；同时，借记“银行存款”科目，贷记“长期应收款——应收融资租赁款”科目。

可见，除了计算的基数不同外，“长期应收款——应收融资租赁款”与“应收账款”计提坏账准备的会计处理方法相同。

3. 未担保余值发生变动

根据谨慎性原则的要求，出租人应定期对未担保余值进行复核，至少于每年年末复核一次。如果有证据表明未担保余值已经发生减少，应重新计算租赁内含利率，并将由此而引起的租赁投资净额（租赁投资净额是指最低租赁收款额及未担保余值之和与未实现融资收益之间的差额）的减少确认为当期损失，以后各期根据修正后的租赁投资净额和重新计算的租赁内含利率确定应确认的租赁收入。如已确认损失的未担保余值得以恢复，应在原先已确认的损失金额内转回，并重新计算租赁内含利率，以后各期根据修正后的租赁投资净额和重新计算的租赁内含利率确定应确认的融资收入。在未担保余值增加时，则不作任何调整。

在未担保余值发生减少时，对前期已确认的融资收入不作追溯调整，只对未担保余值发生减少的当期和以后各期，根据修正后的租赁投资净额和重新计算的租赁内含利率计算应确认的融资收入。其具体会计处理如下：

（1）期末，出租人的未担保余值的预计可收回金额低于其账面价值的差额，借记“资产减值损失”科目，贷记“未担保余值减值准备”科目。同时，将上述减值金额与由此所产生的租赁投资净额的减少额之间的差额，借记“未实现融资收益”科目，贷记“资产减值损失”科目。

（2）如果已确认损失的未担保余值得以恢复，应按未担保余值恢复的金额，借记“未担保余值减值准备”科目，贷记“资产减值损失”科目。同时，按原减值额与由此所产生的租赁投资净额的增加额之间的差额，借记“资产减值损失”科目，贷记“未实现融资收益”科目。

**【例 2-6】** 沿用【例 2-5】资料，并假设未担保余值为 1 000 元，2007 年 12 月 31 日减值为 500 元。

在租赁期开始日，N 公司的会计处理如下：

（1）借：长期应收款——应收融资租赁款 910 100
　　　未担保余值 1 000
　　贷：银行存款 10 000
　　　　融资租赁固定资产 700 000
　　　　未实现融资收益 201 100

同时，将初始直接费用调整为未实现融资收益：

借：未实现融资收益 10 000
　贷：长期应收款——应收融资租赁款 10 000

（2）计算租赁内含利率 $r$。

150 000×（P/A，$r$，6）+（100+1 000）×（P/F，$r$，6）=710 000

计算可得：$r$=7.27%

据此，计算租赁期内各期应分摊的未实现融资收益，见表 2-6。

**表 2-6 未实现融资收益分配表**（实际利率法）

2006 年 1 月 1 日 单位：元

| 日　期 | 租　金 | 确认的融资收入 | 租赁投资净额减少额 | 租赁投资净额余额 |
|---|---|---|---|---|
| ① | ② | ③=期初⑤×7.27% | ④=②–③ | 期末⑤=期初⑤–④ |
| 2005 年 12 月 31 日 | | | | 710 000 |
| 2006 年 6 月 30 日 | 150 000 | 51 617 | 98 383 | 611 617 |
| 2006 年 12 月 31 日 | 150 000 | 44 464.56 | 105 535.44 | 506 081.56 |
| 2007 年 6 月 30 日 | 150 000 | 36 792.13 | 113 207.87 | 392 873.69 |
| 2007 年 12 月 31 日 | 150 000 | 28 561.92 | 121 438.08 | 271 435.61 |
| 2008 年 6 月 30 日 | 150 000 | 19 733.37 | 130 266.63 | 141 168.98 |
| 2008 年 12 月 31 日 | 150 000 | 9 931.02① | 140 068.98① | 1 100 |
| 2008 年 12 月 31 日 | 100 | | 100 | |
| 合　计 | 900 100 | 191 100 | 709 000 | |

①做尾数调整：9 931.02（元）=150 000–140 068.98，140 068.98（元）=141 168.98–1 100

由上述可见，当存在 1 000 元未担保余值时，N 公司的租赁内含利率发生了变化，各期应分摊的未实现融资收益金额也相应发生了变化，对应会计分录（略）也将有所变化。

2007 年 12 月 31 日，未担保余值发生减值时，重新计算租赁内含利率 $r$：

150 000×（P/A，$r$，3）+（100+500）×（P/F，$r$，3）=392 873.69

计算可得：$r$=7.19%

据此，重新计算租赁期内各期应分摊的未实现融资收益，见表 2-7。

**表 2-7　未担保余值变化后的未实现融资收益分配表（实际利率法）**

单位：元

| 日　期 | 租　金 | 确认的融资收入 | 租赁投资净额减少额 | 租赁投资净额余额 |
|---|---|---|---|---|
| ① | ② | ③=期初⑤×7.27% 或×7.19% | ④=②-③ | 期末⑤=期初⑤-④ |
| 2005 年 12 月 31 日 | | | | 710 000 |
| 2006 年 6 月 30 日 | 150 000 | 51 617 | 98 383 | 611 617 |
| 2006 年 12 月 31 日 | 150 000 | 44 464.56 | 105 535.44 | 506 081.56 |
| 2007 年 6 月 30 日 | 150 000 | 36 792.13 | 113 207.87 | 392 873.69 |
| 2007 年 12 月 31 日 | 150 000 | 28 247.62 | 121 752.38 | 271 121.31 |
| 2008 年 6 月 30 日 | 150 000 | 19 493.62 | 130 506.38 | 140 614.93 |
| 2008 年 12 月 31 日 | 150 000 | 9 985.07① | 140 014.93① | 600 |
| 2008 年 12 月 31 日 | 100 | | 100 | |
| 合　计 | 900 100 | 190 600 | 709 500 | |

①做尾数调整：9 985.07（元）=150 000-140 014.93，140 014.93（元）=140 614.93-600

由表 2-7 可见，2007 年 12 月 31 日未担保余值发生变动的租赁投资净额的减少额=271 435.61-271 121.31=314.30（元）

2007 年 12 月 31 日，针对未担保余值发生变动的情况，N 公司应作如下会计处理：

借：资产减值损失　　500

　　贷：未担保余值减值准备　　500

借：未实现融资收益　　314.30

贷：资产减值损失 314.30

以后各期的会计分录略。

## 第四节 售后租回的会计处理

### 一、售后租回的含义与实质

售后租回是一种特殊形式的租赁业务，是指卖主（即承租人）将一项自制或外购的资产出售后，又将该项资产从买主（即出租人）租回，习惯上称之为“回租”。在售后租回交易中，资产的原所有者（即承租人）在保留对资产的使用权和控制权的前提下，将固定资本转化为货币资本，在出售时可取得全部价款的现金，而租金则是分期支付的，从而获得了所需的资金，实现融资的目的；而资产的新所有者（即出租人）通过售后租回交易，找到了一个风险小、回报有保障的投资机会。

由于在售后租回交易中资产的售价和租金是相互关联的，是以一揽子方式谈判和一并计算的，因此，资产的出售和租回实质上是同一项交易。也就是说，售后租回交易实质上是一种融资行为，而不是独立的销售行为。因此，在会计处理上，不能按照单纯的商品买卖来处理。卖方在售后租回交易中，出售租赁资产时获得的损益，应视具体情况而论，不能一律将其确认为当期损益。对于某些售后租回业务来讲，该项损益应在日后回租的租赁期内进行分摊，并调整租回业务中发生的租赁成本或费用。

### 二、售后租回的会计处理

对于售后租回交易，无论是承租人还是出租人，均应按照租赁的分类标准，将售后租回交易认定为融资租赁或经营租赁。对于出租人来讲，售后租回交易无论是形成融资租赁还是形成经营租赁，同一般租赁业务的会计处理没有区别；而对于承租人来讲，由于其既是资产的承租人同时又是资产的出售者，因此，售后租回交易同一般租赁业务的会计处理有所不同。因此，本部分将重点介绍售后租回交易中承租人的会计处理方法。

售后租回的会计处理按其所形成的租赁类型而定，可按融资租赁和经营租赁分别进行会计处理。

#### （一）售后租回形成融资租赁的会计处理

如果售后租回交易按照我国《企业会计准则第 21 号——租赁》关于融资租赁的判断标准被认定为融资租赁，那么，这种交易实质上转移了买主（即出租人）所保留的与该项租赁资产所有权有关的全部风险和报酬，是出租人提供资金给承租人并以该项资产作为担保的。因此，售价与资产账面价值之间的差额（无论售价是高于资产账面价值还是低于资产账面价值）在资产销售日并未实现，不能计入当期损益，而应予以递延，在随后的租赁期内，按该项租赁资产的折旧进度进行分摊，作为折旧费用的调整。所谓按折旧进度进行分摊，是指在对该项租赁资产计提折旧时，按与该项资产计提折旧所采用的折旧率相同的比例对未实现售后租回损益进行分摊。

1. 具体的会计处理方法

（1）出售资产时，按固定资产账面净值，借记“固定资产清理”科目，按固定资产已提折旧，借记“累计折旧”科目，按固定资产的账面原价，贷记“固定资产”科目；如果出售资产已计提减值准备，还应结转已计提的减值准备。

（2）收到出售资产的价款时，借记“银行存款”科目，贷记“固定资产清理”科目，借记或贷记“递延收益——未实现售后租回损益”。

（3）租回资产时，按租赁资产的公允价值与最低租赁付款额的现值中较低者，借记“融资租赁资产”科目（假设不需安装），按最低租赁付款额，贷记“长期应付款——应付融资租赁款”科目，按其差额，借记“未确认融资费用”科目。

（4）各期根据该项租赁资产的折旧进度分摊未实现售后租回损益时，借记或贷记“递延收益——未实现售后租回损益”科目，贷记或借记“制造费用”、“销售费用”、“管理费用”等科目。

2. 会计处理举例

**【例 2-7】** 2009 年 1 月 1 日，M 公司将一台塑钢机按 700 000 元的价格销售给 N 公司。该台机器的公允价值为 700 000 元，账面原价为 1 000 000 元，已提折旧 400 000 元。同时又签订了一份融资租赁协议将机器租回。假如 M 公司对租赁资产塑钢机计提折旧的期限为 5 年，按年限平均法计提折旧。则相关的会计处理如下：

（1）2009 年 1 月 1 日，结转出售固定资产的成本：

借：固定资产清理　　600 000
　　累计折旧　　400 000
　　贷：固定资产——塑钢机　　1 000 000

（2）2009 年 1 月 1 日，向 N 公司出售塑钢机：

借：银行存款　　700 000
　　贷：固定资产清理　　600 000
　　　　递延收益——未实现售后租回损益（融资租赁）　　100 000

（3）2009 年 12 月 31 日，确认本年度应分摊的未实现售后租回损益。未实现售后租回损益的分摊计算过程，见表 2-8。

表 2-8 未实现售后租回损益分摊表（年限平均法）

2009 年 1 月 1 日 单位：元

| 日 期 | 售 价 | 固定资产账面价值 | 摊 销 期 | 分 摊 率 | 摊 销 额 | 未实现售后租回损益 |
|---|---|---|---|---|---|---|
| 2009 年 1 月 1 日 | 700 000 | 600 000 | 5 年 | | | 100 000 |
| 2009 年 12 月 31 日 | | | | 20% | 20 000 | 80 000 |
| 2010 年 12 月 31 日 | | | | 20% | 20 000 | 60 000 |
| 2011 年 12 月 31 日 | | | | 20% | 20 000 | 40 000 |
| 2012 年 12 月 31 日 | | | | 20% | 20 000 | 20 000 |
| 2013 年 12 月 31 日 | | | | 20% | 20 000 | |
| 合 计 | 700 000 | 600 000 | | 100% | 100 000 | |

根据表 2-8，作会计分录如下：

借：递延收益——未实现售后租回损益（融资租赁） 20 000

　　贷：制造费用——折旧费 20 000

（4）卖主（即承租人 M 公司）对融资租赁资产的初始确认入账、租金的支付、未确认融资费用的摊销及折旧的计提等的会计处理，与一般融资租赁处理相同（略）。

## （二）售后租回形成经营租赁的会计处理

售后租回交易据租赁判断标准认定为经营租赁的，会计处理相对比较复杂。在某些情况下，资产售价和账面价值之间的差额，应予以递延；在某些情况下，资产售价和账面价值之间的差额则不允许递延，而应直接计入当期损益。

1. 具体的会计处理方法

售后租回交易形成经营租赁的会计处理，应当分别按以下情况采用不同的方法：

（1）有确凿证据表明售后租回交易是按照公允价值达成的。在这种情况下，资产的销售业务通常被认定为一项正常的交易，应按正常出售固定资产的会计方法来处理，资产售价与账面价值之间的差额直接计入当期损益。

（2）售后租回交易不是按照公允价值达成的。在这种情况下，交易业务通常不被认定为一项正常的交易，其会计处理方法又分为以下两种情况：

一种情况是，售价高于公允价值。在这种情况下，需要对资产售价与账面价值的差额中属于售价超过公允价值的那部分予以递延，并在租赁期内进行摊销，调整租金成本。借记“递延收益——未实现售后租回损益”科目，贷记“制造费用”、“销售费用”、“管理费用”等科目；而将属于公允价值超过账面价值差额的部分直接计入当期损益。

另一种情况是，售价低于公允价值。在这种情况下，如果在处置销售资产中发生了损失，且有确凿证据表明该损失将由未来低于市场价的租金予以补偿，则应将资产售价与账面价值的差额予以递延，并按与确认租金费用相一致的方法分摊于预计的租赁内，借记“制造费用”、“销售费用”、“管理费用”等科目，贷记“递延收益——未实现售后租回损益”科目；否则，资产售价与账面价值的差额，一律计入当期损益。

2. 会计处理举例

**【例 2-8】** 假定 2009 年 1 月 1 日，M 公司拥有一台办公设备，账面价值为 900 000 元（假设无折旧和其他清理费用），公允价值为 1 000 000 元。2009 年 1 月 1 日，M 公司将其出售给 N 租赁公司，同时与 N 租赁公司签订了一份租赁该台办公设备的协议，租赁期为 4 年，租金为 200 000 元/年，于每年年末支付，该台办公设备预计使用年限为 10 年。其他有关资料如下：

（1）假设 M 公司以 1 000 000 元出售了该台办公设备。

（2）假设 M 公司以 1 100 000 元出售了该台办公设备。

（3）假设 M 公司以 950 000 元出售了该台办公设备。

（4）假设 M 公司以 800 000 元出售了该台办公设备，且有确凿证据表明，未来租赁付款总额低于市价。

（5）假设 M 公司以 800 000 元出售了该台办公设备，且有确凿证据表明，未来租赁付款总额不低于市价。

要求：分别就以上几种情况，作出 M 公司的财务处理。

分析：根据上述资料，可以推出，M 公司与 N 公司签订的租赁协议没有满足融资租赁判断标准中的任何一条，属于售后租回形成的经营租赁。据此，M 公司应作账务处理如下：

（1）M 公司以 1 000 000 元出售该台办公设备时：

在这种情况下，应按正常处置固定资产的方法来处理。

2009 年 1 月 1 日，结转出售固定资产的成本：

| | | |
|---|---|---|
| 借：固定资产清理 | 900 000 | |
| 贷：固定资产 | | 900 000 |

2009 年 1 月 1 日，向 N 公司出售该台办公设备：

| | | |
|---|---|---|
| 借：银行存款 | 1 000 000 | |
| 贷：固定资产清理 | | 900 000 |
| 营业外收入 | | 100 000 |

（2）当 M 公司以 1 100 000 元出售该台办公设备时：

在这种情况下，对于卖价高于公允价值的部分应予以递延，对于公允价值高于账面价值的部分应计入当期损益。

2009 年 1 月 1 日，结转出售固定资产的成本：

| | | |
|---|---|---|
| 借：固定资产清理 | 900 000 | |
| 贷：固定资产 | | 900 000 |

2009 年 1 月 1 日，向 N 公司出售该台设备：

借：银行存款 1 100 000

贷：固定资产清理 900 000

营业外收入 100 000

递延收益——未实现售后租回损益（经营租赁） 100 000

2009 年 12 月 31 日，确认本年应分摊的未实现售后租回损益（在本例中，按年分摊未实现售后租回损益只是为了简化核算。在实际工作中，承租人一般应在按月确认租金费用的同时合理分摊未实现售后租回损益）。

借：递延收益——未实现售后租回损益（经营租赁） 25 000

贷：管理费用——租赁费 25 000

（3）M 公司以 950 000 元出售该台办公设备时：

在这种情况下，虽然售价低于公允价值，但 M 公司因处置该台办公设备产生了 50 000 元的营业外收入，因此，应将资产售价与账面价值的差额直接计入当期损益。

2009 年 1 月 1 日，结转出售固定资产的成本：

借：固定资产清理 900 000

贷：固定资产 900 000

2009 年 1 月 1 日，向 N 公司出售该台设备：

借：银行存款 950 000

贷：固定资产清理 900 000

营业外收入 50 000

（4）M 公司以 800 000 元出售该台办公设备，且有确凿证据表明，未来租赁付款总额低于市价。

在这种情况下，M 公司在处置该台办公设备时，虽然发生了 100 000 元的损失。但未来租赁付款额却低于市价。因此，应将资产售价与账面价值的差额予以递延。

2009 年 1 月 1 日，结转出售固定资产的成本：

借：固定资产清理 900 000

贷：固定资产 900 000

2009 年 1 月 1 日，向 N 公司出售该台设备：

借：银行存款 800 000

递延收益——未实现售后租回损益（经营租赁） 100 000

贷：固定资产清理 900 000

2009 年 12 月 31 日，确认本年应分摊的未实现售后租回损益：

借：管理费用——租赁费 25 000

贷：递延收益——未实现售后租回损益（经营租赁）　　25 000

（5）M 公司以 800 000 元出售该台办公设备，且有确凿证据表明未来租赁付款总额不低于市价。

在这种情况下，M 公司在处置该台办公设备时，发生了 100 000 元的损失，未来租赁付款额却不低于市价，因此，应将售价与资产账面价值之间的差额计入当期损益。

2009 年 1 月 1 日，结转出售固定资产的成本：

借：固定资产清理　　900 000

贷：固定资产　　900 000

2009 年 1 月 1 日，向 N 公司出售该台设备：

借：银行存款　　800 000

营业外支出　　100 000

贷：固定资产清理　　900 000

注意：在该例题的以上各种情况下，M 公司有关租金费用的确认、处理与一般经营租赁相同（略）。

### 三、售后租回交易的披露

承租人和出租人除应当按照有关规定披露售后租回交易外，还应对售后租回合同中的特殊条款作出披露。这里的“特殊条款”，是指售后租回合同中规定的区别于一般租赁交易的条款，如租赁标的物的售价等。

## 【复习思考题】

1. 什么是租赁？如何划分经营租赁与融资租赁？
2. 最低租赁付款额和最低租赁收款额包括哪些内容？
3. 在经营租赁中，承租人与出租人的会计处理有什么不同？
4. 在融资租赁中，承租人与出租人的会计处理有什么不同？
5. 什么是售后租回？简述售后租回业务中承租人与出租人的会计处理方法。

## 【实务练习题】

1. A 公司于 2006 年 12 月 10 日与 B 租赁公司签订了一份设备租赁合同。合同主要条款如下：

（1）租赁标的物：甲生产设备。

（2）起租日：2006 年 12 月 31 日。

（3）租赁期：2006 年 12 月 31 日～2010 年 12 月 31 日。

（4）租金支付方式：2007～2010 年每年年末支付租金 800 万元。

（5）租赁期满时，甲生产设备的估计余值为 400 万元，其中 A 公司担保的余值为 300 万元，未担保的余值为 100 万元。

（6）甲生产设备 2006 年 12 月 31 日的原账面价值为 3 500 万元，已提折旧 400 万元，公允价值为 3 100 万元，已使用 3 年，预计还可使用 5 年。

（7）租赁合同年利率为 6%。

（8）2010 年 12 月 31 日，A 公司将甲生产设备归还给 B 租赁公司。

甲生产设备于 2006 年 12 月 31 日运抵 A 公司，当日投入使用。A 公司当日的资产总额为 4 000 万元，其固定资产均采用平均年限法计提折旧，与租赁有关的未确认融资费用采用实际利率法摊销，并假定未确认融资费用在相关资产的折旧期限内摊销。

要求：

（1）判断该项租赁的类型，并说明理由。

（2）编制 A 公司在起租日的有关会计分录。

（3）编制 A 公司在 2007 年年末～2010 年年末与租金支付以及其他与租赁事项有关的会计分录（假定相关事项均在年末进行账务处理，金额单位用万元表示）。

（利率为 6%，期数为 4 期的普通年金现值系数为 3.465 1；利率为 6%，期数为 4 期的复利现值系数为 0.792 1）

2. 2006 年 12 月 31 日，A 企业与从 B 租赁公司租入不需安装的一台设备且已经达到可使用状态，签订一份租赁合同，主要条款如下：

（1）租赁标的物：大型制造设备。

（2）租赁期开始日：2006 年 12 月 31 日。

（3）租赁期：2006 年 12 月 31 日～2010 年 12 月 31 日，共 4 年。

（4）租金支付方式：每年年末支付租金 500 000 元。

（5）租赁期满时该台设备的估计余值为 600 000 元，其中由 A 企业的母公司担保的余值为 300 000 元，C 担保公司担保的余值为 200 000 元。

（6）该台设备的维修费用等费用由 A 企业负担，每年为 40 000 元。

（7）租赁合同规定的利率为 6%。

其他条件如下：

（1）该台设备在 2007 年 1 月 1 日的公允价值为 1 900 000 元，估计使用年限为 10 年，已使用 6 年。

（2）承租人采用年数总和法计提折旧。

（3）2010 年 12 月 31 日 A 企业将该台设备交回 B 租赁公司。

要求：作出 A 企业和 B 公司的账务处理（A 企业的未确认融资费用分摊率=7.49%，B 公司的租赁内含利率=12%。实务当中通常承租方并不了解出租方的租赁内含利率，本题因租赁资产以公允价值为入账价值需重新计算融资费用分摊率，为方便计算将分摊率和内含利率分别作为给定条件，不必再按照分摊率的确定顺序另行确定）。

# 第三章 股份支付

## 第一节 股份支付概述

### 一、股份支付的含义及特征

企业向其雇员支付期权作为薪酬或奖励措施的行为，是目前具有代表性的股份支付交易，我国部分企业目前实施的职工期权激励计划即属于这一范畴。股份支付，是“以股份为基础的支付”的简称，是指企业为获取职工和其他方提供服务而授予权益工具㊀或者承担以权益工具为基础确定的负债的交易。《企业会计准则第 11 号——股份支付》（以下简称股份支付准则）规范了企业按规定实施的职工期权激励计划的会计处理和相关信息披露要求。

股份支付具有以下特征：

（1）股份支付是企业与职工或其他方之间发生的交易。以股份为基础的支付可能发生在企业与股东之间、合并交易中的合并方与被合并方之间或者企业与其职工之间，其中，只有发生在企业与其职工或向企业提供服务的其他方之间的交易，才可能符合股份支付准则对股份支付的定义。

（2）股份支付是以获取职工或其他方服务为目的的交易。企业在股份支付交易中意在获取其职工或其他方提供的服务（费用）或取得这些服务的权利（资产），用于其正常生产经营，而不是转手获利等。

（3）股份支付交易的对价或其定价与企业自身权益工具未来的价值密切相关。股份支付交易与企业同其职工间其他类型交易的最大不同，是交易对价或其定价与企业自身权益工具未来的价值密切相关。在股份支付中，企业要么向职工支付其自身权益工具，要么向职工支付一笔现金，而其金额高低取决于结算时企业自身权益工具的公允价值。

### 二、股份支付的四个主要环节

以薪酬性股票期权为例，典型的股份支付通常涉及四个主要环节：授予、可行权、行权和出售。典型股份支付交易环节示意图参见图 3-1。

---

㊀ 股份支付准则所指的权益工具是指企业自身权益工具，包括企业本身、企业的母公司或同集团其他会计主体的权益工具。

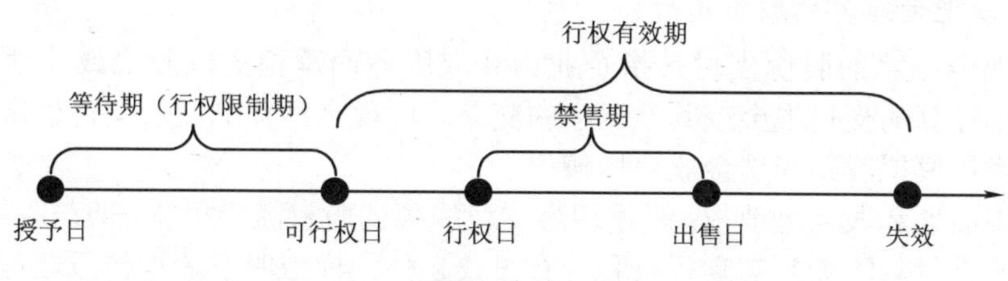


图 3-1 典型股份支付交易环节示意图

授予日是指股份支付协议获得批准的日期。所称获得批准，是指企业与职工或其他方就股份支付的协议条款和条件已达成一致，该协议获得股东大会或类似机构的批准。

可行权日是指可行权条件得到满足、职工或其他方具有从企业取得权益工具或现金权利的日期。有的股份支付协议是一次性可行权，有的则是分批可行权。只有已经可行权的股票期权，才是职工真正拥有的“财产”，才能去择机行权。从授予日至可行权日的时段，是可行权条件得到满足的期间，因此称为等待期，也称行权限制期。

行权日是指职工和其他方行使权利、获取现金或权益工具的日期。如持有股票期权的职工行使了以特定价格购买一定数量本公司股票的权利，该日期即为行权日。行权是按期权的约定价格实际购买股票，一般在可行权日之后到期权到期日之前的可选择时段内行权。

出售日是指股票的持有人将行使期权所取得的期权股票出售的日期。按照我国法规规定，用于期权激励的股份支付协议，应在行权日与出售日之间设立禁售期，其中国有控股上市公司的禁售期不得低于 2 年。

## 三、股份支付工具的主要类型

按照股份支付的方式和工具类型，主要可划分为两大类、四小类。

### 1. 以权益结算的股份支付

以权益结算的股份支付是指企业为获取服务而以股份或其他权益工具作为对价进行结算的交易。以权益结算的股份支付最常用的工具有两类：限制性股票和股票期权。

限制性股票是指职工或其他方按照股份支付协议规定的条款和条件，从企业获得一定数量的本企业股票。企业授予职工一定数额的股票，在一个确定的等待期内或在满足特定业绩指标之前，职工出售股票要受到持续服务条款或业绩条件的限制。

股票期权是指企业授予职工或其他方在未来一定期限内以预先确定的价格和条件购买本企业一定数量股份的权利。

2. 以现金结算的股份支付

以现金结算的股份支付是指企业为获取服务而承担的以股份或其他权益工具为基础计算的交付现金或其他资产的交易。以现金结算的股份支付最常用的工具有两类：模拟股票和现金股票增值权。

模拟股票和股票增值权，是用现金支付模拟的股权激励机制，即与股票挂钩，但用现金支付。除无须实际行权和持有股票之外，模拟股票的运作原理与限制性股票是一样的，现金股票增值权的运作原理与股票期权是一样的。

## 第二节 股份支付的确认和计量

### 一、股份支付的确认和计量原则

#### （一）以权益结算的股份支付

1. 换取职工服务的权益结算的股份支付

对于换取职工服务的股份支付，企业应当以股份支付所授予的权益工具的公允价值计量。企业应在等待期内的每个资产负债表日，以对可行权权益工具数量的最佳估计为基础，按照权益工具在授予日的公允价值，将当期取得的服务计入相关资产成本或当期费用，同时计入资本公积中的其他资本公积。

对于授予后立即可行权的换取职工提供服务的权益结算的股份支付（如授予限制性股票的股份支付），应在授予日按照权益工具的公允价值，将取得的服务计入相关资产成本或当期费用，同时计入资本公积中的股本溢价。

2. 换取其他方服务的权益结算的股份支付

对于换取其他方服务的股份支付，企业应当以股份支付所换取的服务的公允价值计量。一般而言，职工以外的其他方提供的服务能够可靠地计量的，应当优先采用其他方提供服务在取得日的公允价值；如果其他方服务的公允价值不能可靠地计量，但权益工具的公允价值能够可靠地计量的，应当按照权益工具在服务取得日的公允价值计量。企业应当根据所确定的公允价值计入相关资产成本或费用。

3. 权益工具公允价值无法可靠确定时的处理

在极少情况下，授予权益工具的公允价值无法可靠地计量。在这种情况下，企业应当在获取对方提供服务的时点、后续的每个报告日以及结算日，以内在价值[1]计量该项权益工具，内在价值变动计入当期损益。同时，企业应当以最终可行权或实际行权的权益工具数量为基础，确认取得服务的金额。企业对上述内在

[1] 内在价值是指交易对方有权认购或取得的股份的公允价值，与其按照股份支付协议应当支付的价格间的差额。

价值计量的已授予权益工具进行结算，应当遵循以下要求：

（1）结算发生在等待期内的，企业应当将结算作为加速可行权处理，即立即确认本应于剩余等待期内确认的服务金额。

（2）结算时支付的款项应当作为回购该项权益工具处理，即减少所有者权益。结算支付的款项高于该项权益工具在回购日内在价值的部分，计入当期损益。

### （二）以现金结算的股份支付

企业应当在等待期内的每个资产负债表日，以对可行权情况的最佳估计为基础，按照企业承担负债的公允价值，将当期取得的服务计入相关资产成本或当期费用，同时计入负债，并在结算前的每个资产负债表日和结算日对负债的公允价值重新计量，将其变动计入损益。

对于授予后立即可行权的现金结算的股份支付（如授予虚拟股票或业绩股票的股份支付），企业应当在授予日按照企业承担负债的公允价值计入相关资产成本或费用，同时计入负债，并在结算前的每个资产负债表日和结算日对负债的公允价值重新计量，将其变动计入损益。

## 二、可行权条件及其修改

### （一）可行权条件及相关处理

在股份支付中通常涉及可行权条件，在满足这些条件之前，职工无法获得股份。可行权条件包括服务期限条件和业绩条件。服务期限条件是指职工完成规定服务期间才可行权的条件。业绩条件是指企业达到特定业绩目标职工才可行权的条件，具体包括市场条件和非市场条件。

市场条件是指行权价格、可行权条件以及行权可能性与权益工具的市场价格相关的业绩条件。如股份支付协议中关于股价至少上升至何种水平职工可相应取得多少股份的规定。企业在确定权益工具在授予日的公允价值时，应考虑市场条件的影响，而不考虑非市场条件的影响；但市场条件是否得到满足，不影响企业对预计可行权情况的估计。

非市场条件是指除市场条件之外的其他业绩条件。如在股份支付协议中关于达到最低盈利目标或销售目标才可行权的规定。企业在确定权益工具在授予日的公允价值时，不考虑非市场条件的影响；但非市场条件是否得到满足，影响企业对预计可行权情况的估计。

对于可行权条件为业绩条件的股份支付，只要职工满足了其他所有非市场条件（如利润增长率、服务期限等），企业就应当确认已取得的服务。市场条件与非市场条件处理的比较如图 3-2 所示。

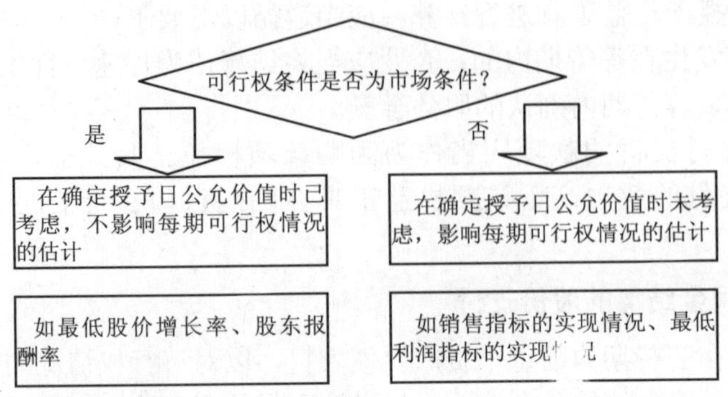


图 3-2 市场条件与非市场条件处理的比较

**【例 3-1】** 2010 年 1 月，为奖励并激励高管，M 上市公司与其管理层成员签署股份支付协议，规定如果管理层成员在其后 3 年中都在公司任职服务，并且公司股价每年提高 10%以上，管理层成员即可以低于市价的价格购买一定数量的本公司股票。

同时作为协议的补充，M 上市公司把全体管理层成员的年薪提高了 40 000 元，但 M 上市公司将这部分年薪按月存入该公司专门建立的内部基金，3 年后，管理层成员可用属于其个人的部分抵减未来行权时支付的购买股票款项。如果管理层成员决定退出这项基金，可随时全部提取。

M 上市公司以期权定价模型估计授予的此项期权在授予日的公允价值为 2 100 000 元。

在授予日，M 上市公司估计 3 年内管理层离职的比例为 10%；在第二年年末，M 上市公司调整其估计离职率为 6%；到第三年年末，实际离职率为 8%。

在第一年中，M 上市公司股价提高了 10%，第二年提高了 13%，第三年提高了 8%。M 上市公司在第一年、第二年年末均预计下年能实现当年股价增长 12%以上的目标。

请问此例涉及哪些条款和条件？M 上市公司应如何处理？

分析：如果不同时满足服务 3 年和公司股价年增长 10%以上的要求，管理层成员就无权行使其股票期权，因此两者都属于可行权条件，其中服务满 3 年是一项服务期限条件，10%的股价增长要求是一项市场业绩条件。虽然 M 上市公司要求管理层成员将部分薪金存入统一账户保管，但不影响其可行权，因此统一账户条款不是可行权条件。

按照股份支付准则的规定，第一年年末确认的服务费用为：

$$2\,100\,000\times1/3\times90\%=630\,000\text{（元）}$$

第二年年末累计确认的服务费用为：

$$2\,100\,000\times2/3\times94\%=1\,316\,000\text{（元）}$$

第三年年末累计确认的服务费用为：

$$2\,100\,000\times92\%=1\,932\,000\text{（元）}$$

由此，第二年应确认的费用为：

$$1\,316\,000-630\,000=686\,000\text{（元）}$$

第三年应确认的费用为：

$$1\,932\,000-1\,316\,000=616\,000\text{（元）}$$

最后，92%的管理层成员满足了市场条件之外的全部可行权条件。尽管股价每年增长10%以上的市场条件未得到满足，M上市公司在3年的年末也均确认了收到管理层提供的服务，并相应确认了费用。

### （二）条款和条件的修改

在通常情况下，股份支付协议生效后，不应对其条款和条件随意修改。但在某些情况下，可能需要修改授予权益工具的股份支付协议中的条款和条件。如股票除权、除息或其他原因需要调整行权价格或股票期权数量。此外，为了得到更佳的激励效果，有关法规也允许企业依据股份支付协议的规定，调整行权价格或股票期权数量，但应当由董事会作出决议并经股东大会审议批准，或者由股东大会授权董事会决定。《上市公司股权激励管理办法（试行）》对此作出了严格的限定，必须按照批准股份支付计划的原则和方式进行调整。

在会计上，无论已授予的权益工具的条款和条件如何修改，甚至取消权益工具的授予或结算该项权益工具，企业至少应确认按照所授予的权益工具在授予日的公允价值来计量获取的相应服务，除非因不能满足权益工具的可行权条件（除市场条件外）而无法可行权。

*1. 条款和条件的有利修改*

企业应当分别按以下情况，确认导致股份支付公允价值总额升高以及其他对职工有利的修改的影响：

（1）如果修改增加了所授予的权益工具的公允价值，企业应按照权益工具公允价值的增加相应地确认取得服务的增加。权益工具公允价值的增加，是指修改前后的权益工具在修改日的公允价值之间的差额。

如果修改发生在等待期内，在确认修改日至修改后的可行权日之间取得服务的公允价值时，应当既包括在剩余原等待期内以原权益工具授予日公允价值为基础确定的服务金额，也包括权益工具公允价值的增加。如果修改发生在可行权日之后，企业应当立即确认权益工具公允价值的增加。如果股份支付协议要求职工只有先完成更长期间的服务才能取得修改后的权益工具，则企业应在整个等待期内确认权益工具公允价值的增加。

（2）如果修改增加了所授予的权益工具的数量，企业应将增加的权益工具的公允价值相应地确认为取得服务的增加。

如果修改发生在等待期内，在确认修改日至增加的权益工具可行权日之间取得服务的公允价值时，应当既包括在剩余原等待期内以原权益工具授予日公允价值为基础确定的服务金额，也包括权益工具公允价值的增加。

（3）如果企业按照有利于职工的方式修改可行权条件，如缩短等待期、变更或取消业绩条件（非市场条件），企业在处理可行权条件时，应当考虑修改后的可行权条件。

2. 条款和条件的不利修改

如果企业以减少股份支付公允价值总额的方式或其他不利于职工的方式修改条款和条件，则企业仍应继续对取得的服务进行会计处理，如同该变更从未发生，除非企业取消了部分或全部已授予的权益工具。具体包括如下几种情况：

（1）如果修改减少了所授予的权益工具的公允价值，企业应当继续以权益工具在授予日的公允价值为基础，确认取得服务的金额，而不应考虑权益工具公允价值的减少。

（2）如果修改减少了授予的权益工具的数量，企业应当将减少部分作为已授予的权益工具的取消来进行处理。

（3）如果企业以不利于职工的方式修改了可行权条件，如延长等待期、增加或变更业绩条件（非市场条件），企业在处理可行权条件时，不应当考虑修改后的可行权条件。

3. 取消或结算

如果企业在等待期内取消了所授予的权益工具或结算了所授予的权益工具（因未满足可行权条件而被取消的除外），则企业应当作如下处理：

（1）将取消或结算作为加速可行权处理，立即确认原本应在剩余等待期内确认的金额。

（2）在取消或结算时支付给职工的所有款项均应作为权益的回购处理，回购支付的金额高于该项权益工具在回购日公允价值的部分，计入当期费用。

（3）如果向职工授予新的权益工具，并在新权益工具授予日认定所授予的新权益工具是用于替代被取消的权益工具的，企业应以处理原权益工具条款和条件修改相同的方式，对所授予的替代权益工具进行处理。权益工具公允价值的增加，是指在替代权益工具的授予日，替代权益工具公允价值与被取消的权益工具净公允价值之间的差额。被取消的权益工具净公允价值，是指其在取消前立即计量的公允价值减去因取消原权益工具而作为权益回购支付给职工的款项。如果企业未将新授予的权益工具认定为替代权益工具，则应将其作为一项新授予的股份支付进行处理。

企业如果回购其职工已可行权的权益工具，应当借记所有者权益，回购支付的金额高于该项权益工具在回购日公允价值的部分，计入当期费用。

## 三、权益工具公允价值的确定

本部分有关权益工具的公允价值确定的规定，既适用于接受职工服务并授予股份或期权的情况，也适用于从职工之外的其他方取得服务的情况。

1. 股份

对于授予职工的股份，其公允价值应按企业股份的市场价格计量，同时考虑授予股份所依据的条款和条件（不包括市场条件之外的可行权条件）进行调整。如果企业股份未公开交易，则应按估计的市场价格计量，并考虑授予股份所依据的条款和条件进行调整。

2. 股票期权

对于授予职工的股票期权，因其通常受到一些不同于交易期权的条款和条件的限制，因而在许多情况下难以获得其市场价格。如果不存在条款和条件相似的交易期权，就应通过期权定价模型估计所授予的期权的公允价值。

在选择适用的期权定价模型时，企业应考虑熟悉情况和自愿的市场参与者将会考虑的因素。所有适用于估计授予职工期权的定价模型至少应考虑以下因素：①期权的行权价格。②期权期限。③基础股份的现行价格。④股价的预计波动率。⑤股份的预计股利。⑥期权期限内的无风险利率。

此外，企业选择的期权定价模型还应考虑熟悉情况和自愿的市场参与者在确定期权价格时会考虑的其他因素，但不包括那些在确定期权公允价值时不考虑的可行权条件和再授予特征因素。确定授予职工的股票期权的公允价值，还需要考虑提前行权的可能性。有时，因为期权不能自由转让，或因为职工必须在终止劳动合同关系前行使所有可行权期权，在这种情况下必须考虑预计提前行权的影响。

## 四、股份支付的处理

股份支付的会计处理必须以完整、有效的股份支付协议为基础。

### （一）授予日

除了立即可行权的股份支付外，无论权益结算的股份支付还是现金结算的股份支付，企业在授予日均不作会计处理。

### （二）等待期内每个资产负债表日

企业应当在等待期内的每个资产负债表日，将取得职工或其他方提供的服务计入成本费用，同时确认所有者权益或负债。对于附有市场条件的股份支付，只要职工满足了其他所有非市场条件，企业就应当确认已取得的服务。

等待期长度确定后，业绩条件为非市场条件的，如果后续信息表明需要调整对可行权情况的估计的，应对前期估计进行修改。

在等待期内每个资产负债表日，企业应将取得的职工提供的服务计入成本费用，计入成本费用的金额应当按照权益工具的公允价值计量。

对于权益结算的涉及职工的股份支付，应当按照授予日权益工具的公允价值计入成本费用和资本公积（其他资本公积），不确认其后续公允价值变动；对于现金结算的涉及职工的股份支付，应当按照每个资产负债表日权益工具的公允价值重新计量，确定成本费用和应付职工薪酬。

在等待期内每个资产负债表日，企业应当根据最新取得的可行权职工人数变动等后续信息作出最佳估计，修正预计可行权的权益工具数量。在可行权日，最终预计可行权权益工具的数量应当与实际可行权工具的数量一致。

根据上述权益工具的公允价值和预计可行权的权益工具数量，计算截至当期累计应确认的成本费用金额，再减去前期累计已确认金额，作为当期应确认的成本费用金额。

### （三）可行权日之后

（1）对于权益结算的股份支付，在可行权日之后不再对已确认的成本费用和所有者权益总额进行调整。企业应在行权日根据行权情况，确认股本和股本溢价，同时结转等待期内确认的资本公积（其他资本公积）。

（2）对于现金结算的股份支付，企业在可行权日之后不再确认成本费用，负债（应付职工薪酬）公允价值的变动应当计入当期损益（公允价值变动损益）。

### （四）回购股份进行职工期权激励

企业以回购股份形式奖励本企业职工的，属于权益结算的股份支付，应当进行以下处理：

1. 回购股份

企业回购股份时，应当按照回购股份的全部支出作为库存股处理，同时进行备查登记。

2. 确认成本费用

按照股份支付准则对职工权益结算股份支付的规定，企业应当在等待期内每个资产负债表日按照权益工具在授予日的公允价值，将取得的职工服务计入成本费用，同时增加资本公积（其他资本公积）。

3. 职工行权

企业应于职工行权购买本企业股份收到价款时，转销交付职工的库存股成本和等待期内资本公积（其他资本公积）累计金额，同时，按照其差额调整资本公积（股本溢价）。

# 第三节 股份支付的应用举例

## 一、附服务年限条件的权益结算股份支付

**【例 3-2】** M 公司为一上市公司。2010 年 1 月 1 日，M 公司向其 160 名管理人员每人授予 100 股股票期权，如果这些管理人员从 2010 年 1 月 1 日起在该公司连续服务 3 年，即可以以 8 元/股的价格购买 100 股 M 公司股票从而获益。该公司估计该项期权在授予日的公允价值为 30 元/份。

第一年有 10 名管理人员离开 M 公司，M 公司估计 3 年中离开的管理人员的比例将达到 20%；第二年又有 5 名管理人员离开公司，M 公司将估计的职员离开比例修正为 15%；第三年又有 5 名管理人员离开。

（1）费用和资本公积计算过程见表 3-1。

**表 3-1 费用和资本公积计算表** 单位：元

| 年 份 | 计 算 | 当期费用 | 累计费用 |
|---|---|---|---|
| 2010 | 160×100×（1−20%）×30×1/3 | 128 000 | 128 000 |
| 2011 | 160×100×（1−15%）×30×2/3−128 000 | 144 000 | 272 000 |
| 2012 | 140×100×30−272 000 | 148 000 | 420 000 |

（2）账务处理如下。

1）2010 年 1 月 1 日：

授予日不作处理。

2）2010 年 12 月 31 日：

借：管理费用 128 000

　　贷：资本公积——其他资本公积 128 000

3）2011 年 12 月 31 日：

借：管理费用 144 000

　　贷：资本公积——其他资本公积 144 000

4）2012 年 12 月 31 日：

借：管理费用 148 000

　　贷：资本公积——其他资本公积 148 000

5）假设全部 140 名管理人员都在 2013 年 12 月 31 日行权，M 公司的股票面值为 1 元/股。

借：银行存款 112 000

资本公积——其他资本公积 420 000
贷：股本 14 000
资本公积——股本溢价 518 000

## 二、附非市场业绩条件的权益结算股份支付

**【例 3-3】** 2010 年 1 月 1 日，M 公司为其 200 名管理人员每人授予 100 份股票期权，其可行权条件如下：2010 年年末，M 公司当年的净利润增长率达到 20%；2011 年年末，M 公司 2010～2011 年两年的净利润平均增长率达到 15%；2012 年年末，M 公司 2010～2012 年三年的净利润平均增长率达到 10%。期权在 2010 年 1 月 1 日的公允价值为 20 元/份。

2010 年 12 月 31 日，权益净利润增长了 16%，同时有 16 名管理人员离开，M 公司预计 2011 年将以同样速度增长，即 2010～2011 年两年净利润平均增长率能够达到 16%，因此预计 2011 年 12 月 31 日可行权。另外，预计第二年将有 16 名管理人员离开 M 公司。

2011 年 12 月 31 日，M 公司净利润仅增长了 11%，但 M 公司预计 2010～2012 年三年的净利润平均增长率可达到 12%，因此预计 2012 年 12 月 31 日可行权。另外，实际有 20 名管理人员离开，预计第三年将有 26 名管理人员离开 M 公司。

2012 年 12 月 31 日，M 公司净利润增长了 9%，三年平均增长率为 12%，满足了可行权条件（即三年的净利润平均增长率达到 10%）。当年有 20 名管理人员离开。

费用和资本公积计算过程见表 3-2。

表 3-2 费用和资本公积计算表 单位：元

| 年 份 | 计 算 | 当期费用 | 累计费用 |
| --- | --- | --- | --- |
| 2010 | （200−16−16）×100×20×1/2 | 168 000 | 168 000 |
| 2011 | （200−16−20−26）×100×20×2/3−168 000 | 16 000 | 184 000 |
| 2012 | （200−16−20−20）×100×20−184 000 | 104 000 | 288 000 |

（账务处理同【例 3-2】，此处略）

## 三、现金结算的股份支付

**【例 3-4】** 2010 年年初，M 公司为其 100 名中层及以上管理人员每人授予 100 份现金股票增值权，这些管理人员从 2010 年 1 月 1 日起在该公司连续服务 3 年，即可按照当时股价的增长幅度获得现金，该项增值权应在 2014 年 12 月 31 日之前行使。M 公司估计，该项增值权在负债结算之前的每一资产负债表日以及结算日的公允价值和可行权后的每份增值权现金支出额如表 3-3 所示。

表 3-3 相关资料　　单位：元

| 年　份 | 公允价值 | 支付现金 |
| --- | --- | --- |
| 2010 | 15 | |
| 2011 | 16 | |
| 2012 | 19 | 17 |
| 2013 | 22 | 21 |
| 2014 | | 26 |

第一年有 10 名管理人员离开 M 公司，M 公司估计三年中还将有 10 名管理人员离开；第二年又有 8 名管理人员离开公司，M 公司估计还将有 7 名管理人员离开；第三年又有 8 名管理人员离开。第三年年末，有 35 人行使股份增值权取得了现金。第四年年末，有 24 人行使了股份增值权。第五年年末，剩余 15 人也行使了股份增值权。

（1）费用和应付职工薪酬计算过程见表 3-4。

表 3-4 费用和应付职工薪酬计算表　　单位：元

| 年　份 | 负债（1） | 支付现金（2） | 当期费用（3） |
| --- | --- | --- | --- |
| 2010 | （100−20）×100×15×1/3=40 000 | — | 40 000 |
| 2011 | （100−25）×100×16×2/3=80 000 | — | 40 000 |
| 2012 | （100−26−35）×100×19=74 100 | 35×100×17=59 500 | 53 600 |
| 2013 | （100−26−35−24）×100×22=33 000 | 24×100×21=50 400 | 9 300 |
| 2014 | 0 | 15×100×26=39 000 | 6 000 |
| 总　额 | | 148 900 | 148 900 |

其中：当期（3）=当期（1）−前一期（1）+当期（2）

（2）账务处理如下：

1）2010 年 12 月 31 日：

借：管理费用　　40 000

　　贷：应付职工薪酬——股份支付　　40 000

2）2011 年 12 月 31 日：

借：管理费用　　40 000

　　贷：应付职工薪酬——股份支付　　40 000

3）2012 年 12 月 31 日：

借：管理费用　53 600

　　贷：应付职工薪酬——股份支付　53 600

借：应付职工薪酬——股份支付　59 500

　　贷：银行存款　59 500

4）2013 年 12 月 31 日：

借：公允价值变动损益　9 300

　　贷：应付职工薪酬——股份支付　9 300

借：应付职工薪酬——股份支付　50 400

　　贷：银行存款　50 400

5）2014 年 12 月 31 日：

借：公允价值变动损益　6 000

　　贷：应付职工薪酬——股份支付　6 000

借：应付职工薪酬——股份支付　39 000

　　贷：银行存款　39 000

## 第四节　股份支付的信息披露

企业应当在附注中披露与股份支付有关的信息和股份支付交易对当期财务状况和经营成果的影响。

在附注中披露的与股份支付有关的信息如下：①当期授予、行权和失效的各项权益工具总额。②期末发行在外的股份期权或其他权益工具行权价格的范围和合同剩余期限。③当期行权的股份期权或其他权益工具以其行权日价格计算的加权平均价格。④权益工具公允价值的确定方法。企业对性质相似的股份支付信息可以合并披露。

在附注中披露股份支付交易对当期财务状况和经营成果的影响，至少包括下列信息：①当期因以权益结算的股份支付而确认的费用总额。②当期因以现金结算的股份支付而确认的费用总额。③当期以股份支付换取的职工服务总额及其他方服务总额。

### 【复习思考题】

1. 股份支付的主要环节有哪些？
2. 股份支付工具的主要类型有哪些？
3. 简述股份支付的确认和计量原则。

4. 可行权条件的种类有哪些？分别应如何处理？
5. 可行权条件的修改包括哪些内容？分别应如何处理？

## 【实务练习题】

1．M 公司为上市公司，有关附服务年限条件的权益结算股份支付的资料如下：

（1）2010 年 1 月 1 日，M 公司向其 200 名管理人员每人授予 1 万份股份期权，这些人员从 2010 年 1 月 1 日起必须在该公司连续服务 3 年，服务期满时才能以 6 元/股的价格购买 2 000 股 M 公司股票。M 公司估计该项期权在授予日的公允价值为 21 元/份。

（2）2010 年有 20 名管理人员离开 M 公司，M 公司估计三年中离开的管理人员比例将达到 15%。

（3）2011 年有 10 名管理人员离开 M 公司，M 公司将管理人员离开比例修正为 18%。

（4）2012 年有 12 名管理人员离开 M 公司。

（5）2013 年 12 月 31 日，158 名管理人员全部行权，以 6 元/股的价格购买。M 公司的股票面值为 1 元/股。

要求：

（1）计算等待期内的每个资产负债表日 M 公司应确认的费用和资本公积的金额。

（2）编制各年有关股份支付的会计分录。

2．M 公司有关现金结算的股份支付的资料如下：

（1）2010 年 1 月 1 日，M 公司为其 100 名中层以上管理人员每人授予 1 000 份现金股票增值权，这些人员从 2010 年 1 月 1 日起必须在公司连续服务 2 年，即可自 2011 年 12 月 31 日起根据股价的增长获得现金，该项增值权应在 2012 年 12 月 31 日之前行使完毕。M 公司估计，该项增值权在负债结算之前的每一资产负债表日以及结算日的公允价值和可行权后的每份增值权现金支出如表 3-5 所示。

**表 3-5 相关资料** 单位：元

| 年份 | 公允价值 | 支付现金 |
| --- | --- | --- |
| 2010 | 16 | — |
| 2011 | 19 | 17 |
| 2012 | | 21 |

（2）2010 年有 16 名管理人员离开 M 公司，M 公司估计还将有 2 名管理人员离开。

（3）2011 年又有 4 名管理人员离开 M 公司。

（4）2011 年年末，假定有 20 人行权取得了现金。

（5）2012 年 12 月 31 日剩余 60 人全部行权。

要求：

（1）计算等待期内的每个资产负债表日费用和应付职工薪酬。

（2）编制 M 公司的有关会计分录。

# 第四章 政府补助

## 第一节 政府补助概述

### 一、政府补助的含义及特征

为了体现一个国家的经济政策，鼓励或扶持特定行业、地区或领域的发展，世界上很多国家通常会对有关企业给予如无偿拨款、注入资本、提供货物或者服务、购买货物、放弃或者不收缴应收收入等形式的经济支持，这是国际上通行的做法。但应注意政府对企业的经济支持并非都属于政府补助。根据我国《企业会计准则第 16 号——政府补助》的规定，政府补助是指企业从政府无偿取得货币性资产或非货币性资产，但不包括政府作为企业所有者投入的资本。

政府补助的主要特征如下：

（1）无偿性。无偿性是政府补助的基本特征。政府补助既不是政府以企业所有者的身份向企业投入资本，也不是以企业债权人的身份向企业出借资金。因此，政府并不因此享有企业的所有权和索偿权。虽然，政府补助通常附有一定的条件，要求企业经法定程序申请取得政府补助后，按照政府规定的用途使用该项补助，但这与政府补助的无偿性并无矛盾，并不表明该项补助是有偿的。

（2）直接取得资产。政府补助是企业从政府直接取得的资产，包括货币性资产和非货币性资产。如企业取得的财政拨款，先征后返（退）、即征即退等方式返还的税款，行政划拨的土地使用权等。不涉及资产直接转移的经济支持，如政府与企业间的债务豁免，除税收返还外的直接减征、免征、增加计税抵扣额、抵免部分税额等税收优惠，都不属于政府补助的范畴。

需要注意的是，增值税出口退税不属于政府补助。根据相关税法规定，对增值税出口货物实行零税率，即对出口环节的增值部分免征增值税，同时退回出口货物前一环节所征的进项税额。由于增值税是价外税，出口货物前一环节所含的进项税额是抵扣项目，体现为企业垫付资金的性质，增值税出口退税实质上是政府归还企业事先垫付的资金，不属于政府补助。

### 二、政府补助的形式及分类

#### （一）政府补助的形式

在实际工作中，政府补助的形式主要有财政拨款、财政贴息、税收返还和无偿划拨非货币性资产等。

1. 财政拨款

财政拨款是指政府为了支持企业而无偿拨付给企业的款项。为了体现财政拨款的政策引导作用，这类拨款通常具有严格的政策条件，只有符合申报条件的企业才能申请拨款；同时附有明确的使用条件，政府在批准拨款时就规定了资金的具体用途。如财政部门拨付给企业的粮食定额补贴。

2. 财政贴息

财政贴息是指政府为支持特定领域或区域发展、根据国家宏观经济形势和政策目标，对承贷企业的银行贷款利息给予的补贴。财政贴息的补贴对象通常是符合申报条件的某个综合性项目，包括设备购置、人员培训、研发费用、人员开支、购买服务等；也可以是单项的，如仅限于固定资产贷款项目。

3. 税收返还

税收返还是指政府按照国家有关规定采取先征后返（退）、即征即退等办法向企业返还的税款，属于以税收优惠形式给予的一种政府补助。

4. 无偿划拨非货币性资产

属于无偿划拨非货币性资产的情况主要有无偿划拨土地使用权、天然起源的天然林等。在实务中，这种情况已经很少。

**（二）政府补助的分类**

根据《企业会计准则》的规定，政府补助应当划分为与资产相关的政府补助和与收益相关的政府补助。

1. 与资产相关的政府补助

与资产相关的政府补助是指企业取得的、用于购建或以其他方式形成长期资产的政府补助。如政府拨付的用于企业购买无形资产的财政拨款，政府对企业用于建造固定资产的相关贷款给予的财政贴息等。

2. 与收益相关的政府补助

与收益相关的政府补助是指除与资产相关的政府补助之外的政府补助。在通常情况下，政府补助为与收益相关的政府补助，因为根据市场经济条件下政府补助的原则和理念，政府补助主要是对企业特定产品由于非市场因素导致的价格低于成本的一种补偿。

## 第二节 政府补助的会计处理

### 一、政府补助的会计处理方法

政府补助有两种会计处理方法：收益法与资本法。

收益法是指将政府补助计入当期收益或递延收益的会计处理方法。收益法又分为总额法和净额法。总额法是指在确认政府补助时，将其全额确认为收益，而不是作为相关资产账面余额或者费用的扣减。净额法是指将政府补助确认为对相关资产账面余额或者所补偿费用的扣减。

资本法是指将政府补助计入所有者权益的会计处理方法。

根据我国《企业会计准则第 16 号——政府补助》的规定，企业对政府补助的会计处理方法采用收益法中的总额法。

## 二、与收益相关的政府补助的会计处理

与收益相关的政府补助应当在其补偿的相关费用或损失发生的期间计入当期损益。用于补偿企业已发生的费用或损失的，取得政府补助时直接记入当期“营业外收入”科目。用于补偿企业以后期间费用或损失的，在取得政府补助时先记入“递延收益”科目，在以后期间确认相关费用时再分摊记入“营业外收入”科目。

企业在日常活动中按照固定的定额标准取得的政府补助，应当按照应收金额计量，借记“其他应收款”科目，贷记“营业外收入”（或“递延收益”）科目。不确定的或者在非日常活动中取得的政府补助，应当按照实际收到的金额计量，借记“银行存款”等科目，贷记“营业外收入”（或“递延收益”）科目。

**【例 4-1】** M 储备粮企业 2010 年实际的粮食储备量为 2 亿 kg。根据国家有关规定，财政部门按照企业的实际储备量给予 0.039 元/kg 的粮食保管费补贴，于每个季度初支付。2010 年 1 月 10 日，M 企业收到财政拨付的第一季度补贴款。

M 企业的会计处理如下：

（1）2010 年 1 月 1 日，M 企业确认应收的财政补贴款：

借：其他应收款　　7 800 000

　　贷：递延收益　　7 800 000

（2）2010 年 1 月 10 日，M 企业实际收到财政补贴款：

借：银行存款　　7 800 000

　　贷：其他应收款　　7 800 000

（3）2010 年 1 月，将补偿 1 月份保管费的补贴计入当期收益：

借：递延收益　　2 600 000

　　贷：营业外收入　　2 600 000

2010 年 2 月和 3 月的分录同上。

**【例 4-2】** N 企业生产一种先进的模具产品，按照国家相关规定，该企业的这种产品适用增值税先征后返政策，即先按规定征收增值税，然后按实际缴纳的增值税税额返还 70%。2010 年 1 月，该企业实际缴纳的增值税税额为 200 万元。2010 年 2 月，该企业实际收到返还的增值税税额 140 万元。2010 年 2 月，N 企业实际收到返还的增值税税额时，作如下账务处理：

借：银行存款　　1 400 000

　　贷：营业外收入　　1 400 000

【例 4-3】 M 粮食企业为购买储备粮于 2010 年 3 月从国家农业发展银行贷款 3 000 万元，同期银行贷款年利率为 6%。自 2010 年 4 月开始，财政部门按有关规定于每季度初，按照 M 粮食企业的实际贷款额和贷款利率拨付给 M 粮食企业贴息资金。

M 粮食企业的会计处理如下：

（1）2010 年 4 月，实际收到财政贴息 45 万元时：

借：银行存款　　450 000

　　贷：递延收益　　450 000

（2）将补偿 2010 年 4 月份利息费用的财政贴息 15 万元计入当期收益：

借：递延收益　　150 000

　　贷：营业外收入　　150 000

2010 年 5 月和 6 月的分录同上。

### 三、与资产相关的政府补助的会计处理

企业在取得与资产相关的政府补助时不能直接计入当期损益，应先记入“递延收益”科目，然后自相关资产可供使用时起，在该项资产使用寿命内平均分摊，记入“营业外收入”科目。

1. 政府补助为货币性资产形式

与资产相关的政府补助通常为货币性资产形式，企业应当在实际收到款项时，按照实际收到的金额，借记“银行存款”等科目，贷记“递延收益”科目。将政府补助用于购建长期资产时，相关长期资产的购建与企业正常的资产购建或研发处理一样，通过“在建工程”、“研发支出”等科目归集，完成后转为固定资产或无形资产。自相关长期资产可供使用时起，在相关资产计提折旧或摊销时，按照长期资产的预计使用期限，将递延收益平均分摊转入当期损益，借记“递延收益”科目，贷记“营业外收入”科目。当相关资产在使用寿命结束或结束前被处置（出售、转让、报废等）时，对于尚未分摊的递延收益余额一次性转入当期损益，不再予以递延。

【例 4-4】 2002 年 2 月，A 企业需购置一台环保设备，预计价款为 620 万元，因资金不足，按相关规定向有关部门提出补助 240 万元的申请。2002 年 3 月 1 日，政府批准了 A 企业的申请并拨付 A 企业 240 万元财政拨款（同日到账）。2002 年 4 月 20 日，A 企业购入不需安装的环保设备，实际成本为 600 万元，使用寿命为 10 年，采用直线法计提折旧（假设无残值）。2010 年 4 月，A 企业出售了这台设备，取得价款 100 万元（假定不考虑其他因素）。

A 企业的会计处理如下：

（1）2002 年 3 月 1 日实际收到财政拨款，确认政府补助：

借：银行存款 2 400 000

　　贷：递延收益 2 400 000

（2）2002 年 4 月 20 日购入设备：

借：固定资产 6 000 000

　　贷：银行存款 6 000 000

（3）自 2002 年 5 月起每个资产负债表日（月末）计提折旧，同时分摊递延收益：

计提折旧时：

借：管理费用 50 000

　　贷：累计折旧 50 000

分摊递延收益时：

借：递延收益 20 000

　　贷：营业外收入 20 000

（4）2010 年 4 月出售设备，同时转销递延收益余额：

出售设备时：

借：固定资产清理 1 200 000

　　累计折旧 4 800 000

　　贷：固定资产 6 000 000

借：银行存款 1 000 000

　　营业外支出 200 000

　　贷：固定资产清理 1 200 000

转销递延收益余额时：

借：递延收益 480 000

　　贷：营业外收入 480 000

*2. 政府补助为非货币性资产形式*

在很少的情况下，与资产相关的政府补助也可能表现为政府向企业无偿划拨长期非货币性资产。对于这种情况，企业应当在实际取得资产并办妥相关受让手续时按照其公允价值确认和计量。如果该项资产相关凭证上注明的价值与公允价值差异不大的，应当以有关凭证中注明的价值作为公允价值；如果该项资产相关凭证上没有注明价值或者注明价值与公允价值差异较大，但该项资产有活跃市场的，应当根据有确凿证据表明的同类或类似资产市场价格作为公允价值。公允价值不能可靠取得的，按照名义金额（1 元）计量。

企业取得的政府补助为非货币性资产的，应当首先同时确认一项资产（固定资产或无形资产等）和递延收益，然后在相关资产使用寿命内平均分摊递延收益，计入当期损益。但对于以名义金额计量的政府补助，在取得时应直接计入当期损益。为了避免财务报表产生误导，对于不能合理确定价值的政府补助，应当在附注中披露该项政府补助的性质、范围和期限。

## 四、与综合性项目相关的政府补助的会计处理

企业取得的针对综合性项目的政府补助，应当将其分解为与资产相关的部分和与收益相关的部分，分别进行会计处理；难以区分的，将政府补助整体归类为与收益相关的政府补助，视不同情况计入当期损益，或者先计入递延收益，在项目期内分摊计入当期损益。

**【例 4-5】** X 公司于 2006 年 12 月申请某国家级研发补贴。申请报告书中的有关内容如下：本公司于 2006 年 1 月启动数字印刷技术开发项目，预计总投资 400 万元，为期 3 年，已投入资金 160 万元。项目还需新增投资 240 万元（其中，购置固定资产 80 万元、场地租赁费 40 万元、人员费 100 万元、市场营销 20 万元），计划自筹资金 120 万元、申请财政拨款 120 万元。2007 年 1 月 1 日，主管部门批准了 X 公司的申请，签订的补贴协议规定，批准 X 公司补贴申请，共补贴款项 120 万元，分两次拨付。合同签订日拨付 60 万元，结项验收时拨付 60 万元（如果不能通过验收，则不拨付第二笔款项）。

X 公司对政府补助应作如下会计处理：

（1）2007 年 1 月 1 日，实际收到拨款 60 万元时：

借：银行存款　　600 000

　　贷：递延收益　　600 000

（2）自 2007 年 1 月 1 日～2008 年 12 月 31 日，在每个资产负债表日，分配递延收益（假设按年分配）时：

借：递延收益　　300 000

　　贷：营业外收入　　300 000

（3）2009 年项目完工，假设通过验收，于 5 月 1 日实际收到拨款 60 万元时：

借：银行存款　　600 000

　　贷：营业外收入　　600 000

## 【复习思考题】

1. 什么是政府补助？其主要特征是什么？
2. 政府补助分为哪几类？
3. 简述与收益相关的政府补助的会计处理方法。
4. 简述与资产相关的政府补助的会计处理方法。

# 第五章　会 计 调 整

## 第一节　会计政策与会计估计变更

### 一、会计政策变更

#### （一）会计政策变更概述

会计政策是指企业在会计确认、计量和报告中所采用的原则、基础和会计处理方法。其中，原则是指按照企业会计准则规定的、适合企业会计核算的具体会计原则。例如，《企业会计准则第 14 号——收入》规定销售商品收入的确认标准是企业已将商品所有权上的主要风险和报酬转移给购货方，企业既没有保留通常与所有权相联系的继续管理权也没有对已售出的商品实施有效控制，经济利益很可能流入企业，收入和成本能够可靠计量，就属于收入确认的具体会计原则。基础是指为了将会计原则应用于交易或事项而采用的基础，主要是企业采用的会计计量基础，也称会计计量属性，主要有历史成本、重置成本、可变现净值、现值和公允价值等。会计处理方法是指企业在会计核算过程中按照法律、法规和国家统一会计制度等规定采用的具体会计处理方法。例如，企业按照《企业会计准则第 18 号——所得税》规定采用资产负债表债务法核算暂时性差异对所得税影响等。企业应当披露重要会计政策，主要包括以下几个方面：

（1）发出存货成本的计量。

（2）长期股权投资的后续计量。

（3）投资性房地产的后续计量。

（4）固定资产的初始计量。

（5）生物资产的初始计量。

（6）无形资产的确认。

（7）非货币性资产交换的计量。

（8）收入的确认。

（9）合同收入与费用的确认。

（10）借款费用的处理。

（11）合并政策。

（12）其他重要会计政策。

会计政策变更是指企业对相同的交易或事项由原来采用的会计政策改用另

一种会计政策的行为。

企业采用的会计政策，在每一会计期间和前后各期应当保持一致，不得随意变更，以保证不同期间会计信息的可比性。会计政策变更并不意味着以前期间的会计政策是错误的，而是由于法律、行政法规或者国家统一的会计制度等的要求，或者情况发生了变化，或者掌握了新的信息，积累了更多的经验，使得变更会计政策能够更好地反映企业的财务状况、经营成果和现金流量。如果以前期间会计政策的运用是错误的，则属于会计差错，应按前期差错更正的规定进行处理。

满足下列条件之一的，企业可以变更会计政策：

（1）法律、行政法规或者国家统一的会计制度等要求变更。

如财政部有关法规规定，从 2007 年 1 月 1 日起，上市公司从执行《企业会计制度》转为执行《企业会计准则》体系。

（2）会计政策变更能够提供更可靠、更相关的会计信息。

以下各项不属于会计政策变更：

（1）本期发生的交易或者事项与以前相比具有本质差别而采用新的会计政策。

如以前租入固定资产属于经营租赁，本次租入固定资产属于融资租赁，两者有本质差别，分别采用不同方法进行处理，不属于会计政策变更。

（2）对初次发生的或不重要的交易或者事项采用新的会计政策。

对初次发生的交易，如企业本期新增了期货交易业务，应按相应办法进行处理，不属于会计政策变更。对不重要的交易，如将低值易耗品的摊销由五五摊销法改为一次摊销法，不属于会计政策变更。对不重要的交易如按会计政策变更处理，不符合成本效益原则。

**（二）会计政策变更的会计处理**

会计政策变更会计处理的基本思路是：可追溯调整的要进行追溯调整；不能追溯的就不追溯，采取未来适用法。

（1）企业根据法律、行政法规或者国家统一的会计制度等要求变更会计政策的，应当按照国家相关会计规定执行。

如 2007 年 1 月 1 日上市公司由原执行《企业会计制度》转为执行新《企业会计准则》，属于会计政策变更，财政部已作了相关规定，即按照《企业会计准则第 38 号——首次执行企业会计准则》的规定进行处理。

（2）会计政策变更能够提供更可靠、更相关的会计信息的，应当采用追溯调整法处理。

（3）确定会计政策变更对列报前期影响数不切实可行的，应当从可追溯调整的最早期间期初开始应用变更后的会计政策；在当期期初确定会计政策变更对以前各期累积影响数不切实可行的，应当采用未来适用法处理。

如某上市公司 2003 年的一项对外长期股权投资按成本法核算，2007 年按新会计准则应采用权益法核算，则应从 2003 年追溯到 2006 年年末。但由于 2004 年水灾导致 2003 年、2004 年资料丢失，只能从 2005 年开始追溯。如果 2006 年水灾导致 2003 年、2004 年、2005 年、2006 年资料丢失，则应当采用未来适用法处理。

1. 追溯调整法

追溯调整法是指对某项交易或事项变更会计政策，视同该项交易或事项初次发生时即采用变更后的会计政策，并以此对财务报表相关项目进行调整的方法。采用追溯调整法进行会计处理可以使同一企业不同时期的会计报表之间具有可比性。

追溯调整法的步骤如下：

（1）计算会计政策变更的累积影响数。

（2）编制相关项目的调整分录。

（3）调整列报前期最早期初财务报表相关项目及其金额。

（4）附注说明。

其中，会计政策变更累积影响数是指按照变更后的会计政策对以前各期追溯计算的列报前期最早期初留存收益应有金额与现有金额之间的差额。留存收益包括盈余公积和未分配利润。在计算调整会计政策变更当期期初的留存收益时，不考虑由于损益变化而应当补分配的利润或股利。列报前期最早期初留存收益，在财务报表只提供一个可比期间比较数据的情况下，就是上期资产负债表的期初留存收益。因而，“变更前的列报前期最早期初留存收益”，可以直接从上年资产负债表中获得；“变更后的列报前期最早期初留存收益”，就是按变更后的会计政策对以前各期追溯计算，所得到的上期期初留存收益金额。

累积影响数的计算步骤如下：

（1）根据新会计政策重新计算受影响的前期交易或事项。

（2）计算两种会计政策下的差异。

（3）计算差异的所得税影响金额。

应说明的是，一般来说，会计政策变更的追溯调整不会影响以前年度应交所得税的变动，也就是说不涉及应交所得税的调整；但追溯调整时如果涉及暂时性差异，则应考虑递延所得税的调整，这种情况应考虑前期所得税费用的调整。

（4）确定前期中每一期的税后差异。

（5）计算会计政策变更的累积影响数。

需要注意的是，对以前年度损益进行追溯调整或追溯重述的，应当重新计算各列报期间的每股收益。

**【例 5-1】** M 公司于 2005 年以 9 000 000 元的价格从股票市场购入以交易为目的 A 股票（假设不考虑购入股票发生的交易费用），2005 年年末 A 股票的市价为 10 200 000 元。2006 年 M 公司以 2 200 000 元的价格从股票市场购入以交易为目的的股票 B（假设不考虑购入股票发生的交易费用）。2006 年年末 A 股票的市价仍为 10 200 000 元，而 B 股票的市价为 2 600 000 元。M 公司采用成本与市价孰低法对购入股票进行计量。

2006 年财政部颁布了新《企业会计准则》，M 公司根据新准则的规定，从 2007 年起对其以交易为目的购入的股票由成本与市价孰低改为以公允价值计量。M 公司保存的会计资料比较齐备，可以通过会计资料追溯计算。

假设所得税税率为 25%，M 公司按净利润的 10%提取法定盈余公积，按净利润的 5%提取任意盈余公积。M 公司发行的股票份额为 9 000 万股，未发行任何稀释性潜在普通股。

要求：对上述会计政策变更进行相应的会计处理。

2005、2006 年这两年该公司对上述购入股票的核算依据的是 1998 年颁布、2001 年修订的《企业会计准则——投资》，而从 2007 年起该公司对上述购入股票的核算依据的是 2006 年颁布的《企业会计准则第 22 号——金融工具确认和计量》等新准则。根据原准则，上述购入股票是作为短期投资核算的，不确认公允价值变动损益；根据新准则，上述购入股票是作为交易性金融资产核算的，要求确认公允价值变动损益。对该项经济业务处理的会计处理方法的改变属于会计政策变更。由于 M 公司上述购入股票的资料完整、清晰，能计算改变交易性金融资产计量方法后的累积影响数，故对该项会计政策变更采用追溯调整法进行会计处理。

M 公司的会计处理如下：

（1）计算改变交易性金融资产计量方法后的累积影响数，如表 5-1 所示。

**表 5-1 改变交易性金融资产计量方法后的累积影响数** 单位：元

| 时间 | 公允价值 | 成本与市价孰低 | 税前差异 | 所得税影响 | 税后差异 |
|---|---|---|---|---|---|
| 2005 年年末 | 10 200 000 | 9 000 000 | 1 200 000 | 300 000 | 900 000 |
| 2006 年年末 | 2 600 000 | 2 200 000 | 400 000 | 100 000 | 300 000 |
| 合计 | 12 800 000 | 11 200 000 | 1 600 000 | 400 000 | 1 200 000 |

1）对 2005 年有关事项的调整分录：

①调整交易性金融资产：

借：交易性金融资产——公允价值变动 1 200 000

贷：利润分配——未分配利润 900 000

递延所得税负债 300 000

②调整利润分配：

按照净利润的 10%提取法定盈余公积，按照净利润的 5%提取任意盈余公积，共计提取盈余公积 900 000×15%=135 000（元）。

借：利润分配——未分配利润 135 000

贷：盈余公积　　135 000

2）对 2006 年有关事项的调整分录：

①调整交易性金融资产：

借：交易性金融资产——公允价值变动　　400 000

　贷：利润分配——未分配利润　　300 000

　　递延所得税负债　　100 000

②调整利润分配：

按照净利润的 10%提取法定盈余公积，按照净利润的 5%提取任意盈余公积，共计提取盈余公积 300 000×15%=45 000（元）。

借：利润分配——未分配利润　　45 000

　贷：盈余公积　　45 000

（2）财务报表调整和重述（财务报表略）。

M 公司在列报 2007 年财务报表时，应调整 2007 年资产负债表有关项目的年初余额，利润表有关项目的上年金额及所有者权益变动表有关项目的上年金额和本年金额也应进行调整。

1）资产负债表项目的调整：

调增“交易性金融资产”年初余额 1 600 000 元，调增“递延所得税负债”年初余额 400 000 元，调增“盈余公积”年初余额 180 000 元，调增“未分配利润”年初余额 1 020 000 元。

2）利润表项目的调整：

调增“公允价值变动收益”上年金额 400 000 元，调增“所得税费用”上年金额 100 000 元，调增“净利润”上年金额 300 000 元，调增“基本每股收益”上年金额 0.006 6 元。

3）所有者权益变动表项目的调整：

调增“会计政策变更”项目中“盈余公积”上年金额 135 000 元，“未分配利润”上年金额 765 000 元，“所有者权益合计”上年金额 900 000 元。

调增“会计政策变更”项目中“盈余公积”本年金额 45 000 元，“未分配利润”本年金额 255 000 元，“所有者权益合计”本年金额 300 000 元。

2. 未来适用法

未来适用法是指将变更后的会计政策应用于变更日及以后发生的交易或事项，或者在会计估计变更当期和未来期间确认会计估计变更影响数的方法。

在未来适用法下，不需要对财务报表进行调整，只需要在财务报表附注中加以说明。

**【例 5-2】** N 公司原对发出存货采用后进先出法，由于采用新《企业会计准则》，N 公司从 2007 年 1 月 1 日起改用先进先出法。

2007 年 1 月 1 日存货的价值为 5 000 000 元，N 公司当年购入存货的实际成本为 36 000 000 元，2007 年 12 月 31 日按先进先出法计算确定的存货价值为 9 000 000 元，当年销售额为 50 000 000 元，假设该年度其他费用为 2 400 000 元，所得税税率为 25%。

2007 年 12 月 31 日按后进先出法计算的存货价值为 4 400 000 元。

由于 N 公司的存货种类繁多等原因，无法计算上述会计政策变更的累积影响数。

要求：对上述会计政策变更进行相应的会计处理。

由于 N 公司的存货种类繁多等原因，无法计算上述会计政策变更的累积影响数，所以对上述会计政策变更只能采用未来适用法进行处理，即对存货采用先进先出法从 2007 年及以后才适用，不需要计算 2007 年 1 月 1 日以前按先进先出法计算存货应有的余额，以及对留存收益的影响金额。不需要进行财务处理，只需在财务报表附注中说明。

在财务报表附注中，N 公司应作如下的披露：由于施行新会计准则，本公司对存货的发出计价方法由后进先出法改为先进先出法。因为本公司存货种类繁多，无法计算累积影响数，根据《企业会计准则第 38 号——首次执行企业会计准则》的规定，对该项会计政策变更应当采用未来适用法。由该项会计政策变更导致了本年净利润增加了 3 450 000 元，其计算过程如表 5-2 所示。

**表 5-2　当期净利润的影响数计算表**　　单位：元

| 项　目 | 先进先出法 | 后进先出法 |
|---|---|---|
| 营业收入 | 50 000 000 | 50 000 000 |
| 减：营业成本 | 32 000 000 | 36 600 000 |
| 减：其他费用 | 2 400 000 | 2 400 000 |
| 利润总额 | 15 600 000 | 11 000 000 |
| 减：所得税 | 3 900 000 | 2 750 000 |
| 净利润 | 11 700 000 | 8 250 000 |
| 差　额 | 3 450 000 | |

N 公司由于会计政策变更使当期净利润增加了 3 450 000 元。其中，采用先进先出法的销售成本：期初存货+购入存货实际成本–期末存货=50 000 000+36 000 000–9 000 000=32 000 000（元）；采用后进先出法的销售成本：期初存货+购入存货实际成本–期末存货=50 000 000+36 000 000–4 400 000=36 600 000（元）。

**（三）会计政策变更的披露**

企业应当在财务报表附注中披露与会计政策变更有关的下列信息：

（1）会计政策变更的性质、内容和原因。

（2）当期和各个列报前期财务报表中受影响的项目名称和调整金额。

（3）无法进行追溯调整的，说明该事实和原因以及开始应用变更后的会计政策的时点、具体应用情况。

【例 5-3】 沿用【例 5-1】资料，请在财务报表附注中作相关说明。

在财务报表附注中，M 公司对上述会计政策变更还应作如下的披露：

本公司于 2007 年按照《企业会计准则》规定，对交易性金融资产计量由成本与市价孰低改为以公允价值计量。此项会计政策变更采用追溯调整法，2007 年的比较财务报表已重新表述。2006 年期初运用新会计政策追溯计算的累积影响数为 900 000 元，调增 2006 年的期初留存收益 900 000 元，其中调增未分配利润 765 000 元，调增盈余公积 135 000 元。会计政策变更对 2007 年度财务报表本年金额的影响为调增未分配利润 255 000 元，调增盈余公积 45 000 元，调增净利润 300 000 元。

## 二、会计估计变更

### （一）会计估计变更概述

会计估计是指企业对其结果不确定的交易或事项以最近可利用的信息为基础所作的判断。

需要进行会计估计的项目通常有：坏账，存货遭受毁损、全部或部分陈旧过时，固定资产的使用年限与净残值，无形资产的受益期限等。

会计估计具有如下特点：

（1）会计估计的存在是由于经济活动中内在的不确定性因素的影响。

（2）进行会计估计时，往往以最近可利用的信息或资料为基础。

（3）进行会计估计并不会削弱会计确认和计量的可靠性。

企业应当披露的重要会计估计主要包括以下几个方面：

（1）存货可变现净值的确定。

（2）采用公允价值模式下的投资性房地产公允价值的确定。

（3）固定资产的预计使用寿命与净残值，固定资产的折旧方法。

（4）生物资产的预计使用寿命与净残值，各类生产性生物资产的折旧方法。

（5）使用寿命有限的无形资产的预计使用寿命与净残值。

（6）可收回金额按照资产组的公允价值减去处置费用后的净额确定的，确定公允价值减去处置费用后的净额的方法；可收回金额按照资产组的预计未来现金流量的现值确定的，预计未来现金流量的确定。

（7）合同完工进度的确定。

（8）权益工具公允价值的确定。

（9）债务人在债务重组中转让的非现金资产的公允价值，由债务转成的股份的公允价值和修改其他债务条件后债务的公允价值的确定。

债权人在债务重组中受让的非现金资产的公允价值，由债权转成的股份的公允价值和修改其他债务条件后债权的公允价值的确定。

（10）预计负债初始计量的最佳估计数的确定。

（11）金融资产公允价值的确定。

（12）承租人对未确认融资费用的分摊，出租人对未实现融资收益的分配。

（13）探明矿区权益、井及相关设施的折耗方法。与油气开采活动相关的辅助设备及设施的折旧方法。

（14）非同一控制下企业合并成本的公允价值的确定。

（15）其他重要会计估计。

会计估计变更是指由于资产和负债的当前状况及预期经济利益和义务发生了变化，从而对资产或负债的账面价值或者资产的定期消耗金额进行调整。

值得注意的是，如果以前期间的会计估计是错误的，则属于会计差错，按前期差错更正的规定进行会计处理。

企业发生会计估计变更的情形包括以下几个方面：

（1）赖以进行估计的基础发生了变化。

如固定资产使用年限原预计为 30 年，后因发生地震，导致建筑物的结构受到一定影响，应将使用年限缩短为 25 年。

（2）取得了新的信息、积累了更多的经验以及后来的发展变化。

如对 M 公司原按 10%计提坏账准备，新的信息表明，M 公司的财务状况发生恶化，计提比例改为 20%。

**（二）会计估计变更的会计处理**

企业对会计估计变更应当采用未来适用法处理。如果无法分清会计政策变更和会计估计变更，也应按会计估计变更，采用未来适用法进行会计处理。

会计估计变更仅影响变更当期的，其影响数应当在变更当期予以确认；既影响变更当期又影响未来期间的，其影响数应当在变更当期和未来期间予以确认。

**【例 5-4】** M 公司于 2008 年 12 月 20 日购入一台管理用设备，原始价值为 100 万元，原估计使用年限为 10 年，预计净残值为 4 万元，按双倍余额递减法计提折旧。由于该台设备所含经济利益预期实现方式的改变和技术因素的原因，已不能继续按原定的折旧方法、折旧年限计提折旧，所以 M 公司于 2011 年 1 月 1 日将该台设备的折旧方法改为年限平均法，将该台设备的折旧年限由原来的 10 年改为 8 年，预计净残值仍为 4 万元。M 公司所得税采用债务法核算，适用的所得税税率为 25%。

要求：（1）计算上述设备 2009 年和 2010 年计提的折旧额。

（2）计算上述设备 2011 年计提的折旧额。

（3）计算上述会计估计变更对 2011 年净利润的影响。

（1）2009 年计提的折旧额=100×20%=20（万元）

2010 年计提的折旧额=（100–20）×20%=16（万元）

（2）2011 年 1 月 1 日该台设备的账面净值=100–20–16=64（万元）

2011 年计提的折旧额=（64–4）÷（8–2）=10（万元）

（3）按原会计估计，2011 年计提的折旧额=（100–20–16）×20%=12.80（万元）

上述会计估计变更使 2011 年净利润增加=（12.80–10）×（1–25%）=2.10（万元）

**（三）会计估计变更的披露**

企业应当在财务报表附注中披露与会计估计变更有关的下列信息：

（1）会计估计变更的内容和原因。

（2）会计估计变更对当期和未来期间的影响数。

（3）会计估计变更的影响数不能确定的，披露这一事实和原因。

**【例 5–5】** 沿用【例 5–4】资料，请在财务报表附注中作相关说明。

在财务报表附注中，M 公司应作如下的披露：

本公司于 2008 年 12 月 20 日购入一台管理用设备，原始价值为 100 万元，原估计使用年限为 10 年，预计净残值为 4 万元，按双倍余额递减法计提折旧。由于该台设备所含经济利益预期实现方式的改变和技术因素的原因，已不能继续按原定的折旧方法、折旧年限计提折旧。本公司于 2011 年 1 月 1 日将该台设备的折旧方法改为年限平均法，将该台设备的折旧年限由原来的 10 年改为 8 年，预计净残值仍为 4 万元，以反映该台设备的真实耐用寿命和净残值。此项估计变更影响使本年净利润增加 2.10 万元。

## 三、会计政策变更与会计估计变更的划分

企业应当正确区分会计政策变更和会计估计变更，并按不同的方法进行处理。企业应当以变更事项的会计确认、计量基础和列报项目是否发生变更作为判断是会计政策变更还是会计估计变更的基础。

（1）以会计确认是否发生变更作为判断基础。《企业会计准则——基本准则》规定了资产、负债、所有者权益、收入、费用和利润等会计要素的确认标准。一般地，对会计确认的指定或选择是会计政策，对会计要素确认时，若某一业务确认的要素发生了变化，认为是会计政策变更。例如，某企业在前期按 2000 年的《企业会计制度》将无形资产开发阶段的支出计入当期损益，而当期按照新企业会计准则（《企业会计准则第 6 号——无形资产》）的规定，此项支出符合无形资产的确认条件，应当确认为无形资产，即无形资产开发支出由“费用”要素变成了“资产”要素，这属于会计政策变更。

（2）以计量是否发生变更作为判断基础。《企业会计准则——基本准则》规定了历史成本、重置成本、可变现净值、现值和公允价值等五项会计计量属性，是会计处理的计量基础。一般地，对计量基础的指定或选择是会计政策，对会计要素计量时，若某要素的计量基础发生了变化，认为是会计政策变更。例如，企业对超过正常信用条件延期付款购入的固定资产初始计量，在前期按 2000 年

的《企业会计制度》采用历史成本，而当期按照新企业会计准则（《企业会计准则第 4 号——固定资产》）的规定，该类固定资产的初始成本应以购买价款的现值为基础确定，该变更属于会计政策变更。

（3）以列报项目是否发生变更作为判断基础。财务报表列报准则，规定了财务报表项目应采用的列报原则。一般地，对列报项目的指定或选择是会计政策，在编报时所列项目发生了变动，认为是会计政策变更。例如，某商业企业在前期按 2000 年的《企业会计制度》将商品采购费用列入营业费用，当期根据新企业会计准则（《企业会计准则第 1 号——存货》）的规定，将采购费用列入存货成本，该变更属于会计政策变更。

（4）根据会计确认、计量基础和列报项目的要求，为了取得资产负债表上有关项目的金额或数值而采用的处理方法发生了变化，不是会计政策而是会计估计，其变更是会计估计变更。

企业可以采用以下具体方法划分会计政策变更与会计估计变更：判断该变更事项是否涉及会计确认、计量基础或列报项目的变更，当至少有上述（1）～（3）项中的任何一项变更时，则是会计政策变更；否则即为会计估计变更。例如，企业原采用双倍余额递减法计提固定资产折旧，根据固定资产使用的实际情况，企业决定改用直线法计提固定资产折旧，此项变更属于会计估计变更。因为该事项前后采用的两种计提折旧的方法都是以历史成本作为计量基础，对该事项的会计确认和列报项目也未发生变更，只是固定资产折旧、固定资产净值等相关金额发生了变化，因此该变更属于会计估计变更。

## 第二节　前期差错更正

### 一、前期差错概述

会计差错分为本期差错和前期差错。本期差错直接更正当期相关项目，更正后才编制会计报表，不存在“重述”报表问题。

前期差错是指由于没有运用或错误运用下列两种信息，而对前期财务报表造成省略或错报。

（1）编报前期财务报表时预期能够取得并加以考虑的可靠信息。

（2）前期财务报告批准报出时能够取得的可靠信息。

前期差错通常包括计算错误、应用会计政策错误、疏忽或曲解事实以及舞弊产生的影响，以及存货、固定资产盘盈等。

没有运用或错误运用上述两种信息而形成前期差错的情形如下：

（1）计算以及账户分类错误。

（2）采用法律、行政法规或者国家统一的会计制度等不允许的会计政策。

（3）对事实的疏忽或曲解，以及舞弊。

（4）在期末对应计项目与递延项目未予调整。

（5）漏记已完成的交易。

（6）提前确认尚未实现的收入或不确认已实现的收入。

（7）资本性支出与收益性支出划分差错，等等。

## 二、前期差错更正的会计处理

企业应当采用追溯重述法更正重要的前期差错，但确定前期差错累积影响数不切实可行的除外。

确定前期差错影响数不切实可行的，可以从可追溯重述的最早期间开始调整留存收益的期初余额，财务报表其他相关项目的期初余额也应当一并调整，也可以采用未来适用法。

对于不重要的前期差错，可以采用未来适用法更正。

追溯重述法是指在发现前期差错时，视同该项前期差错从未发生过，从而对财务报表相关项目进行更正的方法。追溯重述法的会计处理与追溯调整法相同。

对于重要的前期差错，应当在发现当期的财务报表中，调整前期比较数据。不同期间发生的前期重要会计差错的调整：

（1）比较报表期间的重要的前期差错。应调整比较报表期间的净损益和其他相关项目，视同该差错在产生的当期已经更正。

（2）比较财务报表期间以前的重要的前期差错。应调整比较财务报表最早期间的期初留存收益，财务报表其他相关项目也应一并调整。

**【例 5-6】** 2011 年 5 月 20 日，M 公司发现在 2010 年 12 月 31 日计算 A 库存产品的可变现净值时发生重大差错。该种库存产品的成本为 2 000 万元，预计可变现净值为 1 400 万元，由于疏忽，M 公司将 A 库存产品的可变现净值按 1 800 万元进行了相关账务处理。M 公司为增值税一般纳税企业，所得税采用债务法核算，适用的所得税税率为 25%，按净利润的 10%提取法定盈余公积。M 公司发行的股票份额为 1 000 万股。

要求：对 M 公司上述重大会计差错进行会计处理。

1．分析前期差错的影响数

2010 年少计提存货跌价准备 400 万元，多计算所得税费用 100 万元（400×25%），少计递延所得税资产 100 万元，多计净利润 300 万元，多提法定盈余公积 30 万元（300×10%）。

2．编制有关项目的调整分录（单位：万元）

（1）补提存货跌价准备：

借：以前年度损益调整——资产减值损失　　　　400

　　贷：存货跌价准备　　400

（2）调整所得税费用：

借：递延所得税资产　　100

　　贷：以前年度损益调整——所得税费用　　100

（3）将“以前年度损益调整”科目余额转入利润分配：

借：利润分配——未分配利润　　300

　　贷：以前年度损益调整　　300

（4）调整利润分配有关数字：

借：盈余公积　　30

　　贷：利润分配——未分配利润　　30

3. 财务报表调整和重述（财务报表略）

M公司在编制2011年5月份的财务报表时，应调整2011年5月资产负债表有关项目的年初余额，利润表有关项目及所有者权益变动表的上年金额也应进行调整。

（1）资产负债表项目的调整。调减“存货”项目金额400万元，调增“递延所得税资产”项目金额100万元，调减“盈余公积”项目金额30万元，调减“未分配利润”项目金额270万元。

（2）利润表项目的调整。调增“资产减值损失”项目上年金额400万元，调减“营业利润”、“利润总额”项目上年金额400万元，调减“所得税费用”项目上年金额100万元，调减“净利润”项目上年金额300万元，调减“基本每股收益”项目上年金额0.30元。

（3）所有者权益变动表项目的调整。调减“前期差错更正”项目中“盈余公积”上年金额 30 万元，调减“前期差错更正”项目中“未分配利润”上年金额270万元，调减“前期差错更正”项目中“所有者权益合计”上年金额300万元。

## 三、前期差错更正的披露

企业应当在财务报表附注中披露与前期差错更正有关的下列信息：

（1）前期差错的性质。

（2）各个列报前期财务报表中受影响的项目名称和更正金额。

（3）无法进行追溯重述的，说明该事实和原因以及对前期差错开始进行更正的时点、具体更正情况。

在以后期间的财务报表中，不需要重复披露在以前期间的财务报表附注中已披露的会计政策变更和前期差错更正的信息。

**【例5-7】**　沿用【例5-6】资料，请在财务报表附注中作相关说明。

在财务报表附注中，M公司应作如下的披露：

2011年5月20日，本公司发现在2010年12月31日计算A库存产品的可变现净值时发生重大差错。该种库存产品的成本为2 000万元，预计可变现净值为 1 400 万元，由于疏忽，本公司将 A 库存产品的可变现净值按 1 800 万元进行了相关账务处理。在编制本期财务报表时，已对该项差错进行了更正。更正后，对资产负债表、利润表、所有者权益变动表相关项目的调整情况如下：

（1）资产负债表项目的调整。调减“存货”项目金额 400 万元，调增“递延所得税资产”项目金额 100 万元，调减“盈余公积”项目金额 30 万元，调减“未分配利润”项目金额 270 万元。

（2）利润表项目的调整。调增“资产减值损失”项目上年金额 400 万元，调减“营业利润”、“利润总额”项目上年金额 400 万元，调减“所得税费用”项目上年金额 100 万元，调减“净利润”项目上年金额 300 万元，调减“基本每股收益”项目上年金额 0.30 元。

（3）所有者权益变动表项目的调整。调减“前期差错更正”项目中“盈余公积”上年金额 30 万元，调减“前期差错更正”项目中“未分配利润”上年金额 270 万元，调减“前期差错更正”项目中“所有者权益合计”上年金额 300 万元。

## 第三节　资产负债表日后事项

### 一、资产负债表日后事项的概念

资产负债表日后事项是指资产负债表日至财务报告批准报出日之间发生的有利或不利事项。

资产负债表日是指会计年度末和会计中期期末。其中，年度资产负债表日是指公历 12 月 31 日；会计中期通常包括半年度、季度和月度等，会计中期期末相应地是指公历半年末、季末和月末等。

如果母公司或者子公司在国外，无论该母公司或子公司如何确定会计年度和会计中期，其向国内提供的财务报告都应根据《中华人民共和国会计法》和会计准则的要求确定资产负债表日。

财务报告批准报出日是指董事会或类似机构批准财务报告报出的日期。资产负债表日后事项涵盖的期间为资产负债表日后至财务报告批准报出日之间。董事会或类似机构批准财务报告对外公布的日期至实际对外公布日之间发生的与资产负债表日后事项有关的事项，影响财务报告对外公布日期的，应以董事会或类似机构再次批准财务报告对外公布的日期为截止日期。

资产负债表日后调整事项的内容包括资产负债表日后调整事项和资产负债表日后非调整事项。

#### （一）资产负债表日后调整事项

资产负债表日后调整事项是指对资产负债表日已经存在的情况提供了新的

或进一步证据的事项。

资产负债表日后调整事项的特点如下：

（1）在资产负债日或以前已经存在，资产负债表日后得以证实的事项。

（2）对按资产负债表日存在状况编制的会计报表产生重大影响的事项。

以下是资产负债表日后调整事项：

（1）资产负债表日后诉讼案件结案，法院判决证实了企业在资产负债表日已经存在现时义务，需要调整原先确认的与该诉讼案件相关的预计负债，或确认一项新负债。

（2）资产负债表日后取得确凿证据，表明某项资产在资产负债表日发生了减值或者需要调整该项资产原先确认的减值金额。

（3）资产负债表日后进一步确定了资产负债表日前购入资产的成本或售出资产的收入。

（4）资产负债表日后发现了财务报表舞弊或差错。

### （二）资产负债表日后非调整事项

资产负债表日后非调整事项是指表明资产负债表日后发生的情况的事项。

资产负债表日后非调整事项的特点如下：

（1）资产负债表日并未发生或并不存在，完全是期后才发生的事项。

（2）对按资产负债表日存在状况编制的会计报表产生重大影响的事项。

以下是资产负债表日后非调整事项：

（1）资产负债表日后发生重大诉讼、仲裁、承诺。

（2）资产负债表日后资产价格、税收政策、外汇汇率发生重大变化。

（3）资产负债表日后因自然灾害导致资产发生重大损失。

（4）资产负债表日后发行股票和债券以及其他巨额举债。

（5）资产负债表日后资本公积转增资本。

（6）资产负债表日后发生巨额亏损。

（7）资产负债表日后发生企业合并或处置子公司。

### （三）资产负债表日后调整事项与非调整事项的区别

如何确定资产负债表日后发生的某一事项是调整事项还是非调整事项，是运用资产负债表日后事项准则的关键。某一事项究竟是调整事项还是非调整事项，取决于该事项表明的情况在资产负债表日或资产负债表日以前是否已经存在。若该情况在资产负债表日或之前已经存在，则属于调整事项；反之，则属于非调整事项。

## 二、资产负债表日后调整事项的会计处理

资产负债表日后发生的调整事项，应当如同资产负债表所属期间发生的事项一样，作出相关账务处理，并对资产负债表日已经编制的财务报表进行调整。这

里的财务报表包括资产负债表、利润表及所有者权益变动表等内容，但不包括现金流量表。

对于年度财务报告而言，由于资产负债表日后事项发生在报告年度的次年，报告年度的有关账目已经结转，特别是损益类科目在结账后已无余额。因此，年度资产负债表日后发生的调整事项，应分别按以下情况进行处理：

（1）涉及损益的事项，通过“以前年度损益调整”科目核算。

调整完成后，应将“以前年度损益调整”科目的贷方或借方余额，转入“利润分配——未分配利润”科目。

（2）涉及利润分配调整的事项，直接在“利润分配——未分配利润”科目核算。

（3）不涉及损益以及利润分配的事项，调整相关科目。

（4）通过上述账务处理后，还应同时调整财务报表相关项目的数字，包括以下几个方面：

1）资产负债表日编制的财务报表相关项目的期末或本年发生数。

2）当期编制的财务报表相关项目的期初数或上年数。

3）经过上述调整后，如果涉及报表附注内容的，还应当调整报表附注相关项目的数字。

**【例 5-8】** M 公司因违约，于 2009 年 12 月被 N 企业告上法庭，要求赔偿 80 万元。2009 年 12 月 31 日法院尚未判决，M 公司按或有事项准则已确认预计负债 50 万元。N 企业未确认收益。2010 年 3 月 10 日，经法院判决 M 公司应赔偿 60 万元，M、N 双方均服从判决，M 公司已向 N 企业支付赔偿款 60 万元。假设 M、N2009 年所得税汇算清缴在 2010 年 2 月 10 日完成，假定两个企业的所得税税率均为 25%，所得税采用资产负债表债务法核算；M 公司按 10%提取法定盈余公积。M 公司年度财务报告批准报出日是次年 3 月 31 日。

M 公司的会计处理如下：

（1）2010 年 3 月 10 日，记录支付的赔款：

借：以前年度损益调整——营业外支出　　100 000

　　贷：其他应付款　　100 000

借：递延所得税资产　　25 000

　　贷：以前年度损益调整——所得税费用（100 000×25%）　　25 000

借：预计负债　　500 000

　　贷：其他应付款　　500 000

借：其他应付款　　600 000

　　贷：银行存款　　600 000

注：2009 年年末负债账面价值为 600 000 元，在 2010 年所得税申报时可抵扣，从而产生可抵扣暂时性差异 600 000 元；因确认预计负债 500 000 元时已确认相应

的递延所得税资产，故进行资产负债表日后事项处理时再确认增加的 100 000 元负债对应的递延所得税资产。

（2）将“以前年度损益调整”科目余额转入未分配利润：

借：利润分配——未分配利润　　75 000

　　贷：以前年度损益调整　　75 000

（3）因净利润变动，调整盈余公积：

借：盈余公积（75 000×10%）　　7 500

　　贷：利润分配——未分配利润　　7 500

（4）调整报告年度报表（略）。

N 企业的会计处理如下：

（1）2010 年 3 月 10 日，记录收到的赔款：

借：其他应收款　　600 000

　　贷：以前年度损益调整——营业外收入　　600 000

借：以前年度损益调整——所得税费用（600 000×25%）　　150 000

　　贷：递延所得税负债　　150 000

注：年末其他应收款为 600 000 元，资产的计税基础为 0，产生应纳税暂时性差异 600 000 元。

（2）将“以前年度损益调整”科目余额转入未分配利润：

借：以前年度损益调整　　450 000

　　贷：利润分配——未分配利润　　450 000

（3）因净利润增加，补提盈余公积：

借：利润分配——未分配利润　　45 000

　　贷：盈余公积（450 000×10%）　　45 000

（4）调整报告年度报表（略）。

## 三、资产负债表日后非调整事项的会计处理

资产负债表日后发生的非调整事项，是资产负债表日后才发生或存在的事项，不影响资产负债表日存在状况，不应当调整资产负债表日的财务报表。

但有的非调整事项对财务报告使用者具有重大影响，如不加以说明，将不利于财务报告使用者做出正确估计和决策，因此，资产负债表日后事项准则要求在附注中披露“重要的资产负债表日后非调整事项的性质、内容，及其对财务状况和经营成果的影响”。资产负债表日后发生的非调整事项，应当在报表附注中披露每项重要的资产负债表日后非调整事项的性质、内容及其对财务状况和经营成果的影响。无法做出估计的，应当说明原因。

资产负债表日后，企业利润分配方案中拟分配的以及经审议批准宣告发放的股利或利润，不确认为资产负债表日的负债，但应当在财务报表附注中单独

披露，但资产负债表日后期间对利润分配涉及的法定盈余公积，应作为调整事项处理。

## 【复习思考题】

1. 什么是会计政策？什么是会计政策变更？简述会计政策变更的会计处理。

2. 什么是会计估计变更？简述会计估计变更的会计处理。

3. 简述会计前期差错的会计处理。

4. 什么是资产负债表日后调整事项？简述资产负债表日后调整事项的会计处理。

5. 什么是资产负债表日后非调整事项？简述资产负债表日后非调整事项的会计处理。

## 【实务练习题】

1. M公司为增值税一般纳税人，适用的增值税税率为17%。所得税采用债务法核算，适用的所得税税率为25%，按净利润的10%提取法定盈余公积。2011年1月1日，M公司将对外出租的一幢办公楼由成本计量模式改为公允价值计量模式。

该幢办公楼于2007年12月31日对外出租，出租时该幢办公楼的原价为10 000万元，已提折旧2 000万元，预计尚可使用年限为20年，采用年限平均法计提折旧。假定M公司计提折旧的方法及预计使用年限符合税法规定。

从2007年1月1日起，M公司所在地有活跃的房地产交易市场，公允价值能够持续、可靠地取得，M公司对外出租的办公楼在2007年12月31日、2008年12月31日、2009年12月31日、2010年12月31日和2011年12月31日的公允价值分别为8 000万元、9 000万元、9 600万元、10 100万元和10 200万元。假定按年确认公允价值变动损益。

要求：

（1）编制2007年12月31日M公司将自用房地产转换为投资性房地产的会计分录。

（2）计算2008年、2009年和2010年该幢投资性房地产每年计提的折旧额。

（3）填列2011年1月1日M公司会计政策变更累积影响数计算表。

（4）编制有关项目的调整分录。

（5）计算2011年递延所得税负债发生额（注明借方或贷方）。

（6）编制2011年投资性房地产公允价值变动及确认递延所得税的会计分录。

2. N公司2009年的财务报告在2010年4月30日批准报出。N公司的所得税税率为25%，所得税采用资产负债表债务法核算，2009年度所得税申报在2010年3月15日完成；按净利润的10%提取盈余公积。2010年12月N公司发现了如下会计差错，请进行相应的会计处理。

（1）2010年12月5日，N公司发现2010年3月管理用固定资产漏提折旧300万元。

（2）2010 年 12 月 5 日，N 公司发现 2009 年 3 月管理用固定资产漏提折旧 300 万元（属于重大会计差错）。

（3）2010 年 12 月 5 日，N 公司发现 2007 年 3 月管理用固定资产漏提折旧 300 万元（属于重大会计差错）。

3．M 公司因违约，于 2010 年 12 月被丙企业告上法庭，要求赔偿 200 万元。2010 年 12 月 31 日法院尚未判决，M 公司因赔偿的金额无法可靠地估计，因而未确认预计负债。2011 年 2 月 1 日，经法院判决 M 公司应赔偿 100 万元，M、丙双方均服从判决，M 公司已向丙企业支付赔偿款 100 万元。假设 M 公司 2010 年所得税汇算清缴在 2011 年 2 月 10 日完成，此笔损失可在税前抵扣，所得税税率为 25%，所得税采用资产负债表债务法核算；M 公司按 10%提取法定盈余公积。请对上述经济业务进行会计处理并调整报告年度报表。

# 第六章 企 业 合 并

## 第一节 企业合并概述

### 一、企业合并的定义和范围

#### （一）企业合并的定义

企业合并是指将两个或两个以上单独的企业合并形成一个报告主体的交易或事项。

从企业合并的定义看，是否形成企业合并，关键要看有关交易或事项发生前后，是否引起报告主体的变化。报告主体的变化产生于控制权的变化。在交易事项发生以后，一方能够对另一方的生产经营决策实施控制，形成母子公司关系，就涉及控制权的转移，从合并财务报告角度形成报告主体的变化；交易事项发生以后，一方能够控制另一方的全部净资产，被合并的企业在合并后失去其法人资格，也涉及控制权及报告主体的变化，形成企业合并。在实务中，对于交易或事项发生前后是否形成控制权的转移，应当遵循实质重于形式原则，综合可获得的各方面情况进行判断。

假定在企业合并前M、N两个企业为各自独立的法律主体（在合并交易发生前，不存在任何投资关系），企业合并包括但不限于以下情形：

（1）企业M通过增发自身的普通股自企业N原股东处取得企业N的全部股权，该项交易事项发生后，企业N仍持续经营。

（2）企业M支付对价取得企业N的净资产，该项交易事项发生后，撤销企业N的法人资格。

（3）企业M以其资产作为出资投入企业N，取得对企业N的控制权，该项交易事项发生后，企业N仍维持其独立法人资格继续经营。

#### （二）企业合并的范围

1. 包括在企业合并准则规范范围内的交易或事项

构成企业合并至少包括两层含义：①取得对另一个或多个企业（或业务）的控制权。②所合并的企业必须构成业务。业务是指企业内部某些生产经营活动或资产、负债的组合，该组合具有投入、加工处理和产出能力，能够独立计算其成本费用或所产生的收入。

有关资产或资产、负债的组合是否构成一项业务，应结合所取得资产、负债的内在联系及加工处理过程等进行综合判断。实务中出现的如一个企业对另一个企业某条具有独立生产能力的生产线的合并、一家保险公司对另一家保险公司寿险业务的合并等，一般构成业务合并。

如果一个企业取得了对另一个或多个企业的控制权，而被购买方（或被合并方）并不构成业务，则该项交易或事项不形成企业合并。企业取得了不形成业务的一组资产或净资产时，应将购买成本按购买日所取得各项可辨认资产、负债的相对公允价值基础进行分配，不按照企业合并准则进行处理。

2. 不包括在企业合并准则规范范围内的交易或事项

在实务中，某些交易或事项因不符合企业合并的界定，不属于企业合并准则的规范范围，或者虽然从定义上属于企业合并，但因交易条件等各方面的限制，不包括在企业合并准则的规范范围之内。

（1）购买子公司的少数股权。购买子公司的少数股权是指在一个企业已经能够对另一个企业实施控制，双方存在母子公司关系的基础上，为增加持股比例，母公司自子公司的少数股东处购买少数股东持有的对该子公司全部或部分股权。根据企业合并的定义，考虑到该项交易或事项发生前后，不涉及控制权的转移，不形成报告主体的变化，所以不属于企业合并准则中所称的企业合并。

（2）两方或多方形成合营企业。合营方将其拥有的资产、负债等投入所成立的合营企业，按照合营企业章程或合营合同、协议的规定，在合营企业成立以后，由合营各方对其生产经营活动实施共同控制。在这种情况下，因合营企业的各合营方中，并不存在占主导作用的控制方，所以不属于企业合并准则中界定的企业合并。

（3）仅通过合同而不是所有权份额将两个或者两个以上的企业合并形成一个报告主体。在这种情况下，一个企业能够对另一个企业实施控制，但该控制并非产生于持有另一个企业的股权，而是通过一些非股权因素产生的。如通过签订委托受托经营合同，受托方虽不拥有受托经营企业的所有权，但按照合同或协议的约定能够对受托经营企业的生产经营活动实施控制。这样的交易由于无法明确计量企业合并成本，有时甚至不发生任何成本，因此即使涉及控制权的转移，也不属于企业合并。

## 二、企业合并的类型

企业合并按照不同的分类标准可以划分为不同的类型。

### （一）按照参与合并的企业在合并前后是否受同一方或相同的多方最终控制进行分类

按照参与合并的企业在合并前后是否受同一方或相同的多方最终控制进行分类，可以将企业合并划分为同一控制下的企业合并与非同一控制下的企业合并两大基本类型。

1. 同一控制下的企业合并

同一控制下的企业合并是指参与合并的企业在合并前后均受同一方或相同的多方最终控制且该控制并非是暂时性的。

判断某一企业合并是否属于同一控制下的企业合并，应当把握以下要点：

（1）能够对参与合并各方在合并前后均实施最终控制的一方通常是指企业集团的母公司。

同一控制下的企业合并一般发生于企业集团内部，如集团内母子公司之间、子公司与子公司之间等。因为该类合并从本质上是集团内部企业之间的资产或权益的转移，能够对参与合并企业在合并前后均实施最终控制的一方为集团的母公司。

（2）能够对参与合并的企业在合并前后均实施最终控制的相同多方是指根据合同或协议的约定，拥有最终决定权，参与合并企业的财务和经营决策，并从中获取利益的投资者群体。

（3）实施控制的时间性要求是指参与合并各方在合并前后较长时间内为最终控制方所控制。它具体是指在企业合并之前（即合并日之前），参与合并各方在最终控制方的控制时间一般在 1 年以上（含 1 年），企业合并后所形成的报告主体在最终控制方的控制时间也应达到 1 年以上（含 1 年）。

（4）企业之间的合并是否属于同一控制下的企业合并，应综合构成企业合并交易的各方面情况，按照实质重于形式的原则进行判断。在通常情况下，同一控制下的企业合并是指发生在同一企业集团内部企业之间的合并。同受国家控制的企业之间发生的合并，不应仅仅因为参与合并各方在合并前后均受国家控制而将其作为同一控制下的企业合并。

2. 非同一控制下的企业合并

非同一控制下的企业合并是指参与合并各方在合并前后不受同一方或相同的多方最终控制的合并交易，即同一控制下企业合并以外的其他企业合并。

**（二）按照企业合并方式进行分类**

按照企业合并方式进行分类，可以将企业合并划分为吸收合并、新设合并和控股合并三种类型。

1. 吸收合并

吸收合并也称兼并，是指两个或两个以上的企业合并成为一个单一的企业，其中一个企业保留法人资格，其他企业的法人资格随着合并而消失。

从法律形式上讲，吸收合并可表现为“M 公司+N 公司=M 公司”，也就是经过合并，M 公司作为实施合并的企业仍具有法人地位，但 N 公司作为被并企业已丧失法人地位，成为 M 公司的一部分，即 M 公司兼并了 N 公司。在合并时，如果 M 公司采用现金或其他资产支付方式进行合并，N 公司的原所有者就被 M 公司替代，也无权享有合并后 M 公司实现的税后利润；但如果 M 公司以发行股票的方式实施合并，则 N 公司原所有者成为合并后 M 公司的股东，可继续参与对合并后 M 公司的管理，并分享其所实现的税后利润，但一般对合并后的 M 公司无控制权。

2. 新设合并

新设合并是指两个或两个以上的企业合并后，成立一个新的企业，参与合并的原有各企业的法人资格均随着合并而消失。

从法律形式上讲，新设合并表现为“M 公司+N 公司=P 公司”，P 公司为新设立的法人企业，M、N 公司则丧失其法人资格。如果 P 公司以支付现金或其他资产的方式合并 M、N 公司，则 M、N 公司的原所有者无权参与 P 公司的经营管理，也无权分享 P 公司以后实现的税后利润；但如果 P 公司采取向 M、N 公司发行股票以换取原 M、N 公司股票，并将其注销的方式，则 M、N 公司原股东成为 P 公司的股东，这些股东与 P 公司存在投资与被投资的关系，且可以参与 P 公司的管理，分享其实现的税后利润，但一般已丧失对原企业的控制权。1996 年上海著名的两家证券公司申银证券公司和万国证券公司组成申银万国证券公司，就属典型的新设合并。

3. 控股合并

控股合并是指合并方（或购买方）在企业合并中取得对被合并方（或被购买方）的控制权，被合并方（或被购买方）在合并后仍保持其独立的法人资格并继续经营，合并方（或购买方）确认企业合并形成的对被合并方（或被购买方）的投资的合并行为。

相互交换股票取得对方股份是指通过定向增发股票取得控股权。取得控制股权后，原来的企业仍然以各自独立的法律实体从事生产经营活动，当一家企业取得另一家企业 50%以上有表决权的股份后，必然取得另一家企业的控制权。但是，当取得 50%以下有表决权的股票时是否拥有对方的控制权则取决于对方的股权结构。这里说的控制权是指对一家企业的财务和经营政策实施管理，从而自其活动中获得利益的权利。在控股合并的情况下，控股企业被称为母公司，被控股企业被称为该母公司的子公司，以母公司为中心，连同它所控股的子公司，被称为企业集团。

## 第二节　同一控制下企业合并的会计处理

企业合并准则中将企业合并划分为两大基本类型——同一控制下的企业合并与非同一控制下的企业合并。企业合并的类型不同，所遵循的会计处理原则也不同。

## 一、同一控制下企业合并的特点

同一控制下的企业合并是指参与合并的企业在合并前后均受同一方或相同的多方最终控制且该控制并非是暂时性的。同一控制下的企业合并，由于合并各方在合并前后的最终控制方没有发生变化，这种合并是关联方企业之间的合并，合并各方的合并行为不完全是自愿进行和完成的，这种合并只是一个对合并各方资产、负债进行重新组合的经济“事项”，而且企业合并事项的价格往往因受最终控制方的影响而难以达到公允，因此双方只能以账面价值作为计量的基础。通常在同一控制下的企业合并事项中，将在合并日取得对其他参与合并企业控制权的一方称为合并方，将参与合并的其他企业称为被合并方。

## 二、同一控制下企业合并的处理原则

对于同一控制下的企业合并，企业合并准则中规定的会计处理方法类似于权益结合法。在该种方法下，将企业合并看做是两个或多个参与合并企业权益的重新整合，由于最终控制方的存在，从最终控制方的角度，该类企业合并在一定程度上并不会造成企业集团整体经济利益的流入和流出，最终控制方在合并前后实际控制的经济资源并没有发生变化，有关交易事项不作为出售或购买。

（1）合并方在合并中确认取得的被合并方的资产、负债仅限于被合并方账面上原已确认的资产和负债，合并中不产生新的资产和负债。

同一控制下的企业合并，从最终控制方的角度，其在企业合并发生前后能够控制的净资产价值量并没有发生变化，因此即便是在合并过程中，取得的净资产入账价值与支付的合并对价账面价值之间存在差额，同一控制下的企业合并中一般也不产生新的商誉因素，即不确认新的资产，但被合并方在企业合并前账面上原已确认的商誉应作为合并中取得的资产确认。

（2）合并方在合并中取得的被合并方各项资产、负债应维持其在被合并方的原账面价值保持不变。

被合并方在企业合并前采用的会计政策与合并方不一致的，应基于重要性原则，首先统一会计政策，即合并方应当按照本企业会计政策对被合并方资产、负债的账面价值进行调整，并以调整后的账面价值作为有关资产、负债的入账价值。进行上述调整的一个基本原因是将该项合并中涉及的合并方及被合并方作为一个整体对待，对于一个完整的会计主体，对其相关交易和事项应当采用相对统一的会计政策，在此基础上反映其财务状况和经营成果。在同一控制下的企业合并中，被合并方同时进行改制并对资产负债进行评估调账的，应以评估调账后的账面价值并入合并方。

（3）合并方在合并中取得的净资产的入账价值与为进行企业合并支付的对价账面价值之间的差额，应当调整所有者权益相关项目，不计入企业合并当期损益。合并方在同一控制下的企业合并，本质上不作为购买，而是两个或多个会计主体权益的整合。合并方在企业合并中取得的价值量相对于所放弃价值量之间存在差额的，应当调整所有者权益。在根据合并差额调整合并方的所有者权益时，应首先调整资本公积（资本溢价或股本溢价），资本公积（资本溢价或股本溢价）的余额不足冲减的，应冲减留存收益。

（4）对于同一控制下的控股合并，应视同合并后形成的报告主体自最终控制方开始实施控制时一直是一体化存续下来的，体现在其合并财务报表上，即由合并后形成的母子公司构成的报告主体，无论是其资产规模还是其经营成果都应持续计算。

在编制合并财务报表时，无论该项合并发生在报告期的任一时点，合并利润表、合并现金流量表均反映的是由母子公司构成的报告主体自合并当期期初至合并日实现的损益及现金流量情况，相应地，合并资产负债表的留存收益项目，应当反映母子公司如果一直作为一个整体运行至合并日应实现的盈余公积和未分配利润的情况。

对于同一控制下的控股合并，在合并当期编制合并财务报表时，应当对合并资产负债表的期初数进行调整，同时应当对比较报表的相关项目进行调整，视同合并后的报告主体在以前期间一直存在。

（5）合并方为进行企业合并发生的有关费用的处理。合并方为进行企业合并发生的有关费用是指合并方为进行企业合并发生的各项直接相关费用。如为进行企业合并支付的审计费用、资产评估费用以及有关的法律咨询费用等增量费用。同一控制下企业合并进行过程中发生的各项直接相关费用，应于发生时费用化计入当期损益。借记“管理费用”等科目，贷记“银行存款”等科目。但以下两种情况除外：

1）以发行债券方式进行的企业合并，与发行债券相关的佣金、手续费等应按照《企业会计准则第 22 号——金融工具确认和计量》的规定进行会计处理。该部分费用虽然与筹集用于企业合并的对价直接相关，但其会计处理应遵照金融工具准则的原则，有关的费用应计入负债的初始计量金额。

2）发行权益性证券作为合并对价的，与所发行权益性证券相关的佣金、手续费等应按照《企业会计准则第 37 号——金融工具列报》的规定处理。即与发行权益性证券相关的费用，不管其是否与企业合并直接相关，均应自所发行权益性证券的发行收入中扣减。在权益性工具发行有溢价的情况下，自溢价收入中扣除；在权益性证券发行无溢价或溢价金额不足以扣减的情况下，应当冲减盈余公积和未分配利润。

企业专设的购并部门发生的日常管理费用，如果该部门的设置并不是与某项企业合并直接相关的，而是企业的一个常设部门，其设置目的是为了寻找相关的购并机会等，维持该部门日常运转的有关费用不属于与企业合并直接相关的费用，应当于发生时费用化并计入当期损益。

## 三、同一控制下企业合并的会计处理方法

同一控制下的企业合并，视合并方式不同，应当分别以下情况进行会计处理：

### （一）同一控制下的控股合并

在同一控制下的控股合并中，合并方在合并日涉及两个方面的问题：①对于因该项企业合并形成的对被合并方的长期股权投资的确认和计量。②合并日合并财务报表的编制。本章主要介绍因该项企业合并形成的对被合并方的长期股权投资的确认和计量，合并日合并财务报表的编制将于第七章合并财务报表中介绍。

对于长期股权投资的确认和计量，应按照《企业会计准则第 2 号——长期股权投资》的规定，同一控制下企业合并形成的长期股权投资，合并方应以合并日应享有被合并方账面所有者权益的份额作为长期股权投资的初始投资成本。其相关会计处理按照《企业会计准则第 2 号——长期股权投资》的有关规定处理。

**【例 6-1】** M、N 公司分别为 P 公司控制下的两家子公司；M 公司于 2010 年 3 月 10 日自母公司 P 处取得 N 公司 100%的股权，合并后 N 公司仍维持其独立法人资格继续经营。为进行该项企业合并，M 公司发行了 600 万股本公司普通股（面值为 1 元/股）作为对价。假定 M、N 公司采用的会计政策相同。合并日，M 公司及 N 公司的所有者权益构成如表 6-1 所示。

**表 6-1　M、N 公司所有者权益构成表**　　单位：元

| M 公司 | | N 公司 | |
|---|---|---|---|
| 项　目 | 金　额 | 项　目 | 金　额 |
| 股本 | 36 000 000 | 股本 | 6 000 000 |
| 资本公积 | 10 000 000 | 资本公积 | 2 000 000 |
| 盈余公积 | 8 000 000 | 盈余公积 | 4 000 000 |
| 未分配利润 | 20 000 000 | 未分配利润 | 8 000 000 |
| 合　计 | 74 000 000 | 合　计 | 20 000 000 |

M 公司在合并日应进行的账务处理如下：

借：长期股权投资　　20 000 000

　　贷：股本　　6 000 000

　　　　资本公积——股本溢价　　14 000 000

进行上述处理后，M 公司在合并日编制合并资产负债表时的调整分录和抵销分录见第七章【例 7-1】。

**【例 6-2】** M 公司以一项账面价值为 280 万元的固定资产（原价为 400 万元，累计折旧为 120 万元）和一项账面价值为 320 万元的无形资产（原价为 500 万元，累计摊销为 180 万元）为对价取得同一集团内另一家全资企业 N 公司 100%的股权。合并日，M 公司和 N 公司的所有者权益构成如表 6-2 所示。

**表 6-2 M、N 公司所有者权益构成表** 单位：元

| M 公司 | | N 公司 | |
|---|---|---|---|
| 项 目 | 金 额 | 项 目 | 金 额 |
| 股本 | 36 000 000 | 股本 | 2 000 000 |
| 资本公积 | 1 000 000 | 资本公积 | 2 000 000 |
| 盈余公积 | 8 000 000 | 盈余公积 | 3 000 000 |
| 未分配利润 | 20 000 000 | 未分配利润 | 3 000 000 |
| 合 计 | 65 000 000 | 合 计 | 10 000 000 |

M 公司在合并日应确认对 N 公司的长期股权投资，进行以下账务处理：

借：固定资产清理 2 800 000
　　累计折旧 1 200 000
　　贷：固定资产 4 000 000
借：长期股权投资 10 000 000
　　累计摊销 1 800 000
　　贷：固定资产清理 2 800 000
　　　　无形资产 5 000 000
　　　　资本公积——资本溢价或股本溢价 4 000 000

进行上述处理后，M 公司在合并日编制合并资产负债表时的调整分录和抵销分录见第七章【例 7-2】。

**（二）同一控制下的吸收合并**

在同一控制下的吸收合并中，合并方主要涉及合并日取得被合并方资产、负债入账价值的确定，以及合并中取得有关净资产的入账价值与支付的合并对价账面价值之间差额的处理。

合并方对同一控制下吸收合并中取得的资产、负债应当按照相关资产、负债在被合并方的原账面价值入账。

合并方在确认了合并中取得的被合并方的资产和负债后，以发行权益性证券方式进行的该类合并，所确认的净资产入账价值与发行股份面值总额的差额，应计入资本公积（资本溢价或股本溢价），资本公积（资本溢价或股本溢价）的余额不足冲减的，相应冲减盈余公积和未分配利润；以支付现金、非现金资产方式进行的该类合并，所确认的净资产入账价值与支付的现金、非现金资产账面价值的差额，相应调整资本公积（资本溢价或股本溢价），资本公积（资本溢价或股本溢价）的余额不足冲减的，应冲减盈余公积和未分配利润。

**【例 6-3】** 2010 年 6 月 30 日，M 公司向 N 公司的股东定向增发 1 000 万股普通股（面值为 1 元/股，市价为 4.34 元/股）对 N 公司进行吸收合并，并于当日取得 N 公司净资产。M、N 公司 2010 年 6 月 30 日的资产负债表如表 6-3 所示。

**表 6-3 资产负债表（简表）**

2010 年 6 月 30 日 单位：元

| 项　目 | M 公司 | N 公司 | |
|---|---|---|---|
| | 账面价值 | 账面价值 | 公允价值 |
| 资产： | | | |
| 货币资金 | 17 250 000 | 1 800 000 | 1 800 000 |
| 应收账款 | 12 000 000 | 8 000 000 | 8 000 000 |
| 存货 | 24 800 000 | 1 020 000 | 1 800 000 |
| 长期股权投资 | 20 000 000 | 8 600 000 | 15 200 000 |
| 固定资产 | 28 000 000 | 12 000 000 | 22 000 000 |
| 无形资产 | 18 000 000 | 2 000 000 | 6 000 000 |
| 商誉 | | | |
| 资产总额 | 120 050 000 | 33 420 000 | 54 800 000 |
| 负债和所有者权益： | | | |
| 短期借款 | 10 000 000 | 9 000 000 | 9 000 000 |
| 应付账款 | 15 000 000 | 1 200 000 | 1 200 000 |
| 其他应付款 | 1 500 000 | 1 200 000 | 1 200 000 |
| 负债合计 | 26 500 000 | 11 400 000 | 11 400 000 |
| 实收资本 | 30 000 000 | 10 000 000 | |
| 资本公积 | 20 000 000 | 6 000 000 | |
| 盈余公积 | 20 000 000 | 2 000 000 | |
| 未分配利润 | 23 550 000 | 4 020 000 | |
| 所有者权益合计 | 93 550 000 | 22 020 000 | 43 400 000 |
| 负债和所有者权益合计 | 120 050 000 | 33 420 000 | |

本例中假定 M 公司和 N 公司为同一集团内两家全资子公司，合并前其共同的母公司为 P 公司。该项合并中参与合并的企业在合并前及合并后均为 P 公司最终控制，为同一控制下的企业合并。自 2010 年 6 月 30 日开始 M 公司能够对 N 公司的净资产实施控制，该日即为合并日。

因合并后 N 公司失去其法人资格，M 公司应确认合并中取得的 N 公司的各项资产和负债，假定 M 公司与 N 公司在合并前采用的会计政策相同。M 公司对该项合并应进行的会计处理如下：

借：银行存款等　　1 800 000
　　应收账款　　8 000 000
　　库存商品等　　1 020 000
　　长期股权投资　　8 600 000
　　固定资产　　12 000 000
　　无形资产　　2 000 000

贷：短期借款　　9 000 000
　　应付账款　　1 200 000
　　其他应付款　　1 200 000
　　股本　　10 000 000
　　资本公积——资本溢价或股本溢价　　12 020 000

同一控制下的吸收合并中，合并方在合并当期期末比较报表的编制应区分以下不同的情况：如果合并方在合并当期期末，仅需要编制个别财务报表，不需要编制合并财务报表的，合并方在编制前期比较报表时，无须对以前期间已经编制的比较报表进行调整；如果合并方在合并当期期末需要编制合并财务报表的，在编制前期比较合并财务报表时，应将吸收合并取得的被合并方前期有关财务状况、经营成果及现金流量等并入合并方前期合并财务报表。前期比较报表的具体编制原则比照同一控制下控股合并比较报表的编制。

### （三）同一控制下的新设合并

同一控制下的新设合并，由于在企业合并后成立一个新企业，应参照新设企业进行会计处理。

以上为同一控制下的企业合并中合并方的会计处理，对于同一控制下企业合并中被合并方的会计处理，应区别不同的企业合并方式进行处理。对于控股合并中的被合并方除股东变更外，无须进行会计处理，仍沿用原账册进行会计核算；对于吸收合并和新设合并中的被合并方，由于法人资格均随着企业合并而消失，需要进行企业清算，结束会计账册。

## 第三节　非同一控制下企业合并的会计处理

### 一、非同一控制下企业合并的特点

非同一控制下的企业合并，由于合并各方在合并前后的最终控制方发生变化，是非关联方之间的合并，合并各方的合并行为完全是自愿进行的“交易”，这种企业合并通常以市价为基础确定合并价格，而且企业合并价格相对公允，因此双方可以以公允价值作为计量的基础。在非同一控制下的企业合并交易中，通常将在合并日取得对其他参与合并企业控制权的一方称为购买方，将参与合并企业的其他企业称为被购买方。

### 二、非同一控制下企业合并的处理原则

对于非同一控制下的企业合并，企业合并准则中规定的会计处理方法采用购买法。

1. 确定购买方

购买法是指从购买方的角度出发，该项交易中购买方取得了被购买方的净资产或对净资产的控制权，应确认所取得的资产以及应当承担的债务，包括被购买方原来未予确认的资产和负债。就购买方自身而言，其原持有的资产及负债的计量不受该项交易事项的影响。采用购买法核算企业合并的首要前提是确定购买方。购买方是指在企业合并中取得对另一方或多方控制权的一方。非同一控制下的企业合并中，一般应根据企业合并合同、协议以及其他相关因素来确定购买方。在判断企业合并中的购买方时，应考虑所有相关的事实和情况，特别是企业合并后参与合并各方的相对投票权、合并后主体管理机构及高层管理人员的构成、权益互换的条款等。

（1）合并中一方取得了另一方半数以上有表决权股份的，除非有明确的证据表明不能形成控制，一般认为取得另一方半数以上表决权股份的一方为购买方。

（2）即使一方没有取得另一方半数以上有表决权股份，但存在以下情况时，一般也可认为其获得了对另一方的控制权：

1）通过与其他投资者签订协议，实质上拥有被购买企业半数以上表决权。如M公司拥有N公司40%的表决权资本，P公司拥有N公司30%的表决权资本，Q公司拥有N公司30%的表决权资本。M公司与P公司达成协议，P公司在N公司的权益由M公司代表。在这种情况下，M公司实质上拥有N公司70%表决权资本的控制权，在N公司的章程等没有特别规定的情况下，表明M公司实质上控制N公司。

2）按照章程或协议等的规定，具有主导被购买企业财务和经营决策的权力。如M公司拥有N公司45%的表决权资本，同时，根据章程或协议规定，M公司可以决定N公司的生产经营等政策，达到对N公司的财务和经营政策实施控制。

3）有权任免被购买企业董事会或类似权力机构的多数成员。这种情况是指，虽然购买企业拥有被购买企业50%或以下表决权资本，但根据章程、协议等有权任免被购买企业董事会或类似机构的多数成员，以达到实质上控制的目的。

4）在被购买企业董事会或类似权力机构中拥有多数投票权。这种情况是指，虽然购买企业拥有被购买企业50%或以下表决权资本，但能够控制被购买企业董事会等类似权力机构的会议，从而能够控制其财务和经营政策，达到对被购买企业的控制。

（3）在某些情况下可能难以确定企业合并中的购买方，如参与合并的两家或多家企业规模相当，在这种情况下，往往可以结合一些迹象表明购买方的存在。在具体判断时，可以考虑下列相关因素：

1）以支付现金、转让非现金资产或承担负债的方式进行的企业合并，一般支付现金、转让非现金资产或承担负债的一方为购买方。

2）参与合并各方的股东在合并后主体的相对投票权。其中股东在合并后主体具有相对较高投票比例的一方一般为购买方。

3）参与合并各方的管理层对合并后主体生产经营决策的主导能力。如果合并导致参与合并一方的管理层能够主导合并后主体生产经营政策的制定，其管理层能够实施主导作用的一方一般为购买方。

4）参与合并一方的公允价值远远大于另一方的，公允价值较大的一方很可能为购买方。

5）企业合并是通过以有表决权的股份换取另一方的现金及其他资产的，则付出现金或其他资产的一方很可能为购买方。

6）通过权益互换实现的企业合并，发行权益性证券的一方通常为购买方。但如果有证据表明发行权益性证券的一方，其生产经营决策在合并后被参与合并的另一方控制，则其应为被购买方，参与合并的另一方为购买方。该类合并通常称为反向购买。

2. 确定购买日

购买日是指购买方获得对被购买方控制权的日期，即在企业合并交易进行过程中，发生控制权转移的日期。根据企业合并方式的不同，在控股合并的情况下，购买方应在购买日确认因企业合并形成的对被购买方的长期股权投资；在吸收合并的情况下，购买方应在购买日确认合并中取得的被购买方各项可辨认资产、负债等。

确定购买日的基本原则是控制权转移的时点。企业在实务操作中，应当结合合并合同或协议的约定及其他有关的影响因素，按照实质重于形式的原则进行判断。同时满足了以下条件时，一般可认为实现了控制权的转移，形成购买日：

（1）企业合并合同或协议已获股东大会等内部权力机构通过。企业合并一般涉及的交易规模较大，无论是合并当期还是合并以后期间，均会对企业的生产经营产生重大影响。在能够对企业合并进行确认，形成实质性的交易前，该项交易或事项应经过企业的内部权力机构批准，如对于股份有限公司，其内部权力机构一般指股东大会。

（2）按照规定，合并事项需要经过国家有关主管部门审批的，已获得相关部门的批准。按照国家有关规定，企业购并需要经过国家有关部门批准的，取得相关批准文件是对企业合并交易或事项进行会计处理的前提之一。

（3）参与合并各方已办理了必要的财产权交接手续。作为购买方，其通过企业合并无论是取得对被购买方的股权还是取得被购买方的全部净资产，能够形成与取得股权或净资产相关的风险和报酬的转移，一般需办理相关的财产权交接手续，从而从法律上保障有关风险和报酬的转移。

（4）购买方已支付了购买价款的大部分（一般应超过 50%），并且有能力、有计划支付剩余款项。购买方要取得与被购买方净资产相关的风险和报酬，其前提是必须支付一定的对价。一般在形成购买日之前，购买方应当已经支付了购买价款的大部分，并且从其目前财务状况判断，有能力支付剩余款项。

（5）购买方实际上已经控制了被购买方的财务和经营政策，享有相应的收益并承担相应的风险。

企业合并涉及一次以上交易的，如通过分阶段取得股份最终实现合并，购买企业应于每一交易日确认对被购买企业的各单项投资。交易日是指合并方或购买方在自身的账簿和报表中确认对被购买企业投资的日期。在分步实现的企业合并中，购买日是指按照有关标准判断购买方最终取得对被购买企业控制权的日期。

如M企业于2009年10月20日取得N公司30%的股权（假定能够对被投资单位施加重大影响），在与取得股权相关的风险和报酬发生转移的情况下，M企业应确认对N公司的长期股权投资。在已经拥有N公司30%股权的基础上，M企业又于2010年12月8日取得N公司30%的股权，在其持股比例达到60%的情况下，假定于当日开始能够对N公司实施控制，则2010年12月8日为第二次购买股权的交易日，同时因在当日能够对N公司实施控制，形成企业合并的购买日。

3. 确定企业合并成本

企业合并成本是指购买方为进行企业合并支付的现金或非现金资产、发行或承担的债务、发行的权益性证券等在购买日的公允价值。通过多次交换交易分步实现的企业合并，其企业合并成本为每一单项交换交易的成本之和。

企业合并成本包括购买方在购买日支付的下列项目的合计金额：

（1）作为合并对价的现金及非现金资产的公允价值。以非货币性资产作为合并对价的，其合并成本为所支付对价的公允价值，该项公允价值与作为合并对价的非货币性资产账面价值的差额，作为资产的处置损益，计入合并当期的利润表。

（2）发行的权益性证券的公允价值。确定所发行权益性证券的公允价值时，对于购买日存在公开报价的权益性证券，其公开报价提供了确定公允价值的依据，除非在非常特殊的情况下，购买方能够证明权益性证券在购买日的公开报价不能可靠地代表其公允价值，并且用其他的证据和估价方法能够更好地计量公允价值时，可以考虑其他的证据和估价方法。如果购买日权益性证券的公开报价不可靠，或者购买方发行的权益性证券不存在公开报价，则该项权益性证券的公允价值可以参照其在购买方公允价值中所占权益份额，或者参照在被购买方公允价值中获得的权益份额，按两者当中有明确证据支持的一个进行估价。

（3）因企业合并发生或承担的债务的公允价值。因企业合并而承担的各项负债，应采用按照适用利率计算的未来现金流量的现值作为其公允价值。预期因企业合并可能发生的未来损失或其他成本不是购买方为取得对被购买方的控制权而承担的负债，不构成企业合并成本。

（4）当企业合并合同或协议中提供了根据未来或有事项的发生而对合并成本进行调整时，符合《企业会计准则第13号——或有事项》规定的确认条件的，应确认的支出也应作为企业合并成本的一部分。在某些情况下，合并各方可能在合并合同或协议中约定根据未来一项或多项或有事项的发生对合并成本进行一定的调整，如在企业合并合同中规定，如果被购买方在未来特定期间实现利润达到既定水平，购买方需要在已经支付的企业合并对价基础上支付额外的对价。如果在购买日预计被购买方的盈利水平很可能会达到合同规定的标准，应将按照合同或协议约定需支付的金额计入企业合并成本。

企业在购买日对于可能需要支付的企业合并成本调整金额进行预计并且计入企业合并成本后，未来期间有关涉及调整成本的事项未实际发生或发生后需要对原估计计入企业合并成本的金额进行调整的，或者在购买日因未来事项发生的可能性较小、金额无法可靠计量等原因导致有关调整金额未包括在企业合并成本中，未来期间因合并合同或协议中约定的事项很可能发生、金额能够可靠地计量，符合有关确认条件的，应对企业合并成本进行相应调整。

4. 购买方为进行企业合并发生的有关费用的处理

根据《企业会计准则解释第 4 号》（财会〔2010〕15 号）规定，非同一控制下的企业合并中，购买方为企业合并发生的审计、法律服务、评估咨询等中介费用以及其他相关管理费用，应当于发生时计入当期损益；购买方作为合并对价发行的权益性证券或债务性证券的交易费用，应当计入权益性证券或债务性证券的初始确认金额。

5. 购买方在购买日取得被购买方可辨认资产和负债的分类或指定

根据《企业会计准则解释第 4 号》（财会〔2010〕15 号）规定，非同一控制下的企业合并中，购买方在购买日取得被购买方可辨认资产和负债，应当根据《企业会计准则》的规定，结合购买日存在的合同条款、经营政策、并购政策等相关因素进行分类或指定，主要包括被购买方的金融资产和金融负债的分类、套期关系的指定、嵌入衍生工具的分拆等。但是，合并中如涉及租赁合同和保险合同且在购买日对合同条款作出修订的，购买方应当根据《企业会计准则》的规定，结合修订的条款和其他因素对合同进行分类。

6. 企业合并成本在取得的可辨认资产和负债之间的分配

非同一控制下的企业合并中，购买方取得了对被购买方净资产的控制权，视合并方式的不同，应分别在合并财务报表或个别财务报表中确认合并中取得的各项可辨认资产和负债。

（1）购买方在企业合并中取得的被购买方各项可辨认资产和负债，要作为本企业的资产、负债（或合并财务报表中的资产、负债）进行确认，在购买日，应当满足资产、负债的确认条件。有关的确认条件包括以下几个方面：

1）合并中取得的被购买方的各项资产（无形资产除外），其所带来的未来经济利益预期能够流入企业且公允价值能够可靠计量的，应单独作为资产确认。

2）合并中取得的被购买方的各项负债（或有负债除外），履行有关的义务预期会导致经济利益流出企业且公允价值能够可靠计量的，应单独作为负债确认。

（2）企业合并中取得无形资产的确认。购买方在企业合并中取得的无形资产应符合《企业会计准则第 6 号——无形资产》中对于无形资产的界定且其在购买日的公允价值能够可靠地计量。按照无形资产准则的规定，没有实物形态的非货币性资产是否符合无形资产的定义，关键要看其是否满足可辨认性标准，即是否能够从企业中分离或者划分出来，并能单独或者与相关合同、资产、负债一起，用于出售、转移、授予许可、租赁或者交换；或者应源自于合同性权利或其他法定权利，无论这些权利是否可以从企业或其他权利和义务中转移或分离。

在公允价值能够可靠计量的情况下，应区别于商誉单独确认的无形资产一般包括商标、版权及与其相关的许可协议、特许权、分销权等类似权利、专利技术、专有技术等。

（3）企业合并中产生或有负债的确认。为了尽可能反映购买方因为进行企业合并可能承担的潜在义务，对于购买方在企业合并时可能需要代被购买方承担的或有负债，在购买日，虽然相关的或有事项导致经济利益流出企业的可能性还比较小，但在其公允价值能够合理确定的情况下，即需要作为合并中取得的负债确认。

（4）对于被购买方在企业合并之前已经确认的商誉和递延所得税项目，购买方在对企业合并成本进行分配、确认合并中取得可辨认资产和负债时不应予以考虑。在按照规定确定了合并中应予确认的各项可辨认资产、负债的公允价值后，其计税基础与账面价值不同形成暂时性差异的，应当按照所得税准则的规定确认相应的递延所得税资产或递延所得税负债。

在非同一控制下的企业合并中，购买方确认在合并中取得的被购买方各项可辨认资产和负债不仅局限于被购买方在合并前已经确认的资产和负债，还可能包括企业合并前被购买方在其资产负债表中未予确认的资产和负债，该类资产和负债在企业合并前可能由于不符合确认条件未确认为被购买方的资产和负债，但在企业合并发生后，因符合了有关的确认条件则需要作为合并中取得的可辨认资产和负债进行确认。如被购买方在企业合并前存在的未弥补亏损，在企业合并前因无法取得足够的应纳税所得额用于抵扣该项亏损而未确认相关的递延所得税资产，如按照税法规定能够抵扣购买方未来期间实现的应纳税所得额而且购买方在未来期间预计很可能取得足够的应纳税所得额的情况下，有关的递延所得税资产应作为合并中取得的可辨认资产予以确认。

#### 7. 企业合并成本与合并中取得的被购买方可辨认净资产公允价值份额之间差额的处理

购买方对于企业合并成本与确认的被购买方可辨认净资产公允价值份额的差额，应视以下情况分别处理：

（1）企业合并成本大于合并中取得的被购买方可辨认净资产公允价值份额的差额，应确认为商誉。视企业合并方式不同，在控股合并的情况下，该差额是指合并财务报表中应列示的商誉；在吸收合并的情况下，该差额是购买方在其账簿及个别财务报表中应确认的商誉。

商誉在确认以后，持有期间不要求摊销，企业应当按照《企业会计准则第 8 号——资产减值》的规定对其进行减值测试；对于可收回金额低于账面价值的部分，计提减值准备。

（2）企业合并成本小于合并中取得的被购买方可辨认净资产公允价值份额的差额（负商誉），应计入合并当期损益。

企业合并准则中要求在该种情况下，要对合并中取得的资产、负债的公允价值，作为合并对价的非现金资产或发行的权益性证券等的公允价值进行复核，复核结果表明所确定的各项可辨认资产和负债的公允价值确定是恰当的，应将企业合并成本低于取得的被购买方可辨认净资产公允价值份额之间的差额，计入合并当期的营业外收入，并在财务报表附注中予以说明。

在吸收合并的情况下，上述企业合并成本小于在合并中取得的被购买方可辨认净资产公允价值的差额，应计入合并当期购买方的个别利润表；在控股合并的情况下，上述差额应体现在合并当期的合并利润表中。

8. *企业合并成本或在合并中取得的可辨认资产、负债公允价值的调整*

按照购买法核算的企业合并，基本原则是确定公允价值，无论是作为合并对价付出的各项资产的公允价值，还是在合并中取得被购买方各项可辨认资产、负债的公允价值，如果在购买日或合并当期期末，因各种因素影响无法合理确定的，合并当期期末，购买方应以暂时确定的价值为基础进行核算。

（1）购买日后 12 个月内对有关价值量的调整。合并当期期末，在对合并成本或合并中取得的可辨认资产、负债以暂时确定的价值对企业合并进行处理的情况下，自购买日算起 12 个月内取得进一步的信息表明需对原暂时确定的企业合并成本或所取得的可辨认资产、负债的暂时性价值进行调整的，应视同在购买日发生，进行追溯调整，同时对以暂时性价值为基础提供的比较报表信息，也应进行相关的调整。

如 M 企业于 2009 年 9 月 20 日对 N 公司进行吸收合并。在合并中取得的一项固定资产不存在活跃市场，为确定其公允价值，M 企业聘请了有关的资产评估机构对其进行评估。截至 M 企业 2009 年财务报告对外报出时，尚未取得评估报告。M 企业在其 2009 年财务报告中对该项固定资产暂估的价值为 300 000 元，预计使用年限为 5 年，净残值为 0，按照直线法计提折旧。该项企业合并中 M 企业确认商誉 1 200 000 元。本例中假定 M 企业不编制中期财务报告。

2010 年 4 月，M 企业取得了资产评估报告，确认该项固定资产的价值为

450 000 元。则 M 企业应视同在购买日确定的该项固定资产的公允价值为 450 000 元，相应调整 2009 年财务报告中确认的商誉价值（调减 150 000 元）及利润表中的折旧费用（调增 7 500 元）。进行有关调整后，M 企业在其 2010 年财务报表附注中应对有关情况作出说明。

（2）超过规定期限后的价值量调整。自购买日算起 12 个月以后对企业合并成本或合并中取得的可辨认资产、负债价值的调整，应当按照《企业会计准则第 28 号——会计政策、会计估计变更和差错更正》的原则进行处理，即对于企业合并成本、合并中取得可辨认资产、负债公允价值等进行的调整，应作为前期差错处理。

（3）在企业合并中，购买方取得被购买方的可抵扣暂时性差异，在购买日不符合递延所得税资产确认条件的，不应予以确认。购买日后 12 个月内，如取得新的或进一步的信息表明购买日的相关情况已经存在，预期被购买方在购买日可抵扣暂时性差异带来的经济利益能够实现的，应当确认相关的递延所得税资产，同时减少商誉，商誉不足冲减的，差额部分确认为当期损益；除上述情况以外，确认与企业合并相关的递延所得税资产，应当计入当期损益。

## 三、非同一控制下企业合并的会计处理方法

### （一）非同一控制下的控股合并

#### 1. 长期股权投资初始投资成本的确定

非同一控制下的控股合并中，购买方在购买日应当按照确定的企业合并成本（不包括应自被投资单位收取的现金股利或利润），作为形成的对被购买方长期股权投资的初始投资成本。

购买方为取得对被购买方的控制权，以支付非货币性资产为对价的，有关非货币性资产在购买日的公允价值与其账面价值的差额，应作为资产的处置损益，计入合并当期的利润表。

**【例 6-4】** 沿用【例 6-3】资料，M 公司在该项合并中发行 1 000 万股普通股（面值为 1 元/股），市场价格为 3.50 元/股，取得了 N 公司 70%的股权。假定该项合并为非同一控制下的企业合并。

M 公司在购买日应确认对 N 公司的长期股权投资，进行以下账务处理：

| | | |
|---|---|---|
| 借：长期股权投资 | 35 000 000 | |
| 贷：股本 | | 10 000 000 |
| 资本公积 | | 25 000 000 |

#### 2. 购买日合并财务报表的编制

购买日合并财务报表的编制将于第七章介绍。

### （二）非同一控制下的吸收合并

非同一控制下的吸收合并，购买方在购买日应当将合并中取得的符合确认条件的各项可辨认资产、负债，按其公允价值确认为本企业的资产和负债；作为合

并对价的有关非货币性资产在购买日的公允价值与其账面价值的差额，应作为资产处置损益计入合并当期的个别利润表；确定的企业合并成本与所取得的被购买方可辨认净资产公允价值之间的差额，视情况分别确认为个别资产负债表的商誉或计入企业合并当期的个别利润表。

根据《企业会计准则解释第 4 号》（财会〔2010〕15 号），在企业合并中，购买方取得被购买方的可抵扣暂时性差异，在购买日不符合递延所得税资产确认条件的，不应予以确认。购买日后 12 个月内，如取得新的或进一步的信息表明购买日的相关情况已经存在，预期被购买方在购买日可抵扣暂时性差异带来的经济利益能够实现的，应当确认相关的递延所得税资产，同时减少商誉，商誉不足冲减的，差额部分确认为当期损益；除上述情况以外，确认与企业合并相关的递延所得税资产，应当计入当期损益。

**【例 6-5】** 沿用【例 6-3】资料，M 公司在该项合并中发行 1 000 万股普通股（面值为 1 元/股），市场价格为 5 元/股，吸收合并 N 公司。假定该项合并为非同一控制下的企业合并。

M 公司在购买日应确认合并中取得的符合确认条件的各项可辨认资产、负债，进行以下账务处理：

| | | |
|---|---|---|
| 借：银行存款等 | 1 800 000 | |
| 　　应收账款 | 8 000 000 | |
| 　　库存商品等 | 1 800 000 | |
| 　　长期股权投资 | 15 200 000 | |
| 　　固定资产 | 22 000 000 | |
| 　　无形资产 | 6 000 000 | |
| 　　商誉 | 6 600 000 | |
| 　贷：短期借款 | | 9 000 000 |
| 　　　应付账款 | | 1 200 000 |
| 　　　其他应付款 | | 1 200 000 |
| 　　　股本 | | 10 000 000 |
| 　　　资本公积 | | 40 000 000 |

**【例 6-6】** 沿用【例 6-3】资料，M 公司在该项合并中发行 1 000 万股普通股（面值为 1 元/股），市场价格为 4 元/股，吸收合并 N 公司。假定该项合并为非同一控制下的企业合并。

M 公司在购买日应确认合并中取得的符合确认条件的各项可辨认资产、负债，进行以下账务处理：

| | | |
|---|---|---|
| 借：银行存款等 | 1 800 000 | |
| 　　应收账款 | 8 000 000 | |

库存商品等　　　　　　　　　　　　　　　1 800 000
长期股权投资　　　　　　　　　　　　　　15 200 000
固定资产　　　　　　　　　　　　　　　　22 000 000
无形资产　　　　　　　　　　　　　　　　6 000 000
贷：短期借款　　　　　　　　　　　　　　　　9 000 000
　　应付账款　　　　　　　　　　　　　　　　1 200 000
　　其他应付款　　　　　　　　　　　　　　　1 200 000
　　股本　　　　　　　　　　　　　　　　　　10 000 000
　　资本公积　　　　　　　　　　　　　　　　30 000 000
　　营业外收入　　　　　　　　　　　　　　　3 400 000

### （三）非同一控制下的新设合并

非同一控制下的新设合并，由于在企业合并后成立一个新企业，应参照新办企业进行会计处理。

以上为非同一控制下的企业合并购买方的会计处理，被购买方的会计处理与同一控制下的企业合并中被合并方的会计处理基本相同，但在非同一控制下的企业合并中，购买方通过企业合并取得被购买方 100%股权的，被购买方可以按照合并中确定的可辨认资产、负债的公允价值调整其账面价值。除此之外，在其他情况下被购买方不应因企业合并改记有关资产、负债的账面价值。

## 四、通过多次交易分步实现的非同一控制下企业合并

通过多次交易分步实现的非同一控制下企业合并，企业在每一单项交易发生时，应确认对被购买方的投资。投资企业在持有被投资单位的部分股权后，通过增加持股比例等达到对被投资单位形成控制的，应分别将每一单项交易的成本与该项交易发生时应享有被投资单位可辨认净资产公允价值的份额进行比较，确定每一单项交易中产生的商誉。达到企业合并时应确认的商誉（或合并财务报表中应确认的商誉）为每一单项交易中应确认的商誉之和。

通过多次交易分步实现的非同一控制下的企业合并，应按以下顺序处理：

（1）对长期股权投资的账面余额进行调整。达到企业合并前长期股权投资采用成本法核算的（持股比例在 20%以下），其账面余额一般无须调整；达到企业合并前长期股权投资采用权益法核算的（持股比例在 20%及其以上、50%及其以下），应进行调整，将其账面价值调整至取得投资时的初始投资成本，相应调整留存收益等。

（2）比较达到企业合并时每一单项交易的成本与交易时应享有被投资单位可辨认净资产公允价值的份额，确定每一单项交易应予确认的商誉或应计入发生当期损益的金额。购买方在购买日确认的商誉（或计入损益的金额）应为每一单项交易产生的商誉（或应予确认损益的金额）之和。

（3）对于被购买方在购买日与交易日之间可辨认净资产公允价值的变动，相对于原持股比例的部分，在合并财务报表（吸收合并是指购买方个别财务报表）中应调整所有者权益的相关项目，其中属于原取得投资后被投资单位实现净损益增加的资产价值量，应调整留存收益，差额应调整资本公积。

企业通过多次交易分步实现非同一控制下企业合并的，对于购买日之前持有的被购买方的股权，应当区分个别财务报表和合并财务报表进行相关会计处理：

（1）在个别财务报表中，应当以购买日之前所持被购买方的股权投资的账面价值与购买日新增投资成本之和，作为该项投资的初始投资成本；购买日之前持有的被购买方的股权涉及其他综合收益的，应当在处置该项投资时将与其相关的其他综合收益（如可供出售金融资产公允价值变动计入资本公积的部分，下同）转入当期投资收益。

（2）在合并财务报表中，对于购买日之前持有的被购买方的股权，应当按照该项股权在购买日的公允价值进行重新计量，公允价值与其账面价值的差额计入当期投资收益；购买日之前持有的被购买方的股权涉及其他综合收益的，与其相关的其他综合收益应当转为购买日所属当期投资收益。购买方应当在财务报表附注中披露其在购买日之前持有的被购买方的股权在购买日的公允价值，按照公允价值重新计量产生的相关利得或损失的金额。

### 五、购买子公司少数股权的处理

企业在取得对子公司的控制权，形成企业合并后，购买少数股东全部或部分权益的，实质上是股东之间的权益性交易，应当分别按母公司个别财务报表及合并财务报表两种情况进行处理。

（1）母公司个别财务报表中对于自子公司少数股东处新取得的长期股权投资，应当按照《企业会计准则第 2 号——长期股权投资》第四条的规定，确定长期股权投资的入账价值。

（2）在合并财务报表中，子公司的资产、负债应以购买日（或合并日）开始持续计算的金额反映。母公司新取得的长期股权投资成本与按照新增持股比例计算应享有子公司自购买日（或合并日）开始持续计算的可辨认净资产份额之间的差额，应当调整合并财务报表中的资本公积（资本溢价或股本溢价），资本公积（资本溢价或股本溢价）的余额不足冲减的，调整留存收益。

## 第四节 企业合并的披露

### 一、同一控制下企业合并有关信息的披露

合并方应当在合并当期附注中披露与同一控制下企业合并有关的下列信息：

（1）参与合并企业的基本情况。

（2）属于同一控制下的企业合并的判断依据。

（3）合并日的确定依据。

（4）以支付现金、非现金资产以及承担债务作为合并对价的，所支付对价在合并日的账面价值；以发行权益性证券作为合并对价的，在合并中发行权益性证券的数量及定价原则，以及参与合并各方交换表决权股份的比例。

（5）被购买方的资产、负债在上一会计期间资产负债表日及合并日的账面价值；被购买方自合并当期期初至合并日的收入、净利润、现金流量等情况。

（6）合并合同或协议约定将承担被购买方或有负债的情况。

（7）被购买方采用的会计政策与购买方不一致所作调整情况的说明。

（8）合并后已处置或拟处置被购买方资产、负债的账面价值、处置价格等。

## 二、非同一控制下企业合并有关信息的披露

购买方应当在合并当期财务报表附注中披露与非同一控制企业合并有关的下列信息：

（1）参与合并企业的基本情况。

（2）购买日的确定依据。

（3）合并成本的构成及其账面价值、公允价值及公允价值的确定方法。

（4）被购买方各项可辨认资产、负债在上一会计期间资产负债表日及购买日的账面价值和公允价值。

（5）合并合同或协议约定将承担被购买方或有负债的情况。

（6）被购买方自购买日起至报告期末止的收入、净利润和现金流量等情况。

（7）商誉的金额及其确定方法。

（8）因合并成本小于合并中取得的被购买方可辨认净资产公允价值的份额计入当期损益的金额。

（9）合并后已处置或拟处置被购买方资产、负债的账面价值、处置价格等。

## 【复习思考题】

1. 什么是企业合并？企业合并的方式有哪几种？
2. 同一控制下的企业合并与非同一控制下的企业合并有何区别？
3. 同一控制下企业合并的处理原则有哪些？
4. 非同一控制下企业合并的处理原则有哪些？
5. 确认购买日应具有哪些条件？

## 【实务练习题】

1. P公司与S公司属于同一企业集团。2010年12月31日，P公司发行500万股股票（面

值为 1 元/股）作为对价取得 S 公司的全部股权，该项股票的公允价值为 2 000 万元。购买日 S 公司有关资产、负债情况如表 6-4 所示。

**表 6-4　S 公司有关资产、负债情况表**　　单位：万元

| 项　　目 | 账 面 价 值 | 公 允 价 值 |
|---|---|---|
| 应收账款 | 2 500 | 2 500 |
| 固定资产 | 1 500 | 1 650 |
| 长期借款 | 2 250 | 2 250 |
| 股本 | 1 000 | 1 000 |
| 资本公积 | | 150 |
| 盈余公积 | 750 | 750 |

要求：

（1）假设该项合并为吸收合并，作出 P 公司相关的账务处理。

（2）假设该项合并为控股合并，作出 P 公司相关的账务处理。

2．仍沿用上题资料，假设 P 公司与 S 公司不属于同一企业集团，分别按吸收合并、控股合并作出 P 公司相关的账务处理。

# 第七章　合并财务报表

## 第一节　合并财务报表概述

### 一、合并财务报表的意义

合并财务报表是指反映母公司和其全部子公司形成的企业集团（以下简称企业集团）整体财务状况、经营成果和现金流量的财务报表。与个别财务报表相比，合并财务报表反映的是由母公司和其全部子公司组成的企业集团作为会计主体，是经济意义上的主体，而不是法律意义上的主体。合并财务报表的编制者或编制主体是母公司。合并财务报表是以纳入合并范围的企业个别财务报表为基础，根据其他有关资料，按照权益法调整对子公司的长期股权投资后，抵销母公司与子公司、子公司相互之间发生的内部交易（以下简称内部交易）对合并财务报表的影响而编制的。《企业会计准则第 33 号——合并财务报表》（以下简称合并财务报表准则）规范了合并财务报表的编制和列报。

合并财务报表能够向财务报告的使用者提供反映企业集团整体财务状况、经营成果和现金流量的会计信息，有助于财务报告的使用者作出经济决策。合并财务报表有利于避免一些母公司利用控制关系，人为地粉饰财务报表的情况的发生。

### 二、合并范围的确定

合并财务报表的合并范围应当以控制为基础加以确定。

#### （一）控制的定义

控制是指一个企业能够决定另一个企业的财务和经营政策，并能据以从另一个企业的经营活动中获取利益的权力。控制通常具有如下特征：

（1）控制的主体是唯一的，不是两方或多方。即对被投资单位的财务和经营政策的提议不必要征得其他方同意，就可以形成决议并付诸实施。

（2）控制的内容是被控制方的财务和经营政策，这些财务和经营政策一般是通过表决权来决定的。在某些情况下，也可以通过法定程序严格限制董事会、受托人或管理层对特殊目的主体经营活动的决策权，如规定除设立者或发起人外，其他人无权决定特殊目的主体经营活动的政策。

（3）控制的性质是一种权力，是一种法定权力，也可以是通过公司章程或协议、投资者之间的协议授予的权力。

（4）控制的目的是为了获取经济利益，包括为了增加经济利益、维持经济利益、保护经济利益，或者降低所分担的损失等。

### （二）母公司与子公司的定义

企业集团由母公司和其全部子公司构成。如图 7-1 所示，假定 M 公司能够控制 N 公司，M 公司和 N 公司构成了企业集团。如图 7-2 所示，假定 M 公司能够同时控制 N1 公司、N2 公司、N3 公司和 N4 公司，M 公司和 N1 公司、N2 公司、N3 公司、N4 公司构成了企业集团。母公司和子公司是相互依存的，有母公司必然存在子公司；同样，有子公司必然存在母公司。

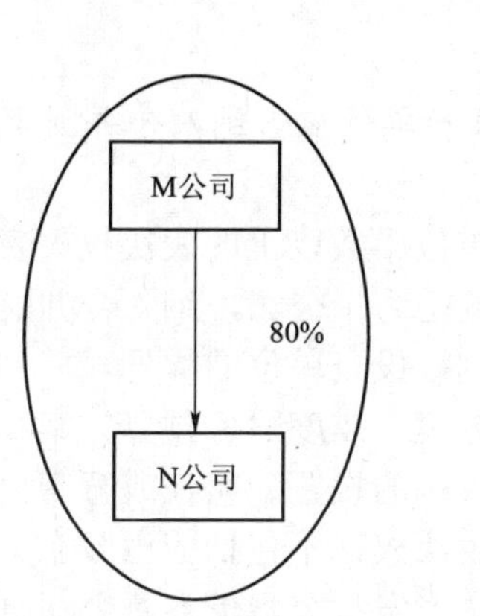


图 7-1　企业集团示例 1

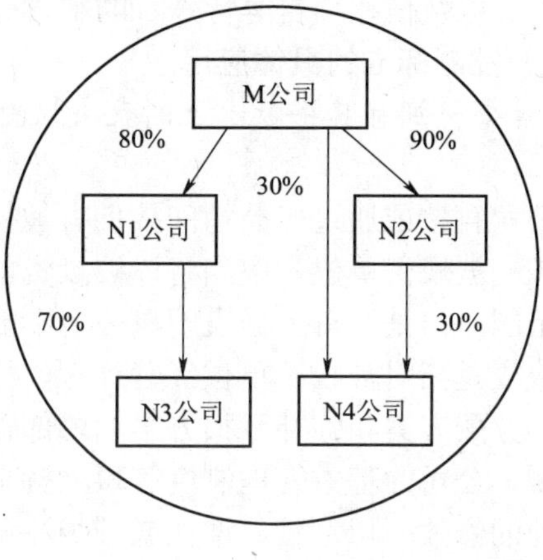

M公司
80%
90%
30%
N1公司
N2公司
70%
30%
N3公司
N4公司

图 7-2　企业集团示例 2

1. 母公司的定义

母公司是指有一个或一个以上子公司的企业（或主体，下同）。从母公司的定义中可以看出，母公司要求同时具备以下两个条件：

（1）必须有一个或一个以上的子公司，即必须满足控制的要求，能够决定另一个企业的财务和经营政策，并有据以从另一个企业的经营活动中获取利益的权力。母公司可以只控制一个子公司，也可以同时控制多个子公司。

如图 7-1 所示，假定 M 公司能够控制 N 公司，M 公司是 N 公司的母公司。

如图 7-2 所示，假定 M 公司能够同时控制 N1 公司、N2 公司、N3 公司和 N4 公司，M 公司为 N1 公司、N2 公司、N3 公司和 N4 公司的母公司。

（2）母公司可以是企业，如《中华人民共和国公司法》所规范的股份有限公司、有限责任公司；也可以是主体，如非企业形式的，但形成会计主体的其他组织，如基金等。

2. 子公司的定义

子公司是指被母公司控制的企业。从子公司的定义中可以看出，子公司也要求同时具备以下两个条件：

（1）作为子公司必须被母公司控制，并且只能由一个母公司控制，不可能也不允许被两个或多个母公司同时控制。被两个或多个公司共同控制的被投资单位是合营企业，而不是子公司。

如图 7-1 所示，假定 M 公司能够控制 N 公司，则 N 公司是 M 公司的子公司。如图 7-2 所示，假定 M 公司能够同时控制 Nl 公司、N2 公司、N3 公司和 N4 公司，则 Nl 公司、N2 公司、N3 公司和 N4 公司均为 M 公司的子公司。

（2）子公司可以是企业，如《中华人民共和国公司法》所规范的股份有限公司、有限责任公司；也可以是主体，如非企业形式的，但形成会计主体的其他组织，如基金以及信托项目等特殊目的主体等。

**（三）控制标准的具体应用**

*1. 母公司拥有其半数以上的表决权的被投资单位应当纳入合并财务报表的合并范围*

母公司直接或通过子公司间接拥有被投资单位半数以上的表决权，表明母公司能够控制被投资单位，应当将该被投资单位认定为子公司，纳入合并财务报表的合并范围。但是，有证据表明母公司不能控制被投资单位的除外。

表决权是指对被投资单位经营计划、投资方案、年度财务预算方案和决算方案、利润分配方案和弥补亏损方案、内部管理机构的设置、聘任或解聘公司经理及其报酬、公司的基本管理制度等事项持有的表决权，不包括应由股东大会或股东会行使的修改公司章程、增加或减少注册资本、发行公司债券、公司合并、分立、解散或变更公司形式等事项持有的表决权。表决权比例通常与其出资比例或持股比例是一致的，但公司章程另有规定的除外。

在通常情况下，当母公司拥有被投资单位半数以上表决权时，母公司就拥有对该被投资单位的控制权，能够主导该被投资单位的股东大会（或股东会，下同），特别是董事会，并对其生产经营活动和财务政策实施控制。在这种情况下，子公司处在母公司的直接控制和管理下进行日常生产经营活动，子公司的生产经营活动成为事实上的母公司生产经营活动的一个组成部分，母公司与子公司生产经营活动已一体化。拥有被投资单位半数以上表决权，是母公司对其拥有控制权的最明显的标志，应将其纳入合并财务报表的合并范围。

母公司拥有被投资单位半数以上表决权，通常包括如下三种情况：

（1）母公司直接拥有被投资单位半数以上表决权。如图 7-1 所示，M 公司直接拥有 N 公司表决权的 80%，在这种情况下，N 公司就成为 M 公司的子公司，M 公司编制合并财务报表时，必须将 N 公司纳入其合并范围。

（2）母公司间接拥有被投资单位半数以上表决权。间接拥有半数以上表决权是指母公司通过子公司而对子公司的子公司拥有半数以上表决权。如图 7-2 所示，M 公司拥有 N 1 公司 80%的表决权，而 N 1 公司又拥有 N3 公司 70%的表决权。在这种情况下，M 公司作为母公司通过其子公司 N 1 公司，间接拥有 N3 公司 70%的表决权，从而 N3 公司也是 M 公司的子公司，M 公司在编制合并财务报表时，也应当将 N3 公司纳入其合并范围。这里必须注意的是，M 公司间接拥有 N3 公司的表决权是以 Nl 公司为 M 公司的子公司为前提的。

（3）母公司直接和间接方式合计拥有被投资单位半数以上表决权。直接和间接方式合计拥有半数以上表决权是指母公司以直接方式拥有某一被投资单位半数以下的表决权，同时又通过其他方式，如通过子公司拥有该被投资单位一部分的表决权，两者合计拥有该被投资单位半数以上的表决权。如如图 7-2 所示，M 公司拥有 N2 公司 90%的表决权，拥有 N4 公司 30%的表决权；N2 公司拥有 N4 公司 30%的表决权。在这种情况下，N2 公司为 M 公司的子公司，M 公司通过子公司 N2 公司间接拥有 N4 公司 30%的表决权，与直接拥有 30%的表决权合计，M 公司共拥有 N4 公司 60%的表决权，从而 N4 公司属于 M 公司的子公司，M 公司在编制合并财务报表时，也应当将 N4 公司纳入其合并范围。

拥有被投资单位半数以上表决权是母公司对其拥有控制权的最明显的标志，但是如果有证据表明母公司不能控制被投资单位的除外。如图 7-1 所示，尽管 M 公司拥有 N 公司 80%的表决权，但是如果 N 公司被政府或有关部门接管，在这种情况下，对 M 公司的控制权已经转移至政府或有关部门，M 公司已经对 N 公司没有了控制权，N 公司不是 M 公司的子公司，M 公司也不是 N 公司的母公司，M 公司不应当将 N 公司纳入其合并财务报表的合并范围。

2. 母公司拥有其半数以下的表决权的被投资单位纳入合并财务报表的合并范围的条件

在母公司拥有被投资单位半数以下表决权的情况下，如果母公司通过其他方式对被投资单位的财务和经营政策能够实施控制时，这些被投资单位也应作为子公司纳入其合并范围。

（1）通过与被投资单位其他投资者之间的协议，拥有被投资单位半数以上表决权。这种情况是指母公司与其他投资者共同投资某企业，母公司与其中的某些投资者签订书面协议，受托管理和控制该被投资单位，从而在被投资单位的股东大会和董事会上拥有该被投资单位半数以上表决权。在这种情况下，母公司对这一被投资单位的财务和经营政策拥有控制权，使该被投资单位成为事实上的子公司，为此必须将其纳入合并财务报表的合并范围。

（2）根据公司章程或协议，有权决定被投资单位的财务和经营政策。这种情况是指在被投资单位的公司章程等文件中明确母公司对其财务和经营政策能够实施控制。企业的财务和经营政策直接决定着企业的日常生产经营活动，决定着企业的未来发展。母公司能够控制企业财务和经营政策也就是等于能控制整个企业日常生产经营活动。这样，也就使得该被投资单位成为事实上的子公司，从而应当纳入母公司的合并财务报表的合并范围。

（3）有权任免被投资单位的董事会或类似机构的多数成员。这种情况是指母公司能够通过任免被投资单位董事会的多数成员控制该被投资单位的日常生产经营活动，被投资单位成为事实上的子公司，从而应当纳入母公司的合并财务报表的合并范围。这里的“多数”，是指超过半数以上（不包括半数）。同时，需要注意的是，在这种情况下，董事会或类似机构必须能够控制被投资单位；否则，该条件不适用。

（4）在被投资单位董事会或类似机构占多数表决权。这种情况是指母公司能够控制董事会或类似机构的会议，从而主导公司董事会的经营决策，使该公司的生产经营活动在母公司的控制下进行，使被投资单位成为事实上的子公司。因此，也应当将其纳入母公司的合并财务报表的合并范围。这里的“多数”，是指超过半数以上（不包括半数）。同样，需要注意的是，在这种情况下，董事会或类似机构必须能够控制被投资单位；否则，该条件不适用。

实际工作中，在判断母公司对子公司是否形成控制且将其纳入合并财务报表的合并范围时，不能仅仅根据投资比例而定，而应当贯彻实质重于形式的要求，即使母公司拥有被投资单位半数或以下的表决权，满足以上四个条件之一，视为母公司能够控制被投资单位，应当将该被投资单位认定为子公司，纳入合并财务报表的合并范围。但是，如果有证据表明母公司不能控制被投资单位的除外。

3. *在确定能否控制被投资单位时对潜在表决权的考虑*

在确定能否控制被投资单位时，应当考虑企业和其他企业持有的被投资单位的当期可转换的可转换公司债券、当期可执行的认股权证等潜在表决权因素。所谓潜在表决权，是指当期可转换的可转换公司债券、当期可执行的认股权证等，不包括在将来某一日期或将来发生某一事项时才能转换的可转换公司债券或者才能执行的认股权证等，也不包括诸如行权价格的设定使得在任何情况下都不可能转换为实际表决权的其他债务工具或权益工具。

企业应当考虑影响潜在表决权的所有事项和情况，包括潜在表决权的执行条款、需要单独考虑或综合考虑的其他合约安排等。企业不仅要考虑本企业在被投资单位的潜在表决权，还要同时考虑其他企业或个人在被投资单位的潜在表决权；不仅考虑可能会提高企业在被投资单位持股比例的潜在表决权，还要考虑可能会降低本企业在被投资单位持股比例的潜在表决权。但是，本企业和其他企业或个人执行潜在表决权的意图和财务能力对潜在表决权的影响除外。潜在表决权仅作为判断是否存在控制的考虑因素，不影响当期母公司股东和少数股东之间的分配比例。

4. *判断母公司能否控制特殊目的主体时应当考虑的主要因素*

（1）母公司为了融资、销售商品或提供劳务等特定经营业务的需要直接或者间接设立特殊目的主体。这是指从经营活动方面判断母公司能否控制特殊目的主体：一是设立特殊目的主体主要是为了向母公司提供长期资本，或者向母公司融资以支持母公司的主要经营活动或核心经营活动；二是设立特殊目的主体主要是为了向母公司提供与母公司主要经营活动或核心经营活动相一致的商品或劳务。

如果存在上述情况，则表明母公司存在控制特殊目的主体的可能性。但是，仅仅由于特殊目的主体与母公司发生大量交易而存在经济依存关系的，如供应商与客户之间的关系，并不一定形成控制。

（2）母公司具有控制或获得控制特殊目的主体或者其资产的决策权。这是从决策方面判断母公司能否控制特殊目的主体：①母公司拥有单方面终止特殊目的主体的权利。②母公司拥有变更特殊目的主体章程的权利。③母公司对变更特殊目的的主体章程拥有否决权。

（3）母公司通过章程、合同、协议等具有获取特殊目的主体大部分利益的权力。这是从经济利益方面判断母公司能否控制特殊目的的主体：①以未来净现金流量、收益、净资产或其他经济利益的方式，获取由特殊目的主体分配的大部分经济利益的权利。②从特殊目的主体的预期剩余权益分配中或在清算中获取大部分剩余权益的权力。

（4）母公司通过章程、合同、协议等承担了特殊目的主体的大部分风险。这是从风险方面判断母公司能否控制特殊目的主体：①资本提供者对特殊目的主体的净资产不享有重大利益。②资本提供者不具有获取特殊目的主体未来经济利益的权力。③资本提供者在实质上没有承受特殊目的主体净资产或经营活动的固有风险。④资本提供者获取的对价基本上类似于贷款人通过贷款或权益获取的回报。如母公司通过特殊目的主体直接或间接对向特殊目的主体提供大部分资本的其他投资者保证一定的回报率或信用保护。这种保证使母公司保留了特殊目的主体剩余权益风险或所有权风险，而其他投资者实质上只是贷款人，因为其他投资者获得的收益或遭受的损失是有限制的。

**（四）所有子公司都应纳入母公司的合并财务报表的合并范围**

母公司应当将其全部子公司纳入合并财务报表的合并范围。即，只要是由母公司控制的子公司，不论子公司的规模大小、子公司向母公司转移资金能力是否受到严格限制，也不论子公司的业务性质与母公司或企业集团内其他子公司是否有显著差别，都应当纳入合并财务报表的合并范围。

受所在国外汇管制及其他管制，资金调度受到限制的境外子公司，如果该被投资单位的财务和经营政策仍然由母公司决定，资金调度受到限制并不妨碍母公司对其实施控制，母公司应将其纳入合并财务报表的合并范围。

值得注意的是，下列被投资单位不是母公司的子公司，不应当纳入母公司的合并财务报表的合并范围：

1. 已宣告被清理整顿的原子公司

已宣告被清理整顿的原子公司是指在当期宣告被清理整顿的被投资单位，该被投资单位在上期是母公司的子公司。在这种情况下，根据2005年修订的《中华人民共和国公司法》第一百八十四条的规定，该被投资单位实际上在当期已经由股东、董事或股东大会指定的人员组成的清算组或者人民法院指定的有关人员组成的清算组对该被投资单位进行日常管理，在清算期间，被投资单位不得开展与清算无关的经营活动，因此，母公司不能再控制该被投资单位，不能将该被投资单位继续认定为母公司的子公司。

2. 已宣告破产的原子公司

已宣告破产的原子公司是指在当期宣告破产的被投资单位，该被投资单位在上期是母公司的子公司。在这种情况下，根据《中华人民共和国企业破产法》的规定，该被投资单位的日常管理已转交到由人民法院指定的管理人，母公司不能控制该被投资单位，不能将该被投资单位认定为母公司的子公司。

3. 母公司不能控制的其他被投资单位

母公司不能控制的其他被投资单位是指母公司不能控制的除上述情形以外的其他被投资单位。如联营企业、合营企业等。

## 三、合并财务报表的编制程序

合并财务报表编制有其特殊的程序，主要包括以下几个方面：

1. 统一会计政策和会计期间

在编制合并财务报表前，母公司应当统一子公司所采用的会计政策，使子公司所采用的会计政策与母公司一致。子公司所采用的会计政策与母公司不一致的，应当按照母公司的会计政策对子公司财务报表进行必要的调整，或者要求子公司按照母公司的会计政策另行编制财务报表。同时，母公司应当统一子公司的会计期间，使子公司的会计期间与母公司保持一致。子公司的会计期间与母公司不一致的，应当按照母公司的会计期间对子公司财务报表进行调整，或者要求子公司按照母公司的会计期间另行编报财务报表。

2. 编制合并工作底稿

合并工作底稿的作用是为合并财务报表的编制提供基础。在合并工作底稿中，对母公司和子公司的个别财务报表各项目的金额进行汇总和抵销处理，最终计算得出合并财务报表各项目的合并金额。

3. 编制调整分录和抵销分录

在合并工作底稿中编制的调整分录是对母子公司个别报表相关项目的调整，具体包括：一是对属于非同一控制下企业合并中取得的子公司的个别财务报表根据母公司为该子公司设置的备查簿记录的子公司各项可辨认资产、负债及或有负债等在购买日的公允价值为基础进行调整，以使子公司的个别财务报表反映为在购买日公允价值基础上确定的可辨认资产、负债及或有负债在本期资产负债表日的金额。二是对于子公司所采用的会计政策和会计期间与母公司不一致的，对子公司的个别财务报表进行调整。三是母公司对子公司的长期股权投资调整为权益法。在合并工作底稿中编制的抵销分录，是将内部交易对合并财务报表有关项目的影响进行抵销处理。编制抵销分录，进行抵销处理是合并财务报表编制的关键和主要内容，其目的在于将个别财务报表各项目的加总金额中重复的因素予以抵销。

在合并工作底稿中编制的调整分录和抵销分录，借记或贷记的均为财务报表项目（即资产负债表项目、利润表项目、现金流量表项目和所有者权益变动表项目），而不是具体的会计科目。如涉及调整或抵销固定资产折旧、固定资产减值准备等均通过资产负债表中的“固定资产”项目，而不是“累计折旧”、“固定资产减值准备”等科目来进行调整和抵销。

4. 计算合并财务报表各项目的合并金额

在母公司和子公司个别财务报表各项目加总金额的基础上，分别计算出合并财务报表中各资产项目、负债项目、所有者权益项目、收入项目和费用项目等的合并金额。其计算方法如下：

（1）资产类各项目，其合并金额根据该项目加总金额，加上该项目抵销分录有关的借方发生额，减去该项目抵销分录有关的贷方发生额计算确定。

（2）负债类各项目和所有者权益类项目，其合并金额根据该项目加总金额，减去该项目抵销分录有关的借方发生额，加上该项目抵销分录有关的贷方发生额计算确定。

（3）有关收入类各项目和有关所有者权益变动各项目，其合并金额根据该项目加总金额，减去该项目抵销分录的借方发生额，加上该项目抵销分录的贷方发生额计算确定。

（4）有关费用类项目，其合并金额根据该项目加总金额，加上该项目抵销分录的借方发生额，减去该项目抵销分录的贷方发生额计算确定。

5. 填列合并财务报表

根据合并工作底稿中计算出的资产、负债、所有者权益、收入、费用类以及现金流量表中各项目的合并金额，填列生成正式的合并财务报表。

## 第二节　股权取得日合并财务报表

股权取得日合并财务报表的编制，应遵循《企业会计准则第 20 号——企业合并》的规定，区别同一控制下的企业合并与非同一控制下的企业合并两种情况分别处理。

### 一、同一控制下的企业合并日合并财务报表的编制

同一控制下的控股合并形成母子公司关系，合并方一般应在合并日编制合并财务报表。编制合并日的合并财务报表一般包括合并资产负债表、合并利润表及合并现金流量表。

1. 合并资产负债表

同一控制下的控股合并，被合并方的有关资产、负债应以其账面价值并入合并财务报表。合并方与被合并方在合并日及以前期间发生的交易，应作为内部交易，按照有关原则进行抵销。

在合并资产负债表中，对于被合并方在企业合并前实现的留存收益（盈余公积和未分配利润之和）中归属于合并方的部分，应按以下原则，自合并方的资本公积转入盈余公积和未分配利润：

（1）如果确认企业合并形成的长期股权投资后，合并方账面资本公积（资本溢价或股本溢价）贷方余额大于被合并方在合并前实现的留存收益中归属于合并方的部分的，在合并资产负债表中，应将被合并方在合并前实现的留存收益中归属于合并方的部分自“资本公积”转入“盈余公积”和“未分配利润”。在合并工作底稿中，借记“资本公积”项目，贷记“盈余公积”和“未分配利润”项目。

（2）如果确认企业合并形成的长期股权投资后，合并方账面资本公积（资本溢价或股本溢价）贷方余额小于被合并方在合并前实现的留存收益中归属于合并方的部分的，在合并资产负债表中，应以合并方资本公积（资本溢价或股本溢价）的贷方余额为限，将被合并方在企业合并前实现的留存收益中归属于合并方的部分自“资本公积”转入“盈余公积”和“未分配利润”。在合并工作底稿中，借记“资本公积”项目，贷记“盈余公积”和“未分配利润”项目。

因合并方的资本公积（资本溢价或股本溢价）余额不足，被合并方在合并前实现的留存收益中归属于合并方的部分在合并资产负债表中未予全额恢复的，合并方应当在财务报表附注中对这一情况进行说明。

**【例 7-1】** 沿用【例 6-1】资料，M 公司在合并日编制合并资产负债表时，对于企业合并前 N 公司实现的留存收益中归属于合并方的部分（1 200 万元）应自资本公积（资本溢价或股本溢价）转入留存收益。本例中 M 公司在确认对 N 公司的长期股权投资以后，其资本公积的账面余额为 2 400 万元（1 000+1 400），假定其中资本溢价或股本溢价的金额为 1 800 万元。

在合并工作底稿中，应编制以下调整分录：

| | 借方 | 贷方 |
|---|---|---|
| 借：资本公积 | 12 000 000 | |
| 贷：盈余公积 | | 4 000 000 |
| 未分配利润 | | 8 000 000 |

在合并工作底稿中，还应编制以下抵销分录：

| | 借方 |
|---|---|
| 借：股本 | 6 000 000 |
| 资本公积 | 2 000 000 |
| 盈余公积 | 4 000 000 |
| 未分配利润 | 8 000 000 |

贷：长期股权投资　　20 000 000

【**例 7-2**】　沿用【例 6-2】资料，M 公司在合并日进行对 N 公司的长期股权投资确认后，M 公司资本公积账面余额为 500 万元（100 +400），假定全部属于资本溢价或股本溢价，小于 N 公司在合并前实现的留存收益中归属于 M 公司的部分。M 公司编制合并财务报表时，应以账面资本公积（资本溢价或股本溢价）的余额为限，将 N 公司在合并前实现的留存收益中归属于 M 公司的部分相应转入盈余公积和未分配利润。

合并工作底稿中的调整分录如下：

借：资本公积　　5 000 000
　贷：盈余公积　　2 500 000
　　　未分配利润　　2 500 000

在合并工作底稿中，还应编制以下抵销分录：

借：股本　　2 000 000
　　资本公积　　2 000 000
　　盈余公积　　3 000 000
　　未分配利润　　3 000 000
　贷：长期股权投资　　10 000 000

2. 合并利润表

合并方在编制合并日的合并利润表时，应包含合并方及被合并方自合并当期期初至合并日实现的净利润。如同一控制下的企业合并发生于 2010 年 3 月 31 日，合并方当日编制合并利润表时，应包括合并方及被合并方自 2010 年 1 月 1 日～2010 年 3 月 31 日实现的净利润。双方在当期发生的交易，应当按照合并财务报表的有关原则进行抵销。

为了帮助企业的会计信息使用者了解合并利润表中净利润的构成，发生同一控制下企业合并的当期，合并方在合并利润表中的“净利润”项下应单列“其中：被合并方在合并前实现的净利润”项目，反映合并当期期初至合并日自被合并方带入的损益。

3. 合并现金流量表

合并方在编制合并日的合并现金流量表时，应包含合并方及被合并方自合并当期期初至合并日产生的现金流量。涉及双方当期发生内部交易产生的现金流量，应按照合并财务报表准则规定的有关原则进行抵销。

4. 比较报表的编制

同一控制下的企业合并，在编制合并当期期末的比较报表时，应视同参与合并各方在最终控制方开始实施控制时即以目前的状态存在。在提供比较报表时，应对前期比较报表进行调整。因企业合并实际发生在当期，以前期间的合并方账面上并不存在对被合并方的长期股权投资，在编制比较报表时，应将被合并方的有关资产、负债并入后，因合并而增加的净资产在比较报表中调整所有者权益项下的资本公积（资本溢价或股本溢价）。

## 二、非同一控制下的企业合并购买日合并财务报表的编制

非同一控制下的控股合并形成母子公司关系，购买方一般应在购买日编制合并财务报表。与同一控制下的控股合并编制的合并财务报表不同，购买日编制的合并财务报表只包括合并资产负债表，不包括合并利润表和合并现金流量表。

在合并资产负债表中，企业合并中取得的被购买方各项可辨认资产、负债应以其在购买日的公允价值计量，长期股权投资的成本大于合并中取得的被购买方可辨认净资产公允价值份额的差额，体现为合并财务报表中的商誉；长期股权投资的成本小于合并中取得的被购买方可辨认净资产公允价值份额的差额，企业合并准则中规定应计入合并当期损益，因购买日不需要编制合并利润表，该项差额体现在合并资产负债表上，应调整合并资产负债表的盈余公积和未分配利润。

需要强调的是，非同一控制下的企业合并中，作为购买方的母公司在进行有关会计处理后，应单独设置备查簿，记录其在购买日取得的被购买方各项可辨认资产、负债的公允价值以及因企业合并成本大于合并中取得的被购买方可辨认净资产公允价值的份额应确认的商誉金额，或因企业合并成本小于合并中取得的被购买方可辨认净资产公允价值的份额计入当期损益的金额，作为企业合并当期以及以后期间编制合并财务报表的基础。企业合并当期期末以及合并以后期间，应当纳入合并财务报表中的被购买方资产、负债等，是以购买日确定的公允价值为基础持续计算的结果。

**【例 7-3】** 沿用【例 6-4】资料，M 公司编制购买日的合并资产负债表如下：

（1）计算确定商誉。

假定 N 公司除已确认资产外，不存在其他需要确认的资产及负债，M 公司首先计算合并中应确认的合并商誉：

合并商誉=企业合并成本–合并中取得被购买方可辨认净资产的公允价值份额

=3 500–4 340×70%=462（万元）

（2）编制调整分录。

借：存货　　780 000

　　长期股权投资　　6 600 000

　　固定资产　　10 000 000

　　无形资产　　4 000 000

　　贷：资本公积　　21 380 000

（3）编制抵销分录。

借：实收资本　10 000 000
　　资本公积（6 000 000+21 380 000）　27 380 000
　　盈余公积　2 000 000
　　未分配利润　4 020 000
　　商誉　4 620 000
　　贷：长期股权投资　35 000 000
　　　　少数股东权益（43 400 000×30%）　13 020 000

（4）编制购买日合并资产负债表。如表 7-1 所示。

**表 7-1　合并资产负债表（简表）**

2010 年 6 月 30 日　　单位：元

| 项　目 | M 公司 | N 公司 | 调整、抵销分录 | | 合 并 金 额 |
|---|---|---|---|---|---|
| | | | 借　方 | 贷　方 | |
| 资产： | | | | | |
| 货币资金 | 17 250 000 | 1 800 000 | | | 19 050 000 |
| 应收账款 | 12 000 000 | 8 000 000 | | | 20 000 000 |
| 存货 | 24 800 000 | 1 020 000 | 780 000 | | 26 600 000 |
| 长期股权投资 | 55 000 000 | 8 600 000 | 6 600 000 | 35 000 000 | 35 200 000 |
| 固定资产 | 28 000 000 | 12 000 000 | 10 000 000 | | 50 000 000 |
| 无形资产 | 18 000 000 | 2 000 000 | 4 000 000 | | 24 000 000 |
| 商誉 | | | 4 620 000 | | 4 620 000 |
| 资产总额 | 155 050 000 | 33 420 000 | | | 179 470 000 |
| 负债和所有者权益： | | | | | |
| 短期借款 | 10 000 000 | 9 000 000 | | | 19 000 000 |
| 应付账款 | 15 000 000 | 1 200 000 | | | 16 200 000 |
| 其他负债 | 1 500 000 | 1 200 000 | | | 2 700 000 |
| 负债合计 | 26 500 000 | 11 400 000 | | | 37 900 000 |
| 实收资本（股本） | 40 000 000 | 10 000 000 | 10 000 000 | | 40 000 000 |
| 资本公积 | 45 000 000 | 6 000 000 | 27 380 000 | 21 380 000 | 45 000 000 |
| 盈余公积 | 20 000 000 | 2 000 000 | 2 000 000 | | 20 000 000 |
| 未分配利润 | 23 550 000 | 4 020 000 | 4 020 000 | | 23 550 000 |
| 少数股东权益 | | | | 13 020 000 | 13 020 000 |
| 所有者权益合计 | 128 550 000 | 22 020 000 | | | 141 570 000 |
| 负债和所有者权益合计 | 155 050 000 | 33 420 000 | | | 179 470 000 |

## 第三节 股权取得日后合并资产负债表

合并资产负债表是指反映企业集团在某一特定日期财务状况的财务报表，由合并资产、负债和所有者权益各项目组成。

### 一、对子公司的个别财务报表进行调整

在编制合并财务报表时，首先应对各子公司进行分类，分为同一控制下企业合并中取得的子公司和非同一控制下企业合并中取得的子公司两类。

1. 属于同一控制下企业合并中取得的子公司

对于属于同一控制下企业合并中取得的子公司的个别财务报表，如果不存在与母公司会计政策和会计期间不一致的情况，则不需要对该子公司的个别财务报表进行调整，即不需要将该子公司的个别财务报表调整为公允价值反映的财务报表，只需要抵销内部交易对合并财务报表的影响即可。

2. 属于非同一控制下企业合并中取得的子公司

对于属于非同一控制下企业合并中取得的子公司，除了存在与母公司会计政策和会计期间不一致的情况，需要对该子公司的个别财务报表进行调整外，还应当根据母公司为该子公司设置的备查簿的记录，以记录的该子公司的各项可辨认资产、负债及或有负债等在购买日的公允价值为基础，通过编制调整分录，对该子公司的个别财务报表进行调整，以使子公司的个别财务报表反映为在购买日公允价值基础上确定的可辨认资产、负债及或有负债在本期资产负债表日的金额。

有关对属于非同一控制下企业合并中取得的子公司的可辨认资产、负债及或有负债的金额的调整，见【例 7-3】的相关内容。

### 二、按权益法调整对子公司的长期股权投资

合并报表准则规定，合并财务报表应当以母公司和其子公司的财务报表为基础，根据其他有关资料，按照权益法调整对子公司的长期股权投资后，由母公司编制。

在合并工作底稿中，按权益法调整对子公司的长期股权投资时，应按照《企业会计准则第 2 号——长期股权投资》所规定的权益法进行调整。

合并报表准则也允许企业直接在对子公司的长期股权投资采用成本法核算的基础上编制合并财务报表，但是所生成的合并财务报表应当符合合并报表准则的相关规定。

**【例 7-4】** 如图 7-1 所示，假设M公司能够控制N公司，N公司为股份有限公司。

2010 年 1 月 1 日，M公司用银行存款 3 000 万元购得N公司 80%的股份（假定M公司与N公司的企业合并不属于同一控制下的企业合并）。M公司备查簿中记

录的N公司在2010年1月1日可辨认资产、负债及或有负债的公允价值的资料如表7-2所示。

**表7-2　M公司备查簿**

2010年1月1日　　　　单位：万元

| 项　　目 | 账面价值 | 公允价值 | 公允价值与账面价值的差额 | 合并报表调整 | 余　　额 | 备　　注 |
|---|---|---|---|---|---|---|
| N公司： | | | | | | |
| 流动资产 | 3 800 | 3 800 | 0 | | | |
| 固定资产 | 1 900 | 2 000 | 100 | | | |
| 其中：固定资产——A办公楼 | 600 | 700 | 100 | （1）5 | 695 | 该栋办公楼的剩余折旧年限为20年，采用年限平均法计提折旧 |
| 资产总计 | 5 700 | 5 800 | 100 | | | |
| 流动负债 | 1 300 | 1 300 | | | | |
| 非流动负债 | 900 | 900 | | | | |
| 负债总计 | 2 200 | 2 200 | | | | |
| 股本 | 2 000 | 2 000 | | | | |
| 资本公积 | 1 500 | 1 600 | 100 | | | |
| 盈余公积 | 0 | 0 | | | | |
| 未分配利润 | 0 | 0 | | | | |
| 股东权益总计 | 3 500 | 3 600 | 100 | | | |
| 负债和股东权益总计 | 5 700 | 5 800 | 100 | | | |

2010年1月1日，N公司股东权益总额为3 500万元，其中股本为2 000万元，资本公积为1 500万元，盈余公积为0元，未分配利润为0元。

2010年12月31日，M公司个别资产负债表中对N公司的长期股权投资的金额为3 000万元，拥有N公司80%的股份。M公司在个别资产负债表中采用成本法核算该项长期股权投资。

2010年，N公司实现净利润1 000万元，提取法定公积金100万元，向M公司分派现金股利480万元，向其他股东分派现金股利120万元，未分配利润为300万元。N公司因持有的可供出售的金融资产的公允价值变动计入当期资本公积的金额为100万元。

2010年12月31日，N公司股东权益总额为4 000万元，其中股本为2 000万元，资本公积为1 600万元，盈余公积为100万元，未分配利润为300万元。

M公司与N公司个别资产负债表分别如表7-3和表7-4所示。

表 7-3 资产负债表（简表）

会企 01 表

编制单位：M 公司　　2010 年 12 月 31 日　　单位：万元

| 资　产 | 期末余额 | 年初余额 | 负债和所有者权益（或股东权益） | 期末余额 | 年初余额 |
|---|---|---|---|---|---|
| 流动资产： | | | 流动负债： | | |
| 货币资金 | 1 000 | 3 000 | 应付票据 | 1 000 | 1 000 |
| 应收票据 | 1 400 | 1 000 | 应付账款 | 3 000 | 2 000 |
| 其中：应收 N 公司票据 | 400 | | 预收款项 | 200 | 300 |
| 应收账款 | 1 800 | 1 300 | 其中：预收 N 公司账款 | 100 | |
| 其中：应收 N 公司账款 | 475 | | 应付职工薪酬 | 1 000 | 2 100 |
| 预付款项 | 770 | | 应交税费 | 800 | 1 000 |
| 存货 | 1 000 | 3 800 | 流动负债合计 | 6 000 | 6 400 |
| 其中：向 N 公司购入存货 | 1 000 | | 非流动负债： | | |
| 流动资产合计 | 5 970 | 9 100 | 长期借款 | 2 000 | 2 000 |
| 非流动资产： | | | 应付债券 | 600 | 600 |
| 持有至到期投资 | 200 | 200 | 非流动负债合计 | 2 600 | 2 600 |
| 其中：持有 N 公司债券 | 200 | 200 | 负债合计 | 8 600 | 9 000 |
| 长期股权投资 | 4 700 | 1 700 | 所有者权益（或股东权益）： | | |
| 其中：对 N 公司投资 | 3 000 | | 实收资本（或股本） | 4 000 | 4 000 |
| 固定资产 | 4 100 | 3 300 | 资本公积 | 800 | 800 |
| 其中：向 N 公司购入固定资产 | 200 | | 盈余公积 | 1 000 | 732 |
| 无形资产 | 630 | 700 | 未分配利润 | 1 200 | 468 |
| 非流动资产合计 | 9 630 | 5 900 | 所有者权益合计 | 7 000 | 6 000 |
| 资产总计 | 15 600 | 15 000 | 负债和所有者权益总计 | 15 600 | 15 000 |

表 7-4 资产负债表（简表）

会企 01 表

编制单位：N 公司　　2010 年 12 月 31 日　　单位：万元

| 资　产 | 期末余额 | 年初余额 | 负债和股东权益 | 期末余额 | 年初余额 |
|---|---|---|---|---|---|
| 流动资产： | | | 流动负债： | | |
| 货币资金 | 500 | 300 | 应付票据 | 400 | 300 |
| 应收票据 | 300 | 100 | 其中：应付票据——M 公司 | 400 | |
| 应收账款 | 760 | 600 | 应付账款 | 500 | 600 |
| 预付款项 | 400 | | 其中：应付 M 公司账款 | 500 | |

（续）

| 资　产 | 期末余额 | 年初余额 | 负债和股东权益 | 期末余额 | 年初余额 |
|---|---|---|---|---|---|
| 其中：预付 M 公司账款 | 100 | | 预收款项 | | 50 |
| 存货 | 1 100 | 2 900 | 应付职工薪酬 | 100 | 350 |
| 流动资产合计 | 3 060 | 3 900 | 应交税费 | 60 | 200 |
| 非流动资产： | | | 流动负债合计 | 1 060 | 1 500 |
| 可供出售金融资产 | 800 | 700 | 非流动负债： | | |
| 持有至到期投资 | | | 长期借款 | 700 | 700 |
| 长期股权投资 | | | 应付债券 | 200 | 200 |
| 固定资产 | 2 100 | 1 300 | 其中：应付债券——M 公司 | 200 | 200 |
| 其中：向 M 公司购入固定资产 | 108 | | 非流动负债合计 | 900 | 900 |
| 无形资产 | | | 负债合计 | 1 960 | 2 400 |
| 非流动资产合计 | 2 900 | 2 000 | 股东权益： | | |
| | | | 股本 | 2 000 | 2 000 |
| | | | 资本公积 | 1 600 | 1 500 |
| | | | 其中：可供出售金融资产公允价值变动 | 100 | |
| | | | 盈余公积 | 100 | 0 |
| | | | 未分配利润 | 300 | 0 |
| | | | 股东权益合计 | 4 000 | 3 500 |
| 资产总计 | 5 960 | 5 900 | 负债和股东权益总计 | 5 960 | 5 900 |

假定 N 公司的会计政策和会计期间与 M 公司一致，不考虑 M 公司和 N 公司及合并资产、负债的所得税影响。

《企业会计准则第 2 号—— 长期股权投资》规定，投资企业在确认应享有被投资单位净损益的份额时，应当以取得投资时被投资单位各项可辨认资产等的公允价值为基础，对被投资单位的净利润进行调整后确认。在本例中，M 公司在编制合并财务报表时，应当首先根据 M 公司的备查簿中记录的 N 公司可辨认资产、负债在购买日（2010 年 1 月 1 日）的公允价值的资料（见表 7-2），调整 N 公司的净利润。按照 M 公司备查簿中的记录，在购买日，N 公司可辨认资产、负债及或有负债的公允价值与账面价值存在的差异仅有一项，即 A 办公楼，公允价值高于账面价值的差额为 100 万元（700–600），按年限平均法每年应补计提的折旧额为 5 万元（100÷20）。假定 A 办公楼用于 N 公司的总部管理。在合并工作底稿（见表 7-5）中应作的调整分录如下（单位：万元）：

**表 7-5　合并工作底稿**

2010 年

单位：万元

| 项　目 | M公司 | | | N公司 | | | 合计金额 | 抵销分录 | | 少数股东权益 | 合并金额 |
|---|---|---|---|---|---|---|---|---|---|---|---|
| | 报表金额 | 借　方 | 贷　方 | 报表金额 | 借　方 | 贷　方 | | 借　方 | 贷　方 | | |
| **（利润表项目）** | | | | | | | | | | | |
| 营业收入 | 8 700 | | | 6 300 | | | 15 000 | （11）1 000<br>（13）300<br>（17）3 500 | | | 10 200 |
| 营业成本 | 4 450 | | | 4 570 | | | 9 020 | （12）200 | （11）1 000<br>（13）270<br>（17）3 500 | | 4 450 |
| 营业税金及附加 | 300 | | | 125 | | | 425 | | | | 425 |
| 销售费用 | 15 | | | 10 | | | 25 | | | | 25 |
| 管理费用 | 100 | | | 12 | （1）5 | | 117 | （16）1 | （14）10 | | 108 |
| 财务费用 | 300 | | | 90 | | | 390 | | （18）20 | | 370 |
| 资产减值损失 | 25 | | | | | | 25 | | （7）25 | | 0 |
| 投资收益 | 500 | （3）480 | （2）627.20 | | | | 647.20 | （18）20<br>（19）627.20 | | | 0 |
| 营业利润 | 4 010 | 480 | 627.20 | 1 493 | 5 | | 5 645.20 | 5 648.20 | 4 825 | | 4 822 |
| 营业外支出 | 10 | | | | | | 10 | | （15）10 | | 0 |
| 利润总额 | 4 000 | 480 | 627.20 | 1 493 | 5 | | 5 635.20 | 5 648.20 | 4 835 | | 4 822 |
| 所得税费用 | 1 320 | | | 493 | | | 1 813 | | | | 1 813 |
| 净利润 | **2 680** | **480** | **627.20** | **1 000** | **5** | | **3 822.20** | **5 648.20** | **4 835** | | **3 009** |
| 少数股东损益 | | | | | | | | | | （19）156.80 | 156.80 |
| 归属于母公司所有者的净利润 | | | | | | | | | | | 2 852.20 |
| **（所有者权益变动表项目）** | | | | | | | | | | | |
| 未分配利润——年初 | 468 | | | 0 | | | 468 | （19）0 | | | 468 |
| 利润分配 | 1 948 | | | 700 | | | 2 468 | | （19）100<br>（19）600 | | 1 948 |
| 未分配利润——年末 | **1 200** | **480** | **627.20** | **300** | **5** | | **1 642.20** | （5）84<br>**5 732.20** | （19）84<br>**5 619** | **156.80** | **1 372.20** |

（续）

| 项 目 | M公司 | | | N公司 | | | 合计金额 | 抵销分录 | | 少数股东权益 | 合并金额 |
|---|---|---|---|---|---|---|---|---|---|---|---|
| | 报表金额 | 借 方 | 贷 方 | 报表金额 | 借 方 | 贷 方 | | 借 方 | 贷 方 | | |
| **（所有者权益变动表项目）** | | | | | | | | | | | |
| 归属于少数股东的未分配利润——年初 | | | | | | | | | | 0 | 0 |
| 少数股东损益 | | | | | | | | | | 156.80 | 156.80 |
| 对少数股东的利润分配 | | | | | | | | | | 120 | 120 |
| 归属于少数股东的未分配利润——年末 | | | | | | | | | | 36.80 | 36.80 |
| 资本公积——年初 | 800 | | | 1 500 | | 100 | 2 400 | （5）1 600 | | | 800 |
| 可供出售金融资产公允价值变动净额 | | | | 100 | | | 100 | （5）100 | （25）80 | | 80 |
| 权益法下被投资单位其他所有者权益变动的影响 | | | （4）80 | | | | 80 | （25）80 | | | 0 |
| 资本公积——年末 | 800 | | 80 | 1 600 | | 100 | 2 580 | 1 700 | | | 880 |
| 盈余公积——年初 | 732 | | | 0 | | | 732 | （19）0 | | | 732 |
| 提取盈余公积 | 268 | | | 100 | | | 368 | | （19）100 | | 268 |
| 盈余公积——年末 | 1 000 | | | 100 | | | 1 100 | 0 | 100 | | 1000 |
| **（资产负债表项目）** | | | | | | | | | | | |
| 流动资产： | | | | | | | | | | | |
| 货币资金 | 1 000 | | | 500 | | | 1 500 | | | | 1 500 |
| 应收票据 | 1 400 | | | 300 | | | 1 700 | | （9）400 | | 1 300 |
| 其中：应收N公司票据 | 400 | | | | | | 400 | | （9）400 | | 0 |
| 应收账款 | 1 800 | | | 760 | | | 2 560 | （7）25 | （6）500 | | 2 085 |
| 其中：应收N公司账款 | 475 | | | | | | 475 | （7）25 | （6）500 | | 0 |
| 预付款项 | 770 | | | 400 | | | 1 170 | | （8）100 | | 1 070 |
| 其中：预付M公司账款 | | | | 100 | | | 100 | | （8）100 | | 0 |
| 存货 | 1 000 | | | 1 100 | | | 2 100 | | （12）200 | | 1 900 |

（续）

| 项　目 | M公司 | | | N公司 | | | 合计金额 | 抵销分录 | | 少数股东权益 | 合并金额 |
|---|---|---|---|---|---|---|---|---|---|---|---|
| | 报表金额 | 借　方 | 贷　方 | 报表金额 | 借　方 | 贷　方 | | 借　方 | 贷　方 | | |
| **（资产负债表项目）** | | | | | | | | | | | |
| 其中：向 N 公司购入存货 | 1 000 | | | | | | 1 000 | | （12）200 | | 800 |
| 流动资产合计 | **5 970** | | | **3 060** | | | **9 030** | **25** | **1 200** | | **7 855** |
| 非流动资产： | | | | | | | | | | | |
| 可供出售金融资产 | | | | 800 | | | 800 | | | | 800 |
| 持有至到期投资 | 200 | | | | | | 200 | | （10）200 | | 0 |
| 其中：持有 N 公司债券 | 200 | | | | | | 200 | | （10）200 | | 0 |
| 长期股权投资 | 4 700 | （2）627.20<br>（4）80 | （3）480 | | | | 4 927.20 | | （5）3 227.20 | | 1 700 |
| 其中：对 N 公司投资 | 3 000 | （2）627.20<br>（4）80 | （3）480 | | | | 3 227.20 | | （5）3 227.20 | | 0 |
| 固定资产 | 4 100 | | | 2 100 | （1）100 | （1）5 | 6 295 | （14）10<br>（15）10 | （13）30<br>（16）1 | | 6 284 |
| 其中：N 公司——A 办公楼 | | | | 570 | （1）100 | （1）5 | 665 | | | | 665 |
| 向 N 公司购入固定资产 | 200 | | | | | | 200 | （14）10 | （13）30 | | 180 |
| 向 M 公司购入固定资产 | | | | 108 | | | 108 | （15）10 | （16）1 | | 117 |
| 无形资产 | 630 | | | | | | 630 | | | | 630 |
| 商誉 | | | | | | | | （5）120 | | | 120 |
| 非流动资产合计 | **9 630** | **707.20** | **480** | **2 900** | **100** | **5** | **12 852.20** | **140** | **3 458.20** | | **9 534** |
| 资产总计 | **15 600** | **707.20** | **480** | **5 960** | **100** | **5** | **21 882.20** | **165** | **4 658.20** | | **17 389** |
| 流动负债： | | | | | | | | | | | |
| 应付票据 | 1 000 | | | 400 | | | 1 400 | （9）400 | | | 1 000 |
| 其中：应付票据——M 公司 | | | | 400 | | | 400 | （9）400 | | | 0 |
| 应付账款 | 3 000 | | | 500 | | | 3 500 | （6）500 | | | 3 000 |

（续）

| 项 目 | M公司 | | | N公司 | | | 合计金额 | 抵销分录 | | 少数股东权益 | 合并金额 |
|---|---|---|---|---|---|---|---|---|---|---|---|
| | 报表金额 | 借 方 | 贷 方 | 报表金额 | 借 方 | 贷 方 | | 借 方 | 贷 方 | | |
| **（资产负债表项目）** | | | | | | | | | | | |
| 其中：应付M公司账款 | | | | 500 | | | 500 | （6）500 | | | 0 |
| 预收款项 | 200 | | | | | | 200 | （8）100 | | | 100 |
| 其中：预收N公司账款 | 100 | | | | | | 100 | （8）100 | | | 0 |
| 应付职工薪酬 | 1 000 | | | 100 | | | 1 100 | | | | 1 100 |
| 应交税费 | 800 | | | 60 | | | 860 | | | | 860 |
| 流动负债合计 | **6 000** | | | **1 060** | | | **7 060** | **1 000** | | | **6 060** |
| 非流动负债： | | | | | | | | | | | |
| 长期借款 | 2 000 | | | 700 | | | 2 700 | | | | 2 700 |
| 应付债券 | 600 | | | 200 | | | 800 | （10）200 | | | 600 |
| 其中：应付债券——M公司 | | | | 200 | | | 200 | （10）200 | | | 0 |
| 非流动负债合计 | **2 600** | | | **900** | | | **3 500** | **200** | | | **3 300** |
| 负债合计 | **8 600** | | | **1 960** | | | **10 560** | **1 200** | | | **9 360** |
| 所有者权益（或股东权益）： | | | | | | | | | | | |
| 实收资本（或股本） | 4 000 | | | 2 000 | | | 6 000 | （5）2 000 | | | 4 000 |
| 资本公积 | 800 | | （4）80 | 1 600 | | （1）100 | 2 580 | （5）1 700 | | | 880 |
| 其中：可供出售金融资产公允价值变动 | | | | 100 | | | 100 | 100 | | | 0 |
| 盈余公积 | 1 000 | | | 100 | | | 1 100 | （5）100 | | | 1 000 |

（续）

| 项　目 | M公司 | | | N公司 | | | 合计金额 | 抵销分录 | | 少数股东权益 | 合并金额 |
|---|---|---|---|---|---|---|---|---|---|---|---|
| | 报表金额 | 借　方 | 贷　方 | 报表金额 | 借　方 | 贷　方 | | 借　方 | 贷　方 | | |
| （资产负债表项目） | | | | | | | | | | | |
| 未分配利润 | 1 200 | （3）480 | （2）627.20 | 300 | （1）5 | | 1 642.20 | （5）84<br>（11）1 000<br>（13）300<br>（17）3 500<br>（12）200<br>（16）1<br>（18）20<br>（19）627.20<br>（19）0<br>5 732.20 | （11）1 000<br>（13）270<br>（17）3 500<br>（14）10<br>（18）20<br>（7）25<br>（15）10<br>（19）100<br>（19）600<br>（19）84<br>5 619 | （19）156.80 | 1 372.20 |
| 少数股东权益 | | | | | | | | | | （5）776.80 | 776.80 |
| 所有者权益合计 | **7 000** | **480** | **707.20** | **4 000** | **5** | **100** | **11 322.20** | **9 532.20** | **5 619** | 620 | **8 029** |
| 负债和所有者权益总计 | **15 600** | **480** | **707.20** | **5 960** | **5** | **100** | **21 882.20** | **10 732.20** | **5 619** | **620** | **17 389** |
| （现金流量表项目） | | | | | | | | | | | |
| 经营活动产生的现金流量： | | | | | | | | | | | |
| 销售商品、提供劳务收到的现金 | 7 675 | | | 5 990 | | | 13 665 | | （22）3 600<br>（23）300 | | 9 765 |
| 收到其他与经营活动有关的现金 | | | | | | | | | | | |
| 经营活动现金流入小计 | **7 675** | | | **5 990** | | | **13 665** | | **3 900** | | **9 765** |
| 购买商品、接受劳务支付的现金 | 1 420 | | | 3 270 | | | 4 690 | （22）3 600 | | | 1 090 |
| 支付给职工以及为职工支付现金 | 1 100 | | | 250 | | | 1 350 | | | | 1 350 |
| 支付的各项税费 | 1 820 | | | 758 | | | 2 578 | | | | 2 578 |
| 支付其他与经营流动有关的现金 | 45 | | | 22 | | | 67 | | | | 67 |
| 经营活动现金流出小计 | **4 385** | | | **4 300** | | | **8 685** | **3 600** | | | **5 085** |

（续）

| 项　目 | M公司 | | | N公司 | | | 合计金额 | 抵销分录 | | 少数股东权益 | 合并金额 |
|---|---|---|---|---|---|---|---|---|---|---|---|
| | 报表金额 | 借　方 | 贷　方 | 报表金额 | 借　方 | 贷　方 | | 借　方 | 贷　方 | | |
| （现金流量表项目） | | | | | | | | | | | |
| 经营活动产生的现金流量净额 | **3 290** | | | **1 690** | | | **4 980** | **3 600** | **3 900** | | **4 680** |
| 投资活动产生的现金流量： | | | | | | | | | | | |
| 收回投资收到的现金 | | | | | | | | | | | |
| 取得投资收益收到的现金 | 500 | | | | | | 500 | | （21）500 | | 0 |
| 处置固定资产、无形资产和其他长期资产收回的现金净额 | 120 | | | | | | 120 | | （24）120 | | 0 |
| 处置子公司及其他营业单位收到的现金净额 | | | | | | | | | | | |
| 收到其他与投资活动有关的现金 | | | | | | | | | | | |
| 投资活动现金流入小计 | **620** | | | | | | **620** | | **620** | | **0** |
| 购建固定资产、无形资产和其他长期资产支付的现金 | 930 | | | 800 | | | 1 730 | （23）300<br>（24）120 | | | 1 310 |
| 投资支付的现金 | | | | | | | | | | | |
| 取得子公司及其他营业单位支付的现金净额 | 3 000 | | | | | | 3 000 | （20）300 | | | 2 700 |
| 支付其他与投资活动有关的现金 | | | | | | | | | | | |
| 投资活动现金流出小计 | **3 930** | | | **800** | | | **4 730** | **720** | | | **4 010** |

（续）

| 项　目 | M公司 | | | N公司 | | | 合计金额 | 抵销分录 | | 少数股东权益 | 合并金额 |
|---|---|---|---|---|---|---|---|---|---|---|---|
| | 报表金额 | 借　方 | 贷　方 | 报表金额 | 借　方 | 贷　方 | | 借　方 | 贷　方 | | |
| （现金流量表项目） | | | | | | | | | | | |
| 投资活动产生的现金流量净额 | **-3 310** | | | **-800** | | | **-4 110** | **720** | **620** | | **-4 010** |
| 筹资活动产生的现金流量： | | | | | | | | | | | |
| 吸收投资收到的现金 | | | | | | | | | | | |
| 取得借款收到的现金 | | | | | | | | | | | |
| 收到其他与筹资活动有关的现金 | | | | | | | | | | | |
| 筹资活动现金流入小计 | | | | | | | | | | | |
| 偿还债务支付的现金 | | | | | | | | | | | |
| 分配股利、利润或偿付利息支付的现金 | 1 980 | | | 690 | | | 2 670 | （21）500 | | | 2 170 |
| 其中：子公司支付给少数股东的股利、利润 | | | | 120 | | | | | | | 120 |
| 支付其他与筹资活动有关的现金 | | | | | | | | | | | |
| 筹资活动现金流出小计 | **1 980** | | | **690** | | | **2 670** | **500** | | | **2 170** |
| 筹资活动产生的现金流量净额 | **-1 980** | | | **-690** | | | **-2 670** | **500** | | | **-2 170** |
| 现金及现金等价物净增加额 | -2 000 | | | 200 | | | -1 800 | 4 820 | 4 520 | | -1 500 |
| 年初现金及现金等价物余额 | 3 000 | | | 300 | | | 3 300 | | （20）300 | | 3 000 |
| 年末现金及现金等价物余额 | 1 000 | | | 500 | | | 1 500 | | | | 1 500 |

（1）借：固定资产—— 原价 100
　　贷：资本公积 100
　借：管理费用 5
　　贷：固定资产—— 累计折旧 5

（2）据此，以 N 公司 2010 年 1 月 1 日各项可辨认资产等的公允价值为基础，抵销未实现内部销售损益后，结合【例 7-8】、【例 7-9】、【例 7-10】重新确定的 N 公司 2010 年的净利润为 784 万元{1 000–（1 000–800）–[（300–270）+10]+[（130–120）–1] –5}。

在本例中，2010 年 12 月 31 日，M 公司对 N 公司的长期股权投资的账面余额为 3 000 万元（假定未发生减值）。确认 M 公司在 2010 年 N 公司实现净利润 784 万元中所享有的份额 627.20 万元（784×80%）。根据合并报表准则的规定，在合并工作底稿中将对 N 公司的长期股权投资由成本法调整为权益法。有关调整分录如下：

借：长期股权投资——N 公司 627.20
　贷：投资收益——N 公司 627.20

（3）确认 M 公司收到 N 公司 2010 年分派的现金股利，同时抵销原按成本法确认的投资收益 480 万元。

借：投资收益——N 公司 480
　贷：长期股权投资——N 公司 480

（4）确认 M 公司在 2010 年 N 公司除净损益以外所有者权益的其他变动中所享有的份额 80 万元（资本公积的增加额 100×80%）。

借：长期股权投资——N 公司 80
　贷：资本公积——其他资本公积——N 公司 80

需注意的是，在连续编制 2011 年合并财务报表时，应作如下调整分录：

借：固定资产——原价 100
　贷：资本公积 100
借：未分配利润——年初 5
　贷：固定资产——累计折旧 5
借：长期股权投资——N 公司（627.20–480+80） 227.20
　贷：未分配利润——年初 147.20
　　资本公积——其他资本公积——N 公司 80

注：

1）在本章，为方便理解合并财务报表的编制，统一以“万元”为单位。在实务中，合并财务报表应当以“元”为单位列报。

2）为了便于说明合并所有者权益变动表的编制，本章特假定 N 公司 2010 年即进行了现金股利分配。

## 三、编制合并资产负债表时应进行抵销处理的项目

合并资产负债表是以母公司和子公司的个别资产负债表为基础编制的。个别资产负债表则是以单个企业为会计主体进行会计核算的结果，它从母公司本身或从子公司本身的角度对自身的财务状况进行反映。这样，对于内部交易，从发生内部交易的企业来看，发生交易的各方都在其个别资产负债表中进行了反映。如企业集团母公司与子公司之间发生的赊购赊销业务，对于赊销企业来说，需确认营业收入、结转营业成本、计算营业利润，并在其个别资产负债表中反映为应收账款；而对于赊购企业来说，在内部购入的存货未实现对外销售的情况下，则在其个别资产负债表中反映为存货和应付账款。在这种情况下，资产、负债和所有者权益类各项目的加总金额中，必然包含有重复计算的因素。作为反映企业集团整体财务状况的合并资产负债表，必须将这些重复计算的因素予以扣除，对这些重复的因素进行抵销处理。这些需要扣除的重复因素，就是合并财务报表编制时需要进行抵销处理的项目。

编制合并资产负债表时需要进行抵销处理的，主要有如下项目：

### （一）母公司长期股权投资与子公司所有者权益的抵销处理

母公司对子公司进行的长期股权投资，一方面反映为长期股权投资以外的其他资产的减少，另一方面反映为长期股权投资的增加，在母公司个别资产负债表中作为资产类项目中的长期股权投资列示。子公司在接受这一投资时，一方面增加资产，另一方面作为实收资本（或股本，下同）处理，在其个别资产负债表中一方面反映为实收资本的增加，另一方面反映为相对应的资产的增加。从企业集团整体来看，母公司对子公司进行的长期股权投资实际上相当于母公司将资本拨付下属核算单位，并不引起整个企业集团的资产、负债和所有者权益的增减变动。因此，在编制合并财务报表时，应当在母公司与子公司财务报表数据简单相加的基础上，将母公司对子公司长期股权投资项目与子公司所有者权益项目予以抵销。

子公司所有者权益中不属于母公司的份额，即子公司所有者权益中抵销母公司所享有的份额后的余额，在合并财务报表中作为“少数股东权益”处理。在合并资产负债表中，“少数股东权益”项目应当在“所有者权益”项目下单独列示。

**【例 7-5】** 沿用【例 7-4】资料，2010 年 12 月 31 日 M 公司对 N 公司长期股权投资经调整后的金额为 3 227.20 万元（投资成本 3 000 万元+权益法调整增加的长期股权投资 227.20 万元），2010 年 12 月 31 日 N 公司经调整的股东权益总额为 3 884 万元[（股东权益账面余额 4 000 万元+A 办公楼购买日公允价值高于账面价值的差额 100 万元–调整前未分配利润 300 万元+（调整后净利润 784 万元–分配的现金股利 600 万元–按调整前净利润计提的盈余公积 100 万元）]。

商誉=M 公司购买日（2010 年 1 月 1 日）支付的企业合并成本 3 000 万元–（N 公司 2010 年 1 月 1 日的所有者权益总额 3 500 万元+N 公司固定资产公允价值增加额 100 万元）×80%=120 万元。

至于 N 公司股东权益中 20%的部分 776.80 万元，即 2010 年 12 月 31 日 N 公

司经调整的股东权益总额 3 884 万元×20%，则属于少数股东权益，在抵销处理时应作为少数股东权益处理。其抵销分录如下：

| | | |
|---|---|---|
| （5）借：股本 | 2 000 | |
| 资本公积——年初 | 1 600 | |
| ——本年 | 100 | |
| 盈余公积——年初 | 0 | |
| ——本年 | 100 | |
| 未分配利润——年末 | 84 | |
| 商誉 | 120 | |
| 贷：长期股权投资 | | 3 227.20 |
| 少数股东权益 | | 776.80 |

其合并工作底稿如表 7-5 所示。

合并报表准则规定，子公司持有母公司的长期股权投资、子公司相互之间持有的长期股权投资，也应当比照上述母公司对子公司的股权投资的抵销方法进行抵销处理。

### （二）内部债权与债务的抵销处理

母公司与子公司、子公司相互之间的债权和债务项目，是指母公司与子公司、子公司相互之间因销售商品、提供劳务以及发生结算业务等原因产生的应收账款与应付账款、应收票据与应付票据、预付账款与预收账款、其他应收款与其他应付款、持有至到期投资与应付债券等项目。发生在母公司与子公司、子公司相互之间的这些项目，企业集团内部企业的一方在其个别资产负债表中反映为资产，而另一方则在其个别资产负债表中反映为负债。但从企业集团整体角度来看，它只是内部资金运动，既不能增加企业集团的资产，也不能增加负债。为此，为了消除个别资产负债表直接加总中的重复计算因素，在编制合并财务报表时应当将内部债权债务项目予以抵销。

*1．应收账款与应付账款的抵销处理*

（1）初次编制合并财务报表时应收账款与应付账款的抵销处理。在应收账款计提坏账准备的情况下，某一会计期间坏账准备的金额是以当期应收账款为基础计提的。在编制合并财务报表时，随着内部应收账款的抵销，与此相联系也须将内部应收账款计提的坏账准备予以抵销。内部应收账款在抵销时，其抵销分录为，借记“应付账款”项目，贷记“应收账款”项目；内部应收账款计提的坏账准备在抵销时，其抵销分录为，借记“应收账款——坏账准备”项目，贷记“资产减值损失”项目。

**【例 7-6】** 沿用【例 7-4】资料，M 公司 2010 年的个别资产负债表（见表 7-3）中应收账款 475 万元为 2010 年向 N 公司销售商品发生的应收销货款的账面价值，M 公司对该笔应收账款计提的坏账准备为 25 万元。N 公司 2010 年个别资产负债表（见表 7-4）中应付账款 500 万元系 2010 年向 M 公司购进商品时发生的应付购货款。

在编制合并财务报表时，应将内部应收账款与应付账款相互抵销；同时还应将内部应收账款计提的坏账准备予以抵销。其抵销分录如下：

（6）借：应付账款　　500

　　贷：应收账款　　500

（7）借：应收账款——坏账准备　　25

　　贷：资产减值损失　　25

其合并工作底稿如表 7-5 所示。

（2）连续编制合并财务报表时内部应收账款坏账准备的抵销处理。从合并财务报表来讲，内部应收账款计提的坏账准备的抵销是与抵销当期资产减值损失相对应的，上期抵销的坏账准备的金额，即上期资产减值损失抵减的金额，最终将影响到本期合并所有者权益变动表中的期初未分配利润金额的增加。由于利润表和所有者权益变动表是反映企业一定会计期间经济成果及其分配情况的财务报表，所以其上期期末未分配利润就是本期所有者权益变动表期初未分配利润（假定不存在会计政策变更和前期差错更正的情况）。本期编制合并财务报表是以本期母公司和子公司当期的个别财务报表为基础编制的，随着上期编制合并财务报表时内部应收账款计提的坏账准备的抵销，以此个别财务报表为基础加总得出的期初未分配利润与上一会计期间合并所有者权益变动表中的未分配利润金额之间则将产生差额。为此，在编制合并财务报表时，必须将上期因内部应收账款计提的坏账准备抵销而抵销的资产减值损失对本期期初未分配利润的影响予以抵销，调整本期期初未分配利润的金额。

在连续编制合并财务报表进行抵销处理时：①将内部应收账款与应付账款予以抵销，即按内部应收账款的金额，借记“应付账款”项目，贷记“应收账款”项目。②将上期资产减值损失中抵销的内部应收账款计提的坏账准备对本期期初未分配利润的影响予以抵销，即按上期资产减值损失项目中抵销的内部应收账款计提的坏账准备的金额，借记“应收账款——坏账准备”项目，贷记“未分配利润——年初”项目。③对于本期个别财务报表中内部应收账款相对应的坏账准备增减变动的金额也应予以抵销，即按照本期个别资产负债表中期末内部应收账款相对应的坏账准备的增加额，借记“应收账款——坏账准备”项目，贷记“资产减值损失”项目，或按照本期个别资产负债表中期末内部应收账款相对应的坏账准备的减少额，借记“资产减值损失”项目，贷记“应收账款——坏账准备”项目。

在第三期编制合并财务报表的情况下，必须将第二期内部应收账款期末余额相应的坏账准备予以抵销，以调整期初未分配利润的金额。然后，计算确定本期内部应收账款相对应的坏账准备增减变动的金额，并将其增减变动的金额予以抵销。其抵销分录与第二期编制的抵销分录相同。

2. 其他债权与债务项目的抵销处理

**【例 7-7】** 沿用【例 7-4】资料，M 公司 2010 年个别资产负债表（表 7-3）

中预收账款 100 万元为 N 公司预付账款；应收票据 400 万元为 N 公司于 2010 年向 M 公司购买商品 3 500 万元时开具的票面金额为 400 万元的商业承兑汇票；N 公司的应付债券 200 万元为 M 公司所持有。对此，在编制合并资产负债表时，应编制如下抵销分录：

将内部预收账款与内部预付账款抵销时，应编制如下抵销分录：

（8）借：预收款项　　100
　　　贷：预付款项　　100

将内部应收票据与内部应付票据抵销时，应编制如下抵销分录：

（9）借：应付票据　　400
　　　贷：应收票据　　400

将持有至到期投资中债券投资与应付债券抵销时，应编制如下抵销分录：

（10）借：应付债券　　200
　　　　贷：持有至到期投资　　200

其合并工作底稿如表 7-5 所示。

在某些情况下，债券投资企业持有的企业集团内部成员企业的债券并不是从发行债券的企业直接购进的，而是在证券市场上从第三方手中购进的。在这种情况下，持有至到期投资中的债券投资与发行债券企业的应付债券抵销时，可能会出现差额，应当计入合并利润表的投资收益或财务费用项目。

### （三）存货价值中包含的未实现内部销售损益的抵销处理

存货价值中包含的未实现内部销售损益是由于企业集团内部商品购销、劳务提供活动所引起的。在内部购销活动中，销售企业将集团内部销售作为收入确认并计算销售利润，而购买企业则以支付购货的价款作为其成本入账。在本期内未实现对外销售而形成期末存货时，其存货价值中也相应地包括两部分内容：一部分为真正的存货成本（即销售企业销售该种商品的成本），另一部分为销售企业的销售毛利（即其销售收入减去销售成本的差额）。对于期末存货价值中包括的这部分销售毛利，从企业集团整体来看，并不是真正实现的利润。因为从整个企业集团来看，集团内部企业之间的商品购销活动实际上相当于企业内部物资调拨活动，既不会实现利润，也不会增加商品的价值。正是从这一意义上来说，将期末存货价值中包括的这部分销售企业作为利润确认的部分，称之为未实现内部销售损益。因此，在编制合并资产负债表时，应当将存货价值中包含的未实现内部销售损益予以抵销。在编制抵销分录时，按照集团内部销售企业销售该种商品的销售收入，借记“营业收入”项目，按照销售企业销售该种商品的销售成本，贷记“营业成本”项目，按照当期期末存货价值中包含的未实现内部销售损益的金额，贷记“存货”项目。

#### 1. 在当期内部购进商品并形成存货情况下的抵销处理

在企业集团内部购进并且在会计期末形成存货的情况下，如前所述，一方面将销售企业实现的内部销售收入及其相对应的销售成本予以抵销，另一方面将内部购进形成的存货价值中包含的未实现内部销售损益予以抵销。

**【例 7-8】** 沿用【例 7-4】资料，N 公司于 2010 年向 M 公司销售商品 1 000 万元，其销售成本为 800 万元，该种商品的销售毛利率为 20%。M 公司购进的该种商品在 2010 年全部未实现对外销售而形成期末存货。

在编制 2010 年合并财务报表时，应进行如下抵销处理：

（11）借：营业收入 1 000
　　贷：营业成本 1 000

（12）借：营业成本 200
　　贷：存货 200

其合并工作底稿如表 7-5 所示。

2. 连续编制合并财务报表时内部购进商品的抵销处理

对于在上期内部购进商品全部实现对外销售的情况下，由于不涉及内部存货价值中包含的未实现内部销售损益的抵销处理，在本期连续编制合并财务报表时不涉及对其进行处理的问题。但在上期内部购进并形成期末存货的情况下，在编制合并财务报表进行抵销处理时，存货价值中包含的未实现内部销售损益的抵销，直接影响上期合并财务报表中合并净利润金额的减少，最终影响合并所有者权益变动表中期末未分配利润的金额的减少。由于本期编制合并财务报表时是以母公司和子公司本期个别财务报表为基础的，而母公司和子公司个别财务报表中未实现内部销售损益是作为其实现利润的部分包括在其期初未分配利润之中，以母子公司个别财务报表中期初未分配利润为基础计算得出的合并期初未分配利润的金额就可能与上期合并财务报表中的期末未分配利润的金额不一致。因此，上期编制合并财务报表时抵销的内部购进存货中包含的未实现内部销售损益，也对本期的期初未分配利润产生影响，本期编制合并财务报表时必须在合并母子公司期初未分配利润的基础上，将上期抵销的未实现内部销售损益对本期期初未分配利润的影响予以抵销，调整本期期初未分配利润的金额。

在连续编制合并财务报表的情况下：①必须将上期抵销的存货价值中包含的未实现内部销售损益对本期期初未分配利润的影响予以抵销，调整本期期初未分配利润的金额。②再对本期内部购进存货进行抵销处理。其具体抵销处理程序和方法如下：

（1）将上期抵销的存货价值中包含的未实现内部销售损益对本期期初未分配利润的影响进行抵销。即按照上期内部购进存货价值中包含的未实现内部销售损益的金额，借记“未分配利润——年初”项目，贷记“营业成本”项目（由于存货为流动资产项目，假设上期末存货本期已经对外销售，故应抵销已结转的“营业成本”项目；否则应抵销“存货”项目）。

（2）对于本期发生内部购销活动的，将内部销售收入、内部销售成本及内部购进存货中未实现内部销售损益予以抵销。即按照销售企业内部销售收入的金额，借记“营业收入”项目，贷记“营业成本”项目。

（3）将期末内部购进存货价值中包含的未实现内部销售损益予以抵销。对于期末内部购买形成的存货（包括上期结转形成的本期存货），应按照购买企业期末内部购入存货价值中包含的未实现内部销售损益的金额，借记“营业成本”项目，贷记“存货”项目。

**（四）内部固定资产交易的抵销处理**

内部固定资产交易是指企业集团内部发生交易的一方与固定资产有关的购销业务。对于企业集团内部固定资产交易，根据销售企业销售的是产品或固定资产，可以将其划分为两种类型：第一种类型是企业集团内部企业将自身生产的产品销售给企业集团内的其他企业作为固定资产使用，第二种类型是企业集团内部企业将自身使用的固定资产出售给企业集团内的其他企业作为固定资产使用。此外，还有另一类型的内部固定资产交易，即企业集团内部企业将自身使用的固定资产出售给企业集团内的其他企业作为普通商品销售。这种类型的固定资产交易，在企业集团内部发生得极少，在一般情况下发生的金额也不大。

在第一种类型的内部固定资产交易的情况下，即企业集团内部的母公司或子公司将自身生产的产品销售给企业集团内部的其他企业作为固定资产使用，这种类型的内部固定资产交易发生得比较多，也比较普遍。以下重点介绍这种类型的内部固定资产交易的抵销处理。

与存货的情况不同，固定资产的使用寿命较长，往往要跨越几个会计年度。对于内部交易形成的固定资产，不仅在该项内部固定资产交易发生的当期需要进行抵销处理，而且在以后使用该项固定资产的期间也需要进行抵销处理。固定资产在使用过程中是通过折旧的方式将其价值转移到产品价值之中的，由于固定资产按原价计提折旧，在固定资产原价中包含未实现内部销售损益的情况下，每期计提的折旧费中也必然包含着未实现内部销售损益的金额，由此也需要对该项内部交易形成的固定资产每期计提的折旧费进行相应的抵销处理。同样，如果购买企业对该项固定资产计提了固定资产减值准备，由于固定资产减值准备是按原价为基础进行计算确定的，在固定资产原价中包含未实现内部销售损益的情况下，对该项固定资产计提的减值准备中也必然包含着未实现内部销售损益的金额，由此也需要对该项内部交易形成的固定资产计提的减值准备进行相应的抵销处理。

1．内部交易形成的固定资产在购入当期的抵销处理

在这种情况下，购买企业购进的固定资产，在其个别资产负债表中以支付的价款作为该项固定资产的原价列示，因此首先必须将该项固定资产原价中包含的未实现内部销售损益予以抵销。其次，购买企业对该项固定资产计提了折旧，折旧费计入相关资产的成本或当期损益。由于购买企业是以该项固定资产的取得成本作为原价计提折旧，取得成本中包含未实现内部销售损益，在相同的使用寿命

下，各期计提的折旧费要大于不包含未实现内部销售损益时计提的折旧费，因此还必须将当期多计提的折旧额从该项固定资产当期计提的折旧费中予以抵销。其抵销处理程序如下：

（1）将与内部交易形成的与固定资产相关的销售收入、销售成本以及原价中包含的未实现内部销售损益予以抵销。

（2）将内部交易形成的固定资产当期多计提的折旧费和累计折旧（或少计提的折旧费和累计折旧）予以抵销。对于单个企业来说，对计提折旧进行会计处理时，一方面增加当期的费用或计入相关资产的成本，另一方面形成累计折旧。因此，对内部交易形成的固定资产当期多计提的折旧费进行抵销时，应按当期多计提的折旧额，借记“固定资产——累计折旧”项目，贷记“管理费用”等项目（为便于理解，本节有关内部交易形成的固定资产多计提的折旧费的抵销，均假定该项固定资产为购买企业的管理用固定资产，通过“管理费用”项目进行抵销）。

**【例 7-9】** 沿用【例 7-4】资料，N 公司以 300 万元的价格将其生产的产品销售给 M 公司，其销售成本为 270 万元，因此该项内部固定资产交易实现的销售利润为 30 万元。M 公司购买该项产品作为管理用固定资产使用，按 300 万元入账。假设 M 公司对该项固定资产按 3 年的使用寿命采用年限平均法计提折旧，预计净残值为 0。该项固定资产交易时间为 2010 年 1 月 1 日，本章为简化抵销处理，假定 M 公司该项内部交易形成的固定资产按 12 个月计提折旧。

有关抵销处理如下：

与该项固定资产相关的销售收入、销售成本以及原价中包含的未实现内部销售损益的抵销。

（13）借：营业收入　　300
　　贷：营业成本　　270
　　　　固定资产——原价　　30

该项固定资产当期多计提折旧额的抵销。

该项固定资产折旧年限为 3 年，原价为 300 万元，预计净残值为 0，当年计提的折旧额为 100 万元，而按抵销其原价中包含的未实现内部销售损益后的原价计提的折旧额为 90 万元，当期多计提的折旧额为 10 万元。本例中应当按 10 万元分别抵销管理费用和累计折旧。

（14）借：固定资产——累计折旧　　10
　　贷：管理费用　　10

通过上述抵销分录，在合并工作底稿中固定资产累计折旧额减少 10 万元，管理费用减少 10 万元，在合并财务报表中该项固定资产的累计折旧为 90 万元，该项固定资产当期计提的折旧费为 90 万元。

其合并工作底稿如表 7-5 所示。

2. 连续编制合并财务报表时内部交易形成的固定资产的抵销处理

（1）在以后会计期间，该项内部交易形成的固定资产仍然以原价在购买企业的个别资产负债表中列示，因此必须将原价中包含的未实现内部销售损益的金额予以抵销；相应地销售企业以前会计期间由于该项内部交易所实现的销售利润，形成销售当期的净利润的一部分并结转到以后会计期间，在其个别所有者权益变动表中列示，因此必须将期初未分配利润中包含的该项未实现内部销售损益予以抵销，以调整期初未分配利润的金额。将内部交易形成的固定资产原价中包含的未实现内部销售损益抵销，并调整期初未分配利润的处理方法是，按照原价中包含的未实现内部销售损益的金额，借记“未分配利润——年初”项目，贷记“固定资产——原价”项目。

（2）将以前会计期间按包含未实现内部销售损益的原价为依据而多计提的折旧进行抵销，并调整期初未分配利润的处理方法是，按以前会计期间抵销该项内部交易形成的固定资产多计提的累计折旧额，借记“固定资产——累计折旧”项目，贷记“未分配利润——年初”项目。

（3）该项内部交易形成的固定资产在本期仍然计提了折旧，由于多计提折旧导致本期有关资产或费用项目增加并形成累计折旧，为此，一方面必须将本期多计提折旧而计入相关资产的成本或当期损益的金额予以抵销，另一方面将本期多计提折旧而形成的累计折旧额予以抵销。其处理方法是，按本期该项内部交易形成的固定资产多计提的折旧额，借记“固定资产——累计折旧”项目，贷记“管理费用”等项目。

3. 内部交易形成的固定资产在清理期间的抵销处理

对于销售企业来说，因该项内部交易实现的利润，作为期初未分配利润的一部分结转到以后的会计期间，直到购买企业对该项内部交易形成的固定资产进行清理的会计期间为止。对于购买企业来说，对内部交易形成的固定资产进行清理的期间，在其个别财务报表中表现为固定资产价值的减少；该项固定资产清理收入减去该项固定资产账面价值以及有关清理费用后的余额，则在其个别利润表中以营业外收入（或营业外支出）项目列示。

在这种情况下，购买企业内部交易形成的固定资产实体已不复存在，包含未实现内部销售损益在内的该项内部交易形成的固定资产的价值已全部转移到用其加工的产品价值或各期损益中去了，因此不存在未实现内部销售损益的抵销问题。对于整个企业集团来说，随着该项内部交易形成的固定资产的使用寿命届满，其包含的未实现内部销售损益也转化为已实现利润。但是，由于销售企业因该项内部交易所实现的利润，作为期初未分配利润的一部分结转到购买企业对该项内部交易形成的固定资产进行清理的会计期间为止，为此，必须调整期初未分配利润。而且，在固定资产进行清理的会计期间，如果仍计提了折旧，本期计提的折旧费中仍然包含多计提的折旧额，因此需要将多计提的折旧额予以抵销。

在第二种类型的内部固定资产交易的情况下，即企业集团内部企业将其自用的固定资产出售给集团内部的其他企业，对于销售企业来说，在其个别资产负债表中表现为固定资产的减少，同时在其个别利润表中表现为固定资产处置损益。当处置收入大于该项固定资产账面价值时，表现为本期营业外收入；当处置收入小于固定资产账面价值时，则表现为本期营业外支出。对于购买企业来说，在其个别资产负债表中则表现为固定资产的增加，其固定资产原价中既包含该项固定资产在原销售企业中的账面价值，也包含销售企业因该项固定资产出售所实现的损益。但从整个企业集团来看，这一交易属于集团内部固定资产调拨性质，它既不能产生收益，也不会发生损失，固定资产既不能增值也不会减值，因此，必须将销售企业因该项内部交易所实现的固定资产处置损益予以抵销，同时将购买企业固定资产原价中包含的未实现内部销售损益的金额予以抵销。通过抵销，在合并财务报表中该项固定资产原价仍然以销售企业的原账面价值反映。

**【例 7-10】** 沿用【例 7-4】资料，假设 M 公司将其账面价值为 130 万元的某项固定资产以 120 万元的价格出售给 N 公司仍作为管理用固定资产使用。M 公司因该项内部固定资产交易发生处置损失 10 万元。假设 N 公司以 120 万元作为该项固定资产的成本入账，N 公司对该项固定资产按 5 年的使用寿命采用年限平均法计提折旧，预计净残值为 0。该项固定资产交易时间为 2010 年 6 月 29 日，N 公司该项内部交易固定资产在 2010 年按 6 个月计提折旧。

有关抵销处理如下：

该项固定资产的处置损失与固定资产原价中包含的未实现内部销售损益的抵销。

（15）借：固定资产——原价　　10
　　　贷：营业外支出　　10

该项固定资产当期少计提折旧额的抵销。

该项固定资产折旧年限为 5 年，原价为 120 万元，预计净残值为 0，2010 年计提的折旧额为 12 万元，而按抵销其原价中包含的未实现内部销售损益后的原价计提的折旧额为 13 万元，当期少计提的折旧额为 1 万元。本例中应当按 1 万元分别抵销管理费用和累计折旧。

（16）借：管理费用　　1
　　　贷：固定资产——累计折旧　　1

通过上述抵销分录，在合并工作底稿中固定资产累计折旧额增加 1 万元，管理费用增加 1 万元，在合并财务报表中该项固定资产的累计折旧为 13 万元，该项固定资产当期计提的折旧费为 13 万元。

其合并工作底稿如表 7-5 所示。

在连续编制合并财务报表时，其抵销分录如下：

借：固定资产——原价　　10

　贷：未分配利润——年初　　10

借：盈余公积——年初　　0.10

　　未分配利润——年初　　0.90

　贷：固定资产——累计折旧　　1

## 四、报告期内增减子公司的处理

1. 增加子公司

母公司因追加投资等原因控制了另一个企业即实现了企业合并。根据《企业会计准则第 20 号——企业合并》的规定，企业合并形成母子公司关系的，母公司应当编制合并日或购买日的合并资产负债表。有关合并日或购买日合并资产负债表的编制，请参见本章第二节的相关内容。但是，在企业合并发生当期的期末和以后会计期间，母公司应当根据合并报表准则的规定编制合并资产负债表。合并报表准则规定，在编制合并资产负债表时，应当区分同一控制下的企业合并企业增加的子公司和非同一控制下的企业合并增加的子公司两种情况。

（1）因同一控制下企业合并增加的子公司，视同该子公司从设立起就被母公司控制，在编制合并资产负债表时，应当调整合并资产负债表所有相关项目的期初数，相应地，合并资产负债表的留存收益项目应当反映母公司如果一直作为一个整体运行至合并日应实现的盈余公积和未分配利润的情况。

（2）因非同一控制下企业合并增加的子公司，应当从购买日开始编制合并财务报表，不调整合并资产负债表的期初数。

2. 处置子公司

在报告期内，如果母公司失去了决定被投资单位的财务和经营政策的能力，不再能够从其经营活动中获取利益，则母公司不再控制被投资单位，被投资单位从本期开始不再是母公司的子公司，不应继续将其纳入合并财务报表的合并范围，不调整合并资产负债表的期初数。

## 五、合并资产负债表的编制

为了便于理解和掌握合并资产负债表的编制方法，了解合并资产负债表编制的过程，现就本节中合并资产负债表的编制举例综合说明如下：

**【例 7-11】**　沿用【例 7-4】、【例 7-5】、【例 7-6】、【例 7-7】、【例 7-8】、【例 7-9】、【例 7-10】资料，M 公司和 N 公司 2010 年 12 月 31 日的个别资产负债表分别见表 7-3 和表 7-4。

根据上述资料：①M 公司应当设计合并工作底稿（见表 7-5），将 M 公司、N 公司个别资产负债表的数据过入合并工作底稿，并计算资产负债表各项目的合计金额。②M 公司应当编制调整分录，按照 M 公司备查簿中所记录的 N 公司各项可辨认资产、负债及或有负债在购买日的公允价值的资料（见表 7-2）调整 N 公司的财务报表，将 N 公司的财务报表调整成以购买日可辨认资产、负债及或有负债的公允价值为基础编制的财务报表，再按照权益法调整 M 公司对 N 公司的长期股权投资。③M 公司应当编制抵销分录，将 M 公司与 N 公司之间的内部交易对合并资产负债表的影响予以抵销，编制完成合并资产负债表。

## 六、合并资产负债表的格式

合并资产负债表的格式综合考虑了企业集团中一般工商企业和金融企业（包括商业银行、保险公司和证券公司等）的财务状况列报的要求，与个别资产负债表的格式基本相同，主要增加了三个项目：①在“无形资产”项目下增加了“商誉”项目，用于反映非同一控制下企业合并中取得的商誉，即在控股合并下母公司对子公司的长期股权投资（合并成本）大于其在购买日子公司可辨认净资产公允价值份额的差额。②在所有者权益项目下增加了“归属于母公司所有者权益合计”项目，用于反映企业集团的所有者权益中归属于母公司所有者权益的部分，包括实收资本（或股本）、资本公积、库存股、盈余公积、未分配利润和外币报表折算差额等项目的金额。③在所有者权益项目下，增加了“少数股东权益”项目，用于反映非全资子公司的所有者权益中不属于母公司的份额。④在“未分配利润”项目之后，“少数股东权益”项目之前，增加了“外币报表折算差额”项目，用于反映境外经营的资产负债表折算为人民币表示的资产负债表时所发生的折算差额中归属于母公司所有者权益的部分。合并资产负债表的一般格式如表 7-6 所示。

**表 7-6　合并资产负债表**

会合 01 表

编制单位：M 公司　　2010 年 12 月 31 日　　单位：万元

| 资　　产 | 期末余额 | 年初余额 | 负债和所有者权益（或股东权益） | 期末余额 | 年初余额 |
|---|---|---|---|---|---|
| 流动资产： | | | 流动负债： | | |
| 货币资金 | 1 500 | | 短期借款 | | |
| 结算备付金 | | | 向中央银行借款 | | |
| 拆出资金 | | | 吸收存款及同业存放 | | |
| 交易性金融资产 | | | 拆入资金 | | |
| 应收票据 | 1 300 | | 交易性金融负债 | | |
| 应收账款 | 2 085 | | 应付票据 | 1 000 | |
| 预付款项 | 1 070 | | 应付账款 | 3 000 | |
| 应收保费 | | | 预收款项 | 100 | |
| 应收分保账款 | | | 卖出回购金融资产款 | | |
| 应收分保合同准备金 | | | 应付手续费及佣金 | | |
| 应收利息 | | | 应付职工薪酬 | 1 100 | |

（续）

| 资　　产 | 期末余额 | 年初余额 | 负债和所有者权益（或股东权益） | 期末余额 | 年初余额 |
|---|---|---|---|---|---|
| 其他应收款 | | | 应交税费 | 860 | |
| 买入返售金融资产 | | | 应付利息 | | |
| 存货 | 1 900 | | 其他应付款 | | |
| 一年内到期非流动资产 | | | 应付分保账款 | | |
| 其他流动资产 | | | 保险合同准备金 | | |
| 流动资产合计 | 7 855 | | 代理买卖证券款 | | |
| 非流动资产： | | | 代理承销证券款 | | |
| 发放贷款及垫款 | | | 一年内到期的非流动负债 | | |
| 可供出售金融资产 | 800 | | 其他流动负债 | | |
| 持有至到期投资 | 0 | | 流动负债合计 | 6 060 | |
| 长期应收款 | | | 非流动负债： | | |
| 长期股权投资 | 1 700 | | 长期借款 | 2 700 | |
| 投资性房地产 | | | 应付债券 | 600 | |
| 固定资产 | 6 284 | | 长期应付款 | | |
| 在建工程 | | | 专项应付款 | | |
| 工程物资 | | | 预计负债 | | |
| 固定资产清理 | | | 递延所得税负债 | | |
| 生产性生物资产 | | | 其他非流动负债 | | |
| 油气资产 | | | 非流动负债合计 | 3 300 | |
| 无形资产 | 630 | | 负债合计 | 9 360 | |
| 开发支出 | | | 所有者权益（或股东权益）： | | |
| 商誉 | 120 | | 实收资本（或股本） | 4 000 | |
| 长期待摊费用 | | | 资本公积 | 880 | |
| 递延所得税资产 | | | 减：库存股 | | |
| 其他非流动资产 | | | 盈余公积 | 1 000 | |
| 非流动资产合计 | 9 534 | | 一般风险准备 | | |
| | | | 未分配利润 | 1 372.20 | |
| | | | 外币报表折算差额 | | |
| | | | 归属于母公司所有者权益合计 | 7 252.20 | |
| | | | 少数股东权益 | 776.80 | |
| | | | 所有者权益合计 | 8 029 | |
| 资产总计 | 17 389 | | 负债和所有者权益总计 | 17 389 | |

## 第四节　股权取得日后合并利润表

### 一、编制合并利润表时应进行抵销处理的项目

合并利润表应当以母公司和子公司的利润表为基础，在抵销母公司与子公司、子公司相互之间发生的内部交易对合并利润表的影响后，由母公司合并编制。

利润表作为以单个企业为会计主体进行会计核算的结果，分别从母公司和子公司本身的角度反映其在一定会计期间的经营成果。在以其个别利润表为基础计算的收入和费用等项目的加总金额中，必然包含有重复计算的因素，因此，在编制合并利润表时，也需要将这些重复的因素予以剔除。

在编制合并利润表时需要进行抵销处理的，主要有如下项目：

#### （一）内部营业收入和内部营业成本的抵销处理

内部营业收入是指企业集团内部母公司与子公司、子公司相互之间发生的商品销售（或劳务提供，下同）活动所产生的营业收入。内部营业成本是指企业集团内部母公司与子公司、子公司相互之间发生的销售商品的营业成本。

在企业集团内部母公司与子公司、子公司之间发生内部购销交易的情况下，母公司和子公司都是从自身的角度，以自身独立的会计主体进行核算反映其损益情况。对于销售企业来说，以其内部销售确认当期销售收入并结转相应的销售成本，计算当期内部销售商品损益。对于购买企业来说，其购进的商品可能用于对外销售，也可能作为固定资产、工程物资、在建工程、无形资产等资产使用。在购买企业将内部购进的商品用于对外销售时，可能出现以下三种情况：①内部购进商品全部实现对外销售。②内部购进的商品全部未实现销售，形成期末存货。③内部购进的商品部分实现对外销售、部分形成期末存货。在购买企业将内部购进的商品作为固定资产、工程物资、在建工程、无形资产等资产使用时，则形成其固定资产、工程物资、在建工程、无形资产等资产。

1. 内部相互销售商品，期末全部实现对外销售

在这种情况下，对于销售企业来说，销售给企业集团内其他企业的商品与销售给企业集团外部企业的情况下的会计处理相同，即在本期确认销售收入、结转销售成本、计算销售商品损益，并在其个别利润表中反映；对于购买企业来说，一方面要确认向企业集团外部企业的销售收入，另一方面要结转销售内部购进商品的成本，在其个别利润表中分别作为营业收入和营业成本反映，并确认销售损益。这也就是说，对于同一项购销业务，在销售企业和购买企业的个别利润表中都作了反映。但从整个企业集团来看，这一项购销业务只实现了一次对外销售，其销售收入只是购买企业向企业集团外部企业销售该商品的销售收入，其销售成本只是销售企业向购买企业销售该商品的成本。销售企业向购买企业销售该商品

实现的收入属于内部销售收入，相应的，购买企业向企业集团外部企业销售该商品的销售成本则属于内部销售成本。因此在编制合并利润表时，必须将重复反映的内部营业收入与内部营业成本予以抵销。

**【例 7-12】** 假设M公司2010年利润表的营业收入中有3 500万元，系向N公司销售产品取得的销售收入，该产品的销售成本为3 000万元。N公司在本期将该产品全部售出，其销售收入为5 000万元，销售成本为3 500万元，并分别在其利润表中列示。

对此，编制合并利润表将内部销售收入和内部销售成本予以抵销时，应编制如下抵销分录：

（17）借：营业收入　　3 500
　　　贷：营业成本　　3 500

其合并工作底稿如表 7-5 所示。

*2. 母公司与子公司、子公司相互之间销售商品，期末未实现对外销售而形成存货的抵销处理*

在内部购进的商品未实现对外销售的情况下，其抵销处理参见本章第三节有关“存货价值中包含的未实现内部销售损益的抵销处理”的内容。

*3. 母公司与子公司、子公司相互之间销售商品，期末部分实现对外销售、部分形成期末存货的抵销处理*

在内部购进的商品部分实现对外销售、部分形成期末存货的情况下，可以将内部购买的商品分解为两部分来理解：一部分为当期购进并全部实现对外销售，另一部分为当期购进但未实现对外销售而形成期末存货。【例 7-12】介绍的就是前一部分的抵销处理，【例 7-8】介绍的则是后一部分的抵销处理。

将【例 7-12】和【例 7-8】的抵销处理合在一起，就是第三种情况下的抵销处理。其抵销处理如下：

借：营业收入（3 500 +1 000）　　4 500
　贷：营业成本（3 500+1 000）　　4 500
借：营业成本（0+200）　　200
　贷：存货（0+200）　　200

### （二）购买企业内部购进商品作为固定资产、无形资产等资产使用时的抵销处理

企业集团内母公司与子公司、子公司相互之间将自身的产品销售给其他企业作为固定资产（作为无形资产等的处理原则类似）使用的抵销处理，参见本章第三节有关“内部交易形成的固定资产在购入当期的抵销处理”的内容。

### （三）内部应收款项计提的坏账准备等减值准备的抵销处理

在编制合并资产负债表时，需要将内部应收账款与应付账款相互抵销，与此相适应，也需要将内部应收账款计提的坏账准备予以抵销。相关抵销处理参见本

章第三节有关“应收账款与应付账款的抵销处理”的内容。

**（四）内部投资收益**（利息收入）**和利息费用的抵销处理**

企业集团内部母公司与子公司、子公司相互之间可能相互提供信贷，以及相互持有对方债券。在持有母公司或子公司发行的企业债券（或公司债券，下同）的情况下，发行债券的企业计付的利息费用作为财务费用处理，并在其个别利润表“财务费用”项目中列示；而持有债券的企业，将购买的债券在其个别资产负债表“持有至到期投资”（本章为简化合并处理，假定购买债券的企业将该项债券投资归类为持有至到期投资）项目中列示，当期获得的利息收入则作为投资收益处理，并在其个别利润表“投资收益”项目中列示。在编制合并财务报表时，应当在抵销内部发行的应付债券和持有至到期投资等内部债权债务的同时，将内部应付债券和持有至到期投资相关的利息费用与投资收益（利息收入）相互抵销，即将内部债券投资收益与内部发行债券的利息费用相互抵销。

**【例 7-13】** 沿用【例 7-7】资料，假设 N 公司 2010 年确认的应向 M 公司支付的债券利息费用总额为 20 万元（假定该债券的票面利率与实际利率相差较小）。

在编制合并利润表时，应将内部债券投资收益与应付债券利息费用相互抵销，其抵销分录如下：

（18）借：投资收益　　20

　　贷：财务费用　　20

其合并工作底稿如表 7-5 所示。

**（五）内部相互之间持有对方长期股权投资的投资收益的抵销处理**

内部投资收益是指母公司对子公司或子公司对母公司、子公司相互之间的长期股权投资的收益，即母公司对子公司的长期股权投资在合并工作底稿中按权益法调整的投资收益，实际上就是子公司当期营业收入减去营业成本和期间费用、所得税费用等后的余额与其持股比例相乘的结果。

在子公司为全资子公司的情况下，母公司对某一子公司在合并工作底稿中按权益法调整的投资收益，实际上就是该子公司当期实现的净利润。在编制合并利润表时，实际上是将子公司的营业收入、营业成本和期间费用视为母公司本身的营业收入、营业成本和期间费用同等看待，与母公司相应的项目进行合并，因此，必须将对子公司的长期股权投资收益予以抵销。同时，相应地应当将子公司的个别所有者权益变动表中本年利润分配各项目的金额，包括提取盈余公积、对所有者（或股东）的分配和期末未分配利润的金额都必须予以抵销。在子公司为全资子公司的情况下，子公司本期净利润就是母公司本期子公司长期股权投资按权益法调整的投资收益。假定子公司期初未分配利润为零，子公司本期净利润就是子公司本期可供分配的利润，是本期子公司利润分配的来源，而子公司本期利润分配[包括提取盈余公积、对所有者（或股东）的分配等]的金额与期末未分配利润的金额则是本期利润分配的结果。母公司对子公司的长期股权投资按权益法调整的投资收益正好与子公司的本年利润分配项目相抵销。在子公司为非全资子公司的情况下，母公司本期对子公司长期股权投资按权益法调整的投资收益与本期少数股东损益之和就是子公司的本期净利润，同样假定子公司期初未分配利润为 0，母公司本期对子公司长期股权投资按权益法调整的投资收益与本期少数股东损益之和，正好与子公司本年利润分配项目相抵销。

至于子公司个别所有者权益变动表中本年利润分配项目中的“未分配利润——年初”项目，作为子公司以前会计期间净利润的一部分，在全资子公司的情况下已全额包括在母公司以前会计期间按权益法调整的投资收益之中，从而包括在母公司按权益法调整的本期期初未分配利润之中，因此，也应将其予以抵销。从子公司个别所有者权益变动表来看，其期初未分配利润加上本期净利润就是其本期利润分配的来源；而本期利润分配和期末未分配利润则是利润分配的结果。母公司本期对子公司长期股权投资按权益法调整的投资收益和子公司期初未分配利润正好与子公司本年利润分配项目相抵销。在子公司为非全资子公司的情况下，母公司本期对子公司长期股权投资按权益法调整的投资收益、本期少数股东损益和期初未分配利润与子公司本年利润分配项目也正好相抵销。

**【例 7-14】** 沿用【例 7-4】资料，假设 M 公司和 N 公司 2010 年度所有者权益变动表如表 7-11 所示，N 公司为非全资子公司，M 公司拥有其 80%的股份。在合并工作底稿中 M 公司按权益法调整的 N 公司本期投资收益为 627.20 万元（784×80%），N 公司本期少数股东损益为 156.80 万元（784×20%）。N 公司年初未分配利润为 0，N 公司本期提取盈余公积 100 万元、分派现金股利 600 万元、未分配利润 84 万元（784–600–100）。为此，在进行抵销处理时，应编制如下抵销分录：

| | | |
|---|---|---|
| （19）借：投资收益 | 627.20 | |
| 少数股东损益 | 156.80 | |
| 未分配利润——年初 | 0 | |
| 贷：提取盈余公积 | | 100 |
| 对所有者（或股东）的分配 | | 600 |
| 未分配利润——年末 | | 84 |

其合并工作底稿如表 7-5 所示。

需要说明的是，在将母公司投资收益等项目与子公司本年利润分配项目抵销时，应将子公司个别所有者权益变动表中提取盈余公积的金额全额抵销，即通过贷记“提取盈余公积”、“对所有者（或股东）的分配”和“未分配利润——年末”项目，将其全部抵销。在当期合并财务报表中不需再将已经抵销的提取盈余公积的金额调整回来。

根据《企业会计准则解释第 1 号》（财会[2007]14 号文件），企业在编制合并财务报表时，因抵销未实现内部销售损益导致合并资产负债表中资产、负债的账面价值与其在所属纳税主体的计税基础之间产生暂时性差异的，在合并资产负债表中应当确认递延所得税资产或递延所得税负债，同时调整合并利润表中的所得税费用，但与直接计入所有者权益的交易或事项及企业合并相关的递延所得税除外。

## 二、报告期内增减子公司

### 1. 增加子公司

母公司因追加投资等原因控制了另一个企业即实现了企业合并。根据《企业会计准则第 20 号——企业合并》的规定，企业合并形成母子公司关系的，母公司应当编制合并日的合并利润表。有关合并日合并利润表的编制，母公司应当根据企业合并准则的规定编制合并利润表，参见本章第二节的相关内容。但是，在企业合并发生当期的期末和以后会计期间，母公司应当根据合并报表准则的规定编制合并利润表。合并报表准则规定，在编制合并利润表时，应当区分同一控制下的企业合并增加的子公司和非同一控制下的企业合并增加的子公司两种情况分别处理：

（1）同一控制下企业合并增加的子公司，应视同合并后形成的报告主体自最终控制方开始实施控制时一直是一体化存续下来的，经营成果应持续计算，因此，在编制合并利润表时，应当将该公司从合并当期期初至报告期末的收入、费用、利润纳入合并利润表，而不是从合并日开始纳入合并利润表。由于这部分净利润是因企业合并准则所规定的同一控制下企业合并的编表原则所致，而非母公司管理层通过生产经营活动实现的净利润，因此应当在合并利润表中单列“其中：被合并方在合并前实现的净利润”项目进行反映。

（2）非同一控制下企业合并增加的子公司，在编制合并利润表时，应当将该子公司从购买日至报告期末的收入、费用、利润纳入合并利润表。

### 2. 处置子公司

母公司在报告期内处置子公司，应当将该子公司从期初至处置日的收入、费用、利润纳入合并利润表。

## 三、合并利润表的编制

为了便于理解和掌握合并利润表的编制方法，了解合并利润表编制的全过程，现就本节中合并利润表的编制举例综合说明如下：

**【例 7-15】** 沿用【例 7-3】、【例 7-6】、【例 7-8】、【例 7-9】、【例 7-10】、【例 7-12】、【例 7-13】和【例 7-14】资料，M 公司与 N 公司 2010 年度个别利润表的资料如表 7-7 所示。

表 7-7　利润表（简表）

会企 02 表

2010 年度　　单位：万元

| 项　目 | M 公司 | N 公司 |
|---|---|---|
| 一、营业收入 | 8 700 | 6 300 |
| 减：营业成本 | 4 450 | 4 570 |
| 营业税金及附加 | 300 | 125 |
| 销售费用 | 15 | 10 |
| 管理费用 | 100 | 12 |
| 财务费用 | 300 | 90 |
| 资产减值损失 | 25 | |
| 加：公允价值变动收益（损失以“–”号填列） | | |
| 投资收益（损失以“–”号填列） | 500 | |
| 二、营业利润（亏损以“–”号填列） | 4 010 | 1 493 |
| 加：营业外收入 | | |
| 减：营业外支出 | 10 | |
| 三、利润总额（亏损总额以“–”号填列） | 4 000 | 1 493 |
| 减：所得税费用 | 1 320 | 493 |
| 四、净利润（净亏损以“–”号填写） | 2 680 | 1 000 |

根据上述资料，M 公司首先应当设计合并工作底稿（见表 7-5），将 M 公司、N 公司个别利润表的数据过入合并工作底稿，并计算利润表各项目的合计金额。然后，编制调整分录，按照 M 公司备查簿中所记录的 N 公司可辨认资产、负债及或有负债在购买日的公允价值的资料（见表 7-2）调整 N 公司的财务报表，将 N 公司的财务报表调整成以购买日可辨认资产、负债及或有负债的公允价值为基础编制的财务报表，按照权益法调整 M 公司对 N 公司的长期股权投资。最后，编制抵销分录，将 M 公司与 N 公司之间的内部交易对合并利润表的影响予以抵销。

## 四、合并利润表的基本格式

合并利润表的格式与个别利润表相比，主要增加了两个项目，即在“净利润”项目下增加了“归属于母公司所有者的净利润”和“少数股东损益”两个项目，分别反映净利润中由母公司所有者所享有的份额和非全资子公司当期实现的净利润中属于少数股东权益的份额，即不属于母公司享有的份额。在属于同一控制下企业合并增加的子公司当期的合并利润表中还应在“净利润”项目之下增加“其中：被合并方在合并前实现的净利润”项目，用于反映同一控制下企业合并中取得的被合并方在合并日以前实现的净利润。但是，“被合并方在合并前实现的净利润”应当在母公司所有者和少数股东之间进行分配，如果全部不属于母公司所有者，则应同时列示在“少数股东损益”项目之中，仍然保持合并净利=归属于母公司所有者的净利润+少数股东损益的平衡关系。

根据上述合并工作底稿（见表 7-5）的合并金额，可编制该企业集团 2010 年的合并利润表，如表 7-8 所示。

**表 7-8 合并利润表**

会合 02 表

编制单位：M 公司　　2010 年度　　单位：万元

| 项　目 | 本年金额 | 上年金额 |
|---|---|---|
| 一、营业收入 | 10 200 | |
| 其中：营业收入 | 10 200 | |
| 利息收入 | | |
| 保费净收入 | | |
| 手续费及佣金收入 | | |
| 二、营业总成本 | 5 378 | |
| 其中：营业成本 | 4 450 | |
| 利息支出 | | |
| 手续费及佣金支出 | | |
| 退保金 | | |
| 赔付支出净额 | | |
| 提取保险责任准备金净额 | | |
| 保单红利支出 | | |
| 分保费用 | | |
| 营业税金及附加 | 425 | |
| 销售费用 | 25 | |
| 管理费用 | 108 | |
| 财务费用 | 370 | |
| 资产减值损失 | 0 | |
| 加：公允价值变动收益（损失以“-”号填列） | | |
| 投资收益（损失以“-”号填列） | 0 | |
| 其中：对联营企业和合营企业的投资收益 | | |
| 汇兑收益（损失以“-”号填列） | | |
| 三、营业利润（亏损以“-”号填列） | 4 822 | |
| 加：营业外收入 | | |
| 减：营业外支出 | 0 | |
| 其中：非流动资产处置损失 | | |
| 四、利润总额（亏损总额以“-”号填列） | 4 822 | |

（续）

| 项 目 | 本年金额 | 上年金额 |
| --- | --- | --- |
| 减：所得税费用 | 1 813 | |
| 五、净利润（净亏损以"–"号填列） | 3 009 | |
| 归属于母公司所有者的净利润 | 2 852.20 | |
| 少数股东损益 | 156.80 | |
| 六、每股收益： | | |
| （一）基本每股收益 | | |
| （二）稀释每股收益 | | |

### 五、子公司发生超额亏损在合并利润表中的反映

根据《企业会计准则解释第 4 号》（财会〔2010〕15 号），在合并财务报表中，子公司少数股东分担的当期亏损超过了少数股东在该子公司期初所有者权益中所享有的份额的，其余额仍应当冲减少数股东权益。

## 第五节 股权取得日后合并现金流量表

合并现金流量表是指综合反映母公司及其所有子公司组成的企业集团在一定会计期间现金和现金等价物流入和流出的报表。现金流量表作为一张主要报表，已经为世界上一些主要国家的会计实务所采用，合并现金流量表的编制也成为各国会计实务的重要内容。

现金流量表要求按照收付实现制反映企业经济业务所引起的现金流入和流出，其有关经营活动产生的现金流量的编制方法有直接法和间接法两种。《企业会计准则第 31 号——现金流量表》明确规定企业应当采用直接法列示经营活动产生的现金流量。在采用直接法的情况下，以合并利润表有关项目的数据为基础，调整得出本期的现金流入和现金流出：区分经营活动产生的现金流量、投资活动产生的现金流量、筹资活动产生的现金流量三大类，反映企业集团在一定会计期间的现金流量情况。

需要说明的是，某些现金流量在进行抵销处理后，需站在企业集团的角度，重新对其进行分类。如母公司持有子公司向其购买商品所开具的商业承兑汇票向商业银行申请贴现，母公司所取得现金在其个别现金流量表反映为经营活动的现金流入，在将该项内部商品购销活动所产生的债权与债务抵销后，母公司向商业银行申请贴现取得的现金在合并现金流量表中应重新归类为筹资活动的现金流量列示。

合并现金流量表的编制原理、编制方法和编制程序与合并资产负债表、合并利润表的编制原理、编制方法和编制程序相同：①编制合并工作底稿，将母公司

和所有子公司的个别现金流量表各项目的数据全部过入同一合并工作底稿。②根据当期母公司与子公司以及子公司相互之间发生的影响其现金流量增减变动的内部交易，编制相应的抵销分录，通过抵销分录将个别现金流量表中重复反映的现金流入量和现金流出量予以抵销。③在此基础上计算合并现金流量表的各项目的合并金额，并填制合并现金流量表。

合并现金流量表补充资料，既可以以母公司和所有子公司的个别现金流量表为基础，在抵销母公司与子公司、子公司相互之间发生的内部交易对合并现金流量表的影响后进行编制，也可以直接根据合并资产负债表和合并利润表进行编制。

## 一、编制合并现金流量表时应进行抵销处理的项目

现金流量表作为以单个企业为会计主体进行会计核算的结果，分别从母公司本身和子公司本身反映其一定会计期间的现金流入和现金流出。在以其个别现金流量表为基础计算的现金流入和现金流出项目的加总金额中，也必然包含有重复计算的因素，因此，在编制合并现金流量表时，也需要将这些重复的因素予以剔除。

在编制合并现金流量表时需要进行抵销处理的项目，主要有如下项目：

### 1. 企业集团内部当期以现金投资或收购股权增加的投资所产生的现金流量的抵销处理

母公司直接以现金对子公司进行的长期股权投资或以现金从子公司的其他所有者（即企业集团内的其他子公司）处收购股权，表现为母公司现金流出，在母公司个别现金流量表中作为投资活动现金流出列示。子公司在接受这一投资（或处置投资）时，表现为现金流入，在其个别现金流量表中反映为筹资活动的现金流入（或投资活动的现金流入）。从企业集团整体来看，母公司以现金对子公司进行的长期股权投资实际上相当于母公司将资本拨付下属核算单位，并不引起整个企业集团的现金流量的增减变动。因此，在编制合并现金流量表时，应当在母公司与子公司现金流量表数据简单相加的基础上，将母公司当期以现金对子公司长期股权投资所产生的现金流量予以抵销。

**【例 7-16】** 沿用【例 7-4】资料，M 公司在购买日（2010 年 1 月 1 日）支付银行存款 3 000 万元购得 N 公司 80%的股份从而取得对 N 公司的控制权，使 N 公司成为其子公司。在该日，N 公司实际持有货币资金 300 万元，在编制合并现金流量表时，应在合并工作底稿中编制如下抵销分录：

（20）借：取得子公司及其他营业单位支付的现金净额　　　　300
　　　　贷：年初现金及现金等价物余额　　　　　　　　　　　300

### 2. 企业集团内部当期取得投资收益收到的现金与分配股利、利润或偿付利息支付的现金的抵销处理

母公司对子公司进行的长期股权投资和债权投资，在持有期间收到子公司

分派的现金股利（利润）或债券利息，表现为现金流入，在母公司个别现金流量表中作为取得投资收益收到的现金列示。子公司向母公司分派现金股利（利润）或支付债券利息，表现为现金流出，在其个别现金流量表中反映为分配股利、利润或偿付利息支付的现金。从整个企业集团来看，这种投资收益的现金收支，并不引起整个企业集团的现金流量的增减变动。因此，在编制合并现金流量表时，应当在母公司与子公司现金流量表数据简单相加的基础上，将母公司当期取得投资收益收到的现金与子公司分配股利、利润或偿付利息支付的现金予以抵销。

**【例 7-17】** 沿用【例 7-4】和【例 7-13】资料，M 公司应编制如下抵销分录：

（21）借：分配股利、利润或偿付利息支付的现金　　500
　　　　贷：取得投资收益收到的现金　　500

其中，500 万元为母公司当期取得投资收益收到的现金 480 万元与子公司偿付利息 20 万元之和。在合并现金流量表的抵销分录中，借记表示现金流出的减少，贷记表示现金流入的减少。

其合并工作底稿如表 7-5 所示。

3. 企业集团内部以现金结算债权与债务所产生的现金流量的抵销处理

母公司与子公司、子公司相互之间当期以现金结算应收账款或应付账款等债权与债务，表现为现金流入或现金流出，在母公司个别现金流量表中作为收到其他与经营活动有关的现金或支付其他与经营活动有关的现金列示，在子公司个别现金流量表中作为支付其他与经营活动有关的现金或收到其他与经营活动有关的现金列示。从整个企业集团来看，这种现金结算债权与债务，并不引起整个企业集团的现金流量的增减变动。因此，在编制合并现金流量表时，应当在母公司与子公司现金流量表数据简单相加的基础上，将母公司当期以现金结算债权与债务所产生的现金流量予以抵销。

4. 企业集团内部当期销售商品所产生的现金流量的抵销处理

母公司向子公司当期销售商品（或子公司向母公司销售商品或子公司相互之间销售商品，下同）所收到的现金，表现为现金流入，在母公司个别现金流量表中作为销售商品、提供劳务收到的现金列示。子公司向母公司支付购货款，表现为现金流出，在其个别现金流量表中反映为购买商品、接受劳务支付的现金。从整个企业集团来看，这种内部商品购销现金收支，并不会引起整个企业集团的现金流量的增减变动。因此，在编制合并现金流量表时，应当在母公司与子公司现金流量表数据简单相加的基础上，将母公司与子公司、子公司相互之间当期销售商品所产生的现金流量予以抵销。

**【例 7-18】** 沿用【例 7-7】、【例 7-8】和【例 7-12】资料，假设 M 公司

2010 年向 N 公司销售商品的价款 3 500 万元中实际收到 N 公司支付的银行存款为 2 600 万元，同时 N 公司还向 M 公司开具了票面金额为 400 万元的商业承兑汇票。N 公司 2010 年向 M 公司销售商品 1 000 万元的价款全部收到。应编制如下抵销分录：

（22）借：购买商品、接受劳务支付的现金　　3 600
　　　贷：销售商品、提供劳务收到的现金　　3 600

其合并工作底稿如表 7-5。

**【例 7-19】** 沿用【例 7-9】资料，假设 N 公司 2010 年 1 月 1 日向 M 公司销售商品 300 万元的价款全部收到。应编制如下抵销分录：

（23）借：购建固定资产、无形资产和其他长期资产支付的现金　300
　　　贷：销售商品、提供劳务收到的现金　　300

其合并工作底稿如表 7-5 所示。

5. 企业集团内部处置固定资产等收回的现金净额与购建固定资产等支付的现金的抵销处理

母公司向子公司处置固定资产等长期资产，表现为现金流入，在母公司个别现金流量表中作为处置固定资产、无形资产和其他长期资产收回的现金净额列示。子公司表现为现金流出，在其个别现金流量表中反映为购建固定资产、无形资产和其他长期资产支付的现金。从整个企业集团来看，这种固定资产处置与购置的现金收支，并不会引起整个企业集团的现金流量的增减变动。因此，在编制合并现金流量表时，应当在母公司与子公司现金流量表数据简单相加的基础上，将母公司与子公司、子公司相互之间处置固定资产、无形资产和其他长期资产收回的现金净额与购建固定资产、无形资产和其他长期资产支付的现金相互抵销。

**【例 7-20】** 沿用【例 7-10】，假设 M 公司向 N 公司出售固定资产的价款 120 万元全部收到。应编制如下抵销分录：

（24）借：购建固定资产、无形资产和其他长期资产收到的现金　120
　　　贷：处置固定资产、无形资产和其他长期资产支付的现金 120

其合并工作底稿如表 7-5 所示。

## 二、报告期内增减子公司

### 1. 增加子公司

母公司因追加投资等原因控制了另一个企业即实现了企业合并。根据《企业会计准则第 20 号——企业合并》的规定，企业合并形成母子公司关系的，母公司应当编制合并日的合并现金流量表。有关合并日合并现金流量表的编制，请参见本章第二节“股权取得日合并财务报表”的相关内容，根据企业合并准则编制。但是，在企业合并发生当期的期末和以后会计期间，母公司应当根据合并财务报表准则的规定编制合并现金流量表。合并财务报表准则规定，在编制合并现金流量表时，应当区分同一控制下的企业合并增加的子公司和非同一控制下的企业合并增加的子公司两种情况。

（1）因同一控制下企业合并增加的子公司，在编制合并现金流量表时，应当将该子公司从合并当期期初至报告期末的现金流量纳入合并现金流量表。

（2）因非同一控制下企业合并增加的子公司，在编制合并现金流量表时，应当将该子公司从购买日至报告期末的现金流量纳入合并现金流量表。

2. 处置子公司

母公司在报告期内处置子公司，应将该子公司从期初至处置日的现金流量纳入合并现金流量表。

## 三、合并现金流量表中有关少数股东权益项目的反映

合并现金流量表编制与个别现金流量表相比，一个特殊的问题就是在子公司为非全资子公司的情况下，涉及子公司与其少数股东之间的现金流入和现金流出的处理问题。

对于子公司与少数股东之间发生的现金流入和现金流出，从整个企业集团来看，也影响到其整体的现金流入和流出数量的增减变动，必须在合并现金流量表中予以反映。子公司与少数股东之间发生的影响现金流入和现金流出的经济业务包括少数股东对子公司增加权益性投资、少数股东依法从子公司中抽回权益性投资、子公司向其少数股东支付现金股利或利润等。为了便于企业集团合并财务报表使用者了解掌握企业集团现金流量的情况，有必要将子公司与少数股东之间的现金流入和现金流出的情况单独予以反映。

对于子公司的少数股东增加在子公司中的权益性投资，在合并现金流量表中应当在“筹资活动产生的现金流量”之下的“吸收投资收到的现金”项目下“其中：子公司吸收少数股东投资收到的现金”项目反映。

对于子公司向少数股东支付现金股利或利润，在合并现金流量表中应当在“筹资活动产生的现金流量”之下的“分配股利、利润或偿付利息支付的现金”项目下“其中：子公司支付给少数股东的股利、利润”项目反映。

对于子公司的少数股东依法抽回在子公司中的权益性投资，在合并现金流量表中应当在“筹资活动产生的现金流量”之下的“支付其他与筹资活动有关的现金”项目反映。

## 四、合并现金流量表的编制

为了便于理解和掌握合并现金流量表的编制方法，了解合并现金流量表编制的全过程，现就本节中合并现金流量表的编制举例综合说明如下：

**【例 7-21】** 沿用【例 7-16】、【例 7-17】、【例 7-18】、【例 7-19】和【例 7-20】资料，M 公司与 N 公司 2010 年度个别现金流量表的资料如表 7-9 所示。

**表 7–9 现金流量表**

会企 03 表

2010 年度　　单位：万元

| 项　　目 | M 公司 | N 公司 |
|---|---|---|
| 一、经营活动产生的现金流量： | | |
| 销售商品、提供劳务收到的现金 | 7 675 | 5 990 |
| 收到的税费返还 | | |
| 收到其他与经营活动有关的现金 | | |
| 经营活动现金流入小计 | 7 675 | 5 990 |
| 购买商品、接受劳务支付的现金 | 1 420 | 3 270 |
| 支付给职工以及为职工支付现金 | 1 100 | 250 |
| 支付的各项税费 | 1 820 | 758 |
| 支付其他与经营活动有关的现金 | 45 | 22 |
| 经营活动现金流出小计 | 4 385 | 4 300 |
| 经营活动产生的现金流量净额 | 3 290 | 1 690 |
| 二、投资活动产生的现金流量： | | |
| 收回投资收到的现金 | | |
| 取得投资收益收到的现金 | 500 | |
| 处置固定资产、无形资产和其他长期资产收回的现金净额 | 120 | |
| 处置子公司及其他营业单位收到的现金净额 | | |
| 收到其他与投资活动有关的现金 | | |
| 投资活动现金流入小计 | 620 | |
| 购建固定资产、无形资产和其他长期资产支付的现金 | 930 | 800 |
| 投资支付的现金 | | |
| 取得子公司及其他营业单位支付的现金净额 | 3 000 | |
| 支付其他与投资活动有关的现金 | | |
| 投资活动现金流出小计 | 3 930 | 800 |
| 投资活动产生的现金流量净额 | –3310 | –800 |
| 三、筹资活动产生的现金流量： | | |
| 吸收投资收到的现金 | | |
| 取得借款收到的现金 | | |
| 收到其他与筹资活动有关的现金 | | |
| 筹资活动现金流入小计 | | |
| 偿还债务支付的现金 | | |
| 分配股利、利润或偿付利息支付的现金 | 1 980 | 690 |
| 支付其他与筹资活动有关的现金 | | |
| 筹资活动现金流出小计 | 1 980 | 690 |
| 筹资活动产生的现金流量净额 | –1 980 | –690 |
| 四、汇率变动对现金的影响额 | | |
| 五、现金及现金等价物净增加额 | –2 000 | 200 |
| 加：年初现金及现金等价物余额 | 3 000 | 300 |
| 六、年末现金及现金等价物余额 | 1 000 | 500 |

根据上述资料，M 公司首先应当设计合并工作底稿（见表 7-5），将 M 公司、N 公司个别现金流量表的数据过入合并工作底稿，并计算现金流量表各项目的合计金额。然后，编制抵销分录，将 M 公司与 N 公司之间的内部交易对合并现金流量表的影响予以抵销。

## 五、合并现金流量表格式

合并现金流量表的格式综合考虑了企业集团中一般工商企业和金融企业（包括商业银行、保险公司和证券公司）的现金流入和现金流出列报的要求，与个别现金流量表的格式基本相同，主要增加了反映金融企业行业特点和经营活动现金流量项目。

根据上述合并工作底稿（见表 7-5）的合并金额，可编制该企业集团 2010 年度合并现金流量表，如表 7-10 所示。

**表 7-10 合并现金流量表**

会合 03 表

编制单位：M 公司　　　　2010 年度　　　　单位：万元

| 项　目 | 本年金额 | 上年金额 |
|---|---|---|
| 一、经营活动产生的现金流量： | | |
| 销售商品、提供劳务收到的现金 | 9 765 | |
| 客户存款和同业存放款项净增加额 | | |
| 向中央银行借款净增加额 | | |
| 向其他金融机构拆入资金净增加额 | | |
| 收到原保险合同保费取得的现金 | | |
| 收到再保险业务现金净额 | | |
| 保户储金及投资款净增加额 | | |
| 处置交易性金融资产净增加额 | | |
| 收取利息、手续费及佣金净增加额 | | |
| 拆入资金净增加额 | | |
| 回购业务资金净增加额 | | |
| 收到的税费返还 | | |
| 收到其他与经营流动有关的现金 | | |
| 经营活动现金流入小计 | 9 765 | |
| 购买商品、接受劳务支付的现金 | 1 090 | |
| 客户贷款及垫款净增加额 | | |
| 存入中央银行和同业款项净增加额 | | |
| 支付原保险合同赔付款项的现金 | | |
| 支付利息、手续费及佣金的现金 | | |

（续）

| 项　目 | 本年金额 | 上年金额 |
| --- | --- | --- |
| 支付保单红利的现金 | | |
| 支付给职工以及为职工支付的现金 | 1 350 | |
| 支付的各项税费 | 2 578 | |
| 支付其他与经营活动有关的现金 | 67 | |
| 经营活动现金流出小计 | 5 085 | |
| 经营活动产生的现金流量净额 | 4 680 | |
| 二、投资活动产生的现金流量 | | |
| 收回投资收到的现金 | | |
| 取得投资收益收到的现金 | 0 | |
| 处置固定资产、无形资产和其他长期资产收回的现金净额 | 0 | |
| 处置子公司及其他营业单位收到的现金净额 | | |
| 收到其他与投资活动有关的现金 | | |
| 投资活动现金流入小计 | 0 | |
| 购建固定资产、无形资产和其他长期资产支付的现金 | 1 310 | |
| 投资支付的现金 | | |
| 质押贷款净增加额 | | |
| 取得子公司及其他营业单位支付的现金净额 | 2 700 | |
| 支付其他与投资活动有关的现金 | | |
| 投资活动现金流出小计 | 4 010 | |
| 投资活动产生的现金流量净额 | −4 010 | |
| 三、筹资活动产生的现金流量 | | |
| 吸收投资收到的现金 | | |
| 其中：子公司吸收少数股东投资收到的现金 | | |
| 取得借款收到的现金 | | |
| 发行债券收到的现金 | | |
| 收到其他与筹资活动有关的现金 | | |
| 筹资活动现金流入小计 | | |
| 偿还债务支付的现金 | | |
| 分配股利、利润或偿付利息支付的现金 | 2 170 | |
| 其中：子公司支付给予少数股东的股利、利润 | 120 | |
| 支付其他与筹资活动有关的现金 | | |
| 筹资活动现金流出小计 | 2 170 | |
| 筹资流动产生的现金流量净额 | −2 170 | |
| 四、汇率变动对现金的影响 | | |
| 五、现金及现金等价物净增加额 | −1 500 | |
| 加：年初现金及现金等价物余额 | 3 000 | |
| 六、年末现金及现金等价物余额 | 1 500 | |

## 第六节　股权取得日后合并所有者权益变动表

合并所有者权益变动表是指反映构成企业集团所有者权益的各组成部分当期的增减变动情况的财务报表。

合并财务报表准则规定，合并所有者权益变动表应当以母公司和子公司的所有者权益变动表为基础，在抵销母公司与子公司、子公司相互之间发生的内部交易对合并所有者权益变动表的影响后，由母公司合并编制。合并所有者权益变动表也可以根据合并资产负债表和合并利润表进行编制。

所有者权益变动表作为以单个企业为会计主体进行会计核算的结果，分别从母公司本身和子公司本身反映其在一定会计期间所有者权益构成及其变动情况。在以其个别所有者权益变动表为基础计算的各所有者权益构成项目的加总金额中，也必然包含重复计算的因素，因此，在编制合并所有者权益变动表时，也需要将这些重复的因素予以剔除。

### 一、合并所有者权益变动表应进行抵销的项目

在编制合并所有者权益变动表时需要进行抵销处理的项目，主要有如下项目：①母公司对子公司的长期股权投资与母公司在子公司所有者权益中所享有的份额相互抵销，其抵销处理参见本章第三节有关“母公司长期股权投资与子公司所有者权益的抵销处理”的内容。②母公司对子公司、子公司相互之间持有对方长期股权投资的投资收益应当抵销等，其抵销处理参见本章第四节有关“母公司与子公司、子公司相互之间持有对方长期股权投资的投资收益的抵销处理”的内容。需要说明的是，从合并财务报表前后一致的理念、原则出发，将母公司及其全部子公司之间的投资收益和利润分配与其他内部交易一样应当相互抵销。同时，应当关注合并所有者权益变动表“未分配利润”的年末余额，将其中子公司当年提取的盈余公积中归属于母公司的金额进行单项附注披露。

**【例 7-22】** 沿用【例 7-4】资料，在编制合并所有者权益变动表时，应当对 M 公司采用权益法核算 N 公司其他所有者权益变动的影响中 N 公司可供出售金融资产公允价值变动净额归属于 M 公司的份额进行调整，应编制如下抵销分录：

（25）借：权益法下被投资单位其他所有者权益变动的影响　　80

贷：可供出售金融资产公允价值变动净额　　80

### 二、合并所有者权益变动表的编制

为了便于理解和掌握合并所有者权益变动表编制方法，了解合并所有者权益变动表编制的全过程，现就本节中合并所有者权益变动表的编制举例综合说明如下：

【例 7-23】 沿用【例 7-4】和【例 7-14】资料，M 公司与 N 公司 2010 年度个别所有者权益变动表，如表 7-11 所示。

**表 7-11 所有者权益变动表**（简表）

会企 04 表

2010 年 单位：万元

| 项目 | M 公司 | | | | | N 公司 | | | | |
|---|---|---|---|---|---|---|---|---|---|---|
| | 实收资本（或股本） | 资本公积 | 盈余公积 | 未分配利润 | 所有者权益合计 | 实收资本（股本） | 资本公积 | 盈余公积 | 未分配利润 | 所有者权益合计 |
| 一、上年年末余额 | 4 000 | 800 | 732 | 468 | 6 000 | 2 000 | 1 500 | 0 | 0 | 3 500 |
| 加：会计政策变更 | | | | | | | | | | |
| 前期差错更正 | | | | | | | | | | |
| 二、本年年初余额 | 4 000 | 800 | 732 | 468 | 6 000 | 2 000 | 1 500 | 0 | 0 | 3 500 |
| 三、本年增减变动数（减少以“–”号填列） | | | | | | | | | | |
| （一）净利润 | | | | 2 680 | 2 680 | | | | 1 000 | 1 000 |
| （二）直接计入所有者权益的利得和损失 | | | | | | | | | | |
| （三）可供出售金融资产公允价值变动净额 | | | | | | | 100 | | | 100 |
| （四）利润分配 | | | 268 | –1 948 | –1 680 | | | 100 | –700 | –600 |
| 1. 提取盈余公积 | | | 268 | –268 | 0 | | | 100 | –100 | 0 |
| 2. 对所有者（或股东）的分配 | | | | –1 680 | –1 680 | | | | –600 | –600 |
| 四、本年年末余额 | 4 000 | 800 | 1 000 | 1 200 | 7 000 | 2 000 | 1 600 | 100 | 300 | 4 000 |

根据上述资料，M 公司首先应当设计合并工作底稿（见表 7-5），将 M 公司、N 公司个别所有者权益变动表的数据过入合并工作底稿，并计算所有者权益变动表各项目的合计金额。然后，编制抵销分录，将 M 公司与 N 公司之间的内部交易对所有者权益变动表的影响予以抵销。

## 三、合并所有者权益变动表格式

合并所有者权益变动表的格式与个别所有者权益变动表的格式基本相同。所不同的只是在子公司存在少数股东的情况下，合并所有者权益变动表增加“少数股东权益”栏目，用于反映少数股东权益变动的情况。

根据上述合并工作底稿（见表 7-5）的合并金额，可编制该企业集团 2010 年合并所有者权益变动表如表 7-12 所示。

**表 7-12 合并所有者权益变动表**

会企 04 表

编制单位：M 公司　　2010 年度　　单位：万元

| 项 目 | 本年金额 | | | | | | | | | 上年金额 | | | | | | | | |
|---|---|---|---|---|---|---|---|---|---|---|---|---|---|---|---|---|---|---|
| | 归属于母公司所有者权益 | | | | | | | 少数股东权益 | 所有者权益合计 | 归属于母公司所有者权益 | | | | | | | 少数股东权益 | 所有者权益合计 |
| | 实收资本（或股本） | 资本公积 | 减：库存股 | 盈余公积 | 一般风险准备 | 未分配利润 | 其他 | | | 实收资本（或股本） | 资本公积 | 减：库存股 | 盈余公积 | 一般风险准备 | 未分配利润 | 其他 | | |
| 一、上年年末金额 | 4 000 | 800 | | 732 | | 468 | | | 6 000 | | | | | | | | | |
| 加：会计政策变更 | | | | | | | | 720[①] | | | | | | | | | | |
| 前期差错更正 | | | | | | | | | | | | | | | | | | |
| 二、本年年初余额 | 4 000 | 800 | | 732 | | 468 | | 720 | 6 720 | | | | | | | | | |
| 三、本年增减变动金额（减少以“–”号填列） | | 80 | | 268 | | 904.20 | | 56.80 | 1 309 | | | | | | | | | |
| （一）净利润 | | | | | | 2 852.20 | | 156.80 | 3 009 | | | | | | | | | |
| （二）直接计入所有者权益的利得和损失 | | 80 | | | | | | 20 | 100 | | | | | | | | | |
| 1．可供出售金融资产公允价值变动净额 | | 80 | | | | | | 20 | 100 | | | | | | | | | |
| 2．权益法下被投资单位其他所有者权益变动的影响 | | | | | | | | | | | | | | | | | | |
| 3．计入所有者权益项目相关的所得税影响 | | | | | | | | | | | | | | | | | | |
| 4．其他 | | | | | | | | | | | | | | | | | | |
| 上述（一）和（二）小计 | | 80 | | | | 2 852.20 | | 176.80 | 3 109 | | | | | | | | | |
| （三）所有者投入和减少资本 | | | | | | | | | | | | | | | | | | |

（续）

| 项　目 | 本年金额 | | | | | | | | | 上年金额 | | | | | | | | |
|---|---|---|---|---|---|---|---|---|---|---|---|---|---|---|---|---|---|---|
| | 归属于母公司所有者权益 | | | | | | | 少数股东权益 | 所有者权益合计 | 归属于母公司所有者权益 | | | | | | | 少数股东权益 | 所有者权益合计 |
| | 实收资本（或股本） | 资本公积 | 减：库存股 | 盈余公积 | 一般风险准备 | 未分配利润 | 其他 | | | 实收资本（或股本） | 资本公积 | 减：库存股 | 盈余公积 | 一般风险准备 | 未分配利润 | 其他 | | |
| 1．所有者投入资本 | | | | | | | | | | | | | | | | | | |
| 2．股份支付计入所有者权益金额 | | | | | | | | | | | | | | | | | | |
| 3．其他 | | | | | | | | | | | | | | | | | | |
| （四）利润分配 | | | | 268 | | −1 948 | | −120 | −1 800 | | | | | | | | | |
| 1．提取盈余公积 | | | | 268 | | −268 | | | 0 | | | | | | | | | |
| 2．提取一般风险准备 | | | | | | | | | | | | | | | | | | |
| 3．对所有者（或股东）的分配 | | | | | | −1 680 | | −120 | −1 800 | | | | | | | | | |
| 4．其他 | | | | | | | | | | | | | | | | | | |
| （五）所有者权益内部结转 | | | | | | | | | | | | | | | | | | |
| 1．资本公积转增资本（或股本） | | | | | | | | | | | | | | | | | | |
| 2．盈余公积转增资本（或股本） | | | | | | | | | | | | | | | | | | |
| 3．盈余公积弥补亏损 | | | | | | | | | | | | | | | | | | |
| 4．其他 | | | | | | | | | | | | | | | | | | |
| 四、本年年末余额 | 4 000 | 880 | | 1 000 | | 1 372.20 | | 776.80 | 8 029 | | | | | | | | | |

① 720 万元为 2010 年 1 月 1 日，M 公司购买 N 公司 80%的股份时，按其可辨认净资产的公允价值计算确定的少数股东权益的金额=（N 公司的所有者权益总额 3 500 万元+N 公司固定资产公允价值增加额 100 万元）×20%。

## 第七节　合并财务报表附注

与个别财务报表相同，合并财务报表也应当编制附注，企业应当按照规定披露附注信息，主要包括下列内容：

（1）企业集团的基本情况。

（2）财务报表的编制基础。

（3）遵循企业会计准则的声明。

（4）重要会计政策和会计估计。

（5）会计政策和会计估计变更以及差错更正的说明。

（6）报表重要项目的说明。

（7）或有事项。

（8）资产负债表日后事项。

（9）关联方关系及其交易。

（10）风险管理。

以上（1）～（10）项，应当比照《企业会计准则第 30 号—— 财务报表列报》应用指南的相关规定进行披露。合并现金流量表，还应遵循《企业会计准则第 31 号——现金流量表》应用指南的相关规定进行披露。

（11）母公司和子公司信息。

1）子公司的清单。它包括企业名称、注册地、业务性质、母公司的持股比例和表决权比例。

2）母公司直接或通过子公司间接拥有被投资单位表决权不足半数但能对其形成控制的原因。

3）母公司直接或通过其他子公司间接拥有被投资单位半数以上的表决权但未能对其形成控制的原因。

4）子公司所采用的与母公司不一致的会计政策，编制合并财务报表的处理方法及其影响。

5）子公司与母公司不一致的会计期间，编制合并财务报表的处理方法及其影响。

6）本期增加子公司，按照《企业会计准则第 20 号——企业合并》的规定进行披露。

7）本期不再纳入合并范围的原子公司，说明原子公司的名称、注册地、业务性质、母公司的持股比例和表决权比例，本期不再成为子公司的原因，其在处置日和上一会计期间资产负债表日资产、负债和所有者权益的金额以及本期期初至处置日的收入、费用和利润的金额。

8）子公司向母公司转移资金的能力受到严格限制的情况。

9）需要在附注中说明的其他事项。

## 【复习思考题】

1. 什么是合并财务报表？编制合并财务报表有何意义？
2. 什么是控制？如何确定控制？
3. 合并财务报表的编制程序有哪些？
4. 股权取得日应编制哪些合并财务报表？
5. 合并财务报表应编制哪些调整分录？
6. 在编制合并资产负债表时，应进行抵销处理的项目有哪些？
7. 在编制合并利润表时，应进行抵销处理的项目有哪些？
8. 在连续编制合并财务报表时，为何应对上期内部交易事项进行抵销处理？

## 【实务练习题】

1. 2009 年 1 月 1 日，P 公司以银行存款购入 S 公司 80%的股份，能够对 S 公司实施控制。2009 年 S 公司从 P 公司购进 A 商品 200 件，购买价格为 2 万元/件。P 公司 A 商品的成本为 1.50 万元/件。2009 年 S 公司对外销售 150 件 A 商品，销售价格为 2.20 万元/件；年末结存 50 件 A 商品。2010 年 S 公司对外销售 10 件 A 商品，销售价格为 1.80 万元/件。2010 年 12 月 31 日，S 公司年末存货中包括从 P 公司购进的 40 件 A 商品。

要求：

（1）编制 2009 年与存货有关的抵销分录。

（2）编制 2010 年与存货有关的抵销分录。

2. P 公司于 2009 年通过控股合并形式合并了 S 公司，持有 S 公司 80%的股权。母子公司适用的所得税税率均为 25%，税法规定计提的坏账准备不得税前扣除。2009 年、2010 年、2011 年 P 公司、S 公司均采用应收账款余额百分比法计提坏账准备，计提比例均为 2%，2009 年、2010 年、2011 年年末 P 公司应收 S 公司账款分别为 500 万元、600 万元、480 万元。

要求：

（1）编制 2009 年与内部应收账款有关的抵销分录。

（2）编制 2010 年与内部应收账款有关的抵销分录。

（3）编制 2011 年与内部应收账款有关的抵销分录。

3. 2009 年 7 月 1 日，P 公司以银行存款 6 000 万元支付给 S 公司，取得 S 公司所持有 Q 公司 80%的股权。P 公司和 S 公司无关联方关系。投资时 Q 公司所有者权益账面价值为 6 000 万元，其中股本为 4 000 万元，资本公积为 1 600 万元，盈余公积 100 万元，未分配利润为 300 万元。2009 年 7 月 1 日 Q 公司仅有一项管理用固定资产的公允价值和账面价值不相等，固定资产的账面价值为 600 万元，公允价值为 700 万元，预计尚可使用年限为 10 年。

2009 年 7～12 月，Q 公司实现净利润 1 000 万元，提取盈余公积 100 万元，2009 年 8 月 10 日 Q 公司分配现金股利 600 万元。此外 2009 年 11 月，Q 公司将其账面价值为 600 万元的商品以 900 万元的价格出售给 P 公司，P 公司将取得的商品作为管理用固定资产核算，已于当月投入使用，预计使用寿命为 10 年，净残值为 0。

要求：

（1）判断 P 公司与 Q 公司合并所属类型，简要说明理由。

（2）编制 2009 年 7 月 1 日 P 公司投资时的会计分录，并计算购买日合并商誉。

（3）编制 P 公司 2009 年年末将 Q 公司账面价值调整为公允价值相关的调整分录。

（4）编制 P 公司 2009 年年末与合并报表相关内部交易的抵销分录。

（5）编制 P 公司 2009 年年末长期股权投资与子公司所有者权益的抵销分录。

（6）编制 P 公司 2009 年年末投资收益与 Q 公司利润分配的抵销分录。

# 第八章　分部报告和中期财务报告

## 第一节　分部报告

### 一、分部报告概述

分部报告是指在企业对外提供的财务会计报告中，按照确定的企业内部组成部分（业务分部或地区分部）提供的各组成部分有关收入、资产和负债等有关信息的报告。它包括在年度会计报告中，是利润表的附表。

通过分部报告，可以了解和掌握企业以往的经营业绩，可以更好地评估企业的风险和回报。因此，分部报告的提供，可以为企业的相关关系人提供更为有用的、更为具体的财务信息，以便于从整体上对企业作出更为准确的判断。

### 二、报告分部的确定

#### （一）分部的基础

我国《企业会计准则第35号——分部报告》规定，企业披露分部信息，应当区分为业务分部和地区分部。

1. 业务分部

业务分部是指企业内可区分的、能够提供单一或一组产品或者劳务的组成部分。该部分承担了不同于其他组成部分的风险和报酬。

企业在确定业务分部时，应当结合企业内部管理需要，并考虑以下因素：

（1）产品或劳务的性质是否相似。

（2）产品生产或劳务提供的过程是否相似。

（3）购买产品或接受劳务的客户类型是否相似。

（4）销售产品或提供劳务的方法是否相同或相似。

（5）产品生产或劳务提供所处的法律、经济环境是否相似。

需要注意的是，对于一些企业而言，某一业务部门可以是一个业务分部，也可以由若干个业务部门组成一个业务分部。

2. 地区分部

地区分部是指企业内可以区分的、能够在一个特定的经济环境下提供产品或劳务，并承担着不同于在其他经济环境下经营的组成部分所承担的风险和报酬的组成部分。

企业在确定地区分部时，应当结合企业内部管理需要，并考虑以下因素：

（1）所处的政治、经济环境是否相似。

（2）在不同地区的经营活动之间的关系是否密切。

（3）经营地点是否接近、是否面临着同样的风险和报酬。

（4）是否存在着与某一地区相关的特定风险。

（5）外汇管制的规定是否相同或相似。

（6）潜在的外汇风险是否相似。

需要注意的是，地区分部与一般意义的地区也不完全相同。划分地区分部的一个重要依据就在于各分部之间具有不同的经营风险和回报，而不单纯以某行政区域作为划分依据。

### （二）报告分部的确定条件

1. 报告分部的三项10%的重要性标准

（1）该业务分部或地区分部收入占所有业务分部或地区分部收入合计的10%以上。这里的收入是指分部对外交易收入和对其他分部的交易收入。

（2）该分部的分部利润（亏损）的绝对额，占所有分部利润合计额或者所有亏损分部亏损合计额的绝对额两者中较大者的10%或者以上。

（3）该分部的分部资产占所有分部资产合计额的10%或者以上。

2. 在不满足上述条件时的特殊情况

（1）根据管理层次或需要，直接指定其为报告分部。

（2）如果报告分部的对外交易收入额占合并总收入或企业总收入的比重未达到75%的，应当将其和其他未达标单位合并为一个报告分部。

（3）对于上期是报告分部的，若企业认为重要，即使本期未达到标准，仍可作为报告分部。

## 三、分部报告的形式

1. 主要报告形式与次要报告形式

（1）风险和报酬主要受企业的产品和劳务差异影响的，披露分部信息的主要形式应当是业务分部，次要形式是地区分部。

（2）风险和报酬主要受企业在不同的国家或地区经营活动影响的，披露分部信息的主要形式应当是地区分部，次要形式是业务分部。

（3）风险和报酬同时受企业产品和劳务以及经营活动所在国家或地区差异影响的，披露分部信息的主要形式应当是业务分部，次要形式是地区分部。

2. 主要报告形式的披露

（1）分部收入。它包括分部的对外交易收入和对其他分部的交易收入。

（2）分部费用。它包括归属于分部的对外交易费用和对其他分部的交易费用。

（3）分部利润（亏损）。它是指分部收入减去分部费用后的余额。

（4）分部资产。它是指分部经营活动中使用的可归属于该分部的资产。

（5）分部负债。它是指分部经营活动中形成的可归属于该分部的负债。

*3. 次要报告形式的披露*

分部信息的主要报告形式是业务分部的，次要报告形式应当披露下列信息：

（1）对外交易收入占企业对外交易收入总额10%或者以上的地区分部，以外部客户所在地为基础披露对外交易收入。

（2）分部资产占所有地区分部资产总额10%或者以上的地区分部，以资产所在地为基础披露分部资产总额。

分部信息的主要报告形式是地区分部的，次要报告形式应当披露下列信息：

（1）对外交易收入占企业对外交易收入总额10%或者以上的业务分部，应当披露对外交易收入。

（2）分部资产占所有业务分部资产总额10%或者以上的业务分部，应当披露分部资产总额。

应当注意的是，在次要报告形式中，执行收入10%的判定标准时，使用的是分部的对外交易收入指标，这一点与75%收入判定时使用的指标一致；而在主要报告形式中，执行收入10%的判定标准时，使用的是分部收入的指标。

## 第二节　中期财务报告

随着市场经济的发展，企业间的竞争越来越激烈，企业的投资者、债权人以及其他关系人对企业提供财务信息的及时性的要求也越来越高。因此，在年度财务报告的基础上产生了对中期财务报告的要求。

中期财务报告是指以中期为基础编制的财务报告。中期是指短于一个完整会计年度的报告期间。它可以是一个月、一个季度或半年，也可以是其他短于一个会计年度的期间。

### 一、中期财务报告的理论基础

（1）独立论。该理论将每一个中期报告期间都视为一个基本会计期间，因此，每一个中期经营成果的确定，都采用与会计年度期间相同的方法。在这种理论下，每一个中期期末的递延、应计及估计，应按与会计年度相同的原理、判断及估计来确定。

（2）整体论，也称一体论。它是指将每一个中期报告期视为整个会计年度的一部分。在这种理论下，每一个中期期末的递延、应计及估计，均受到其对年度经营成果所作判断的影响。因此，若某一事件影响整个年度，则要根据估计的时间、销售量、生产量或其他基础，在各个中期报告期之间分配。

我国现行会计准则侧重于独立论，明确规定企业在中期财务报告中应当采用与年度财务报表一致的会计政策。

## 二、我国中期财务报告应遵循的原则

1. 一致性原则

编制中期财务报告，应当遵循与年度财务报告一致的会计政策原则。

2. 重要性原则

在遵循重要性原则时，要注意重要性程度的判断应以中期财务数据为基础，而不得以预计的年度财务数据为基础，而且要从信息使用者的角度来认识重要性原则。

## 三、我国中期财务报告的内容

### （一）基本内容

中期财务报告的最基本构成应当包括：①资产负债表。②利润表。③现金流量表。④附注。

中期资产负债表、利润表、现金流量表应当是完整报表，其格式内容以及指标的填列应当与上年度报表一致。当年若施行新的会计准则，对报表的内容格式有不同的要求时，中期报告也要按照新的会计准则编制。此外，基本每股收益和稀释每股收益应当在中期利润表中列示。

### （二）比较财务报表的编制要求

为了提高财务报告信息的可比性、相关性和有用性，企业在中期期末除了编制中期期末的报表外，还应当提供与前期的比较财务报表。

《企业会计准则第32号——中期财务报告》规定，中期财务报告应按下列规定提供比较财务报告：

（1）本中期末的资产负债表和上年度末的资产负债表。

（2）本中期的利润表、年初至本中期末的利润表以及上年度可比期间的利润表。

（3）年初至本中期末的现金流量表和上年度年初至可比本中期末的现金流量表。

### （三）中期合并财务报表和母公司财务报表的编制要求

（1）本中期末与上年度末均存在子公司。如果上年度编制合并报表的，本中期末应当编制合并财务报表。如果上年度财务报告除了包括合并报表，还包括母公司财务报告的，中期财务报告也应当包括母公司财务报表。

（2）上年度财务报告包括了合并财务报表，但报告中期内处置了所有应当纳入合并范围的子公司。此时，中期财务报告只需提供母公司财务报表，但比较财务报表则应进一步区分上年度可比中期（或可比期末）是否有子公司：如果有子公司，则应当包括合并财务报表；如果没有子公司，则仍只需要提供母公司财务报表而无须提供合并财务报表。

### （四）中期财务报告附注的编制要求和内容

1. 附注的编制要求

编制中期财务报告附注时，应注意理解中期财务报告的重要性原则。重要性原则中提出的中期财务数据，既包括本中期的财务数据，也包括年初至本中期末的财务数据。因此，在信息披露时，既需要披露本中期所发生的重要交易或事项，也需要再次披露本年度内以前发生的重要交易或事项。也就是说，一项交易或事项，如果或者对理解“年初至本中期末”的企业状况重要，或者对理解“本中期”的状况重要，就需要在本中期的报告中予以披露。

**【例 8-1】** 某企业销售旺季在第三季度。1～9 月该企业共实现净利润 600 万元，其中，第一季度亏损 600 万元，第二季度亏损 800 万元，第三季度盈利 2 000 万元。第三季度末，库存商品价值降低，该企业不得不计提减值 300 万元（账面为 1 800 万元）。虽然该项损失只占第三季度盈利的 15%，但却占前三个季度总利润的 50%。这对于理解该企业 1～9 月份的财务成果来讲，属于重要事项。

**【例 8-2】** 某企业上半年实现净利润 600 万元，其中第一季度亏损 1 200 万元，第二季度盈利 1 800 万元（已经全额计入损失的对外理财投资在第二季度收回）。这一事项就是重要事项，对于理解第二季度经营状况是重要的，应披露该信息。

2. 附注的内容

中期财务报告中的附注信息，应当包括下列内容：

（1）关于会计政策变更、会计估计变更、前期差错更正的信息。中期财务报告附注中应当包括中期财务报告所采用的会计政策与上年度财务报告相一致的声明。如果会计政策发生变更的，则应当说明会计政策变更的性质、内容、原因及其影响金额；无法追溯调整的，应当说明原因。如果发生会计估计变更，中期财务报告附注中则应当披露会计估计变更的内容、原因及其影响金额；如果数额不能确定的，应当说明原因。如果发生了前期差错更正，中期财务报告附注中则应当披露前期差错的性质及其更正金额；如果无法追溯重述的，应当说明原因。

（2）关于关联方以及关联方交易的信息。

中期财务报告附注中应当披露存在控制关系的关联方发生变化的情况；如果关联方之间发生交易的，应当披露关联方关系的性质、交易类型和交易要素。在披露该项信息时，应当同时提供本中期和本年度年初至本中期末的数据，以及上年度可比本中期和上年度年初至上年本中期末的比较数据。

（3）关于分部报告信息、合并报表范围、资产负债表日后事项的信息。

（4）对财务报告涉及以下具体项目的说明。它包括对性质特别或者金额异常的财务报表项目的说明，上年度资产负债表日以后所发生的或有负债和或有资产的变化情况，证券发行、回购和偿还情况，向所有者分配利润情况，具体包括在中期内实施的利润分配和已提出或者已批准但尚未实施的利润分配情况。

（5）对企业经营状况涉及的以下具体方面的说明：

1）需披露企业经营的季节性或者周期性特征。

2）需披露企业结构变化情况，包括企业合并，对被投资单位具有重大影响、共同控制或者控制关系的长期股权投资的购买或者处置，终止经营等。

此外，还应当披露其他重大交易或者事项，如重大的投资损失，重要的研究开发，重大的资产转让、出售、置换等。

## 【复习思考题】

1. 什么是分部报告？分部报告有什么作用？

2. 简述业务分部、地区分部的概念以及其确定的基本原则和具体影响因素。

3. 什么是报告分部？企业业务分部或地区分部确定为报告分部的具体标准有哪些？

4. 什么是中期财务报告？

5. 中期财务报告的编制要求有哪些？

6. 中期财务报告应包括哪些内容？

7. 中期财务报告的理论基础是什么？

## 【实务练习题】

1. 某公司经营三个地区分部：本省、境内和境外。各地区管理部门的资料如表 8-1 所示。

**表 8-1　某公司各地区管理部门的资料**　　单位：元

| | 省　内 | 境　内 | 境　外 |
|---|---|---|---|
| 分部资料： | | | |
| 销售收入——对外交易 | 11 600 000 | 900 000 | 200 000 |
| 销售收入——对其他分部交易 | 150 000 | 400 000 | 100 000 |
| 营业利润 | 600 000 | （60 000） | 20 000 |
| 可辨认资产 | 118 000 000 | 1 600 000 | 400 000 |
| 折旧与折耗 | 1 300 000 | 150 000 | 100 000 |
| 资 本 支 出 | 1 500 000 | 100 000 | 200 000 |

要求：试判断哪些地区分部是报告分部（列出算式）。

2. 甲公司有五个主要的业务分部在国内外经营。该公司 2010 年各业务分部及国外经营的收入情况如表 8-2 所示。

**表 8-2　甲公司 2010 年各业务分部及国外经营的收入情况**　　单位：元

| 项　目 | 国　内 | 国　外 | 合　计 |
|---|---|---|---|
| 对外交易的销货 | | | |
| 食品 | 150 000 | 30 000 | 180 000 |
| 软性饮料 | 650 000 | 250 000 | 900 000 |
| 蒸馏水 | 500 000 | 50 000 | 550 000 |
| 化妆品 | 200 000 | | 200 000 |
| 包装品 | 110 000 | | 110 000 |
| 其他（四个小部门） | 240 000 | | 240 000 |
| 合　计 | 1 850 000 | 330 000 | 2 180 000 |
| 各分部之间的销货 | | | |
| 食品 | 30 000 | | 30 000 |
| 软性饮料 | 160 000 | | 160 000 |
| 蒸馏水 | | 20 000 | 20 000 |
| 化妆品 | | | |
| 包装品 | 10 000 | | 10 000 |
| 其他（四个小部门） | | | |
| 合　计 | 200 000 | 20 000 | 220 000 |

按资产及营业利润判定的结果，只有软性饮料及蒸馏水可列为报告分部。

要求：按收入判定法，哪些业务部门可以列为报告分部（列示所有算式）？

3．M 公司是一家渔业生产和销售企业，需要对外提供季度财务报告。该公司的水产品销售主要集中在每年的第三季度。2010 年 1 月 1 日～9 月 30 日间 M 公司累计实现净利润 500 万元，其中第一季度和第二季度共亏损 2 000 万元，第三季度盈利 2 500 万元。第三季度末，M 公司尚有存货 180 万元，由于已经错过销售旺季，故计提存货跌价损失 150 万元。

要求：试问 M 公司是否应在 2010 年第三季度财务报告中披露该项存货跌价损失？为什么？

# 第九章　每 股 收 益

## 第一节　每股收益概述

每股收益是指普通股股东每持有一股所能享有的企业利润或需承担的企业亏损。每股收益通常被用来反映企业的经营成果，衡量普通股的获利水平及投资风险，是投资者、债权人等信息使用者据以评价企业盈利能力、预测企业成长潜力，进而作出相关经济决策的一项重要的财务指标之一。《企业会计准则第 34 号——每股收益》（以下简称每股收益准则）规范了每股收益的计算和列报要求。

每股收益包括基本每股收益和稀释每股收益两类。

基本每股收益是指按照归属普通股股东的当期净利润除以发行在外普通股的加权平均数计算的每股收益，仅考虑当期实际发行在外的普通股股份。

稀释每股收益是指以基本每股收益为基础，假定企业所有发行在外的稀释性潜在普通股均已转换为普通股，从而分别调整归属于普通股股东的当期净利润以及发行在外的普通股加权平均数计算的每股收益。稀释每股收益的计算和列报主要是为了避免每股收益虚增可能带来的信息误导。

## 第二节　基本每股收益

基本每股收益只考虑当期实际发行在外的普通股股份，按照归属于普通股股东的当期净利润除以当期实际发行在外普通股的加权平均数计算确定。

### 一、分子的确定

在计算基本每股收益时，分子为归属于普通股股东的当期净利润，即企业当期实现的可供普通股股东分配的净利润或应由普通股股东分担的净亏损金额。发生亏损的企业，每股收益以负数列示。以合并财务报表为基础计算的每股收益，分子应当是归属于母公司普通股股东的当期合并净利润，即扣减少数股东损益后的余额。与合并财务报表一同提供的母公司财务报表中企业自行选择列报每股收益的㊀，以母公司个别财务报表为基础计算的每股收益，分子应当是归属于母公司全部普通股股东的当期净利润。

---

㊀ 与合并财务报表一同提供的母公司财务报表中不要求计算和列报每股收益，企业可自行选择列报。

### 二、分母的确定

在计算基本每股收益时，分母为当期发行在外普通股的算术加权平均数，即期初发行在外的普通股股数根据当期新发行或回购的普通股股数与相应时间权数的乘积进行调整后的股数。

其计算公式如下：

发行在外普通股加权平均数=期初发行在外普通股股数+当期新发行普通股股数×已发行时间 ÷报告期时间–当期回购普通股股数×已回购时间÷报告期时间

其中，作为权数的已发行时间、报告期时间和已回购时间通常按天数计算，在不影响计算结果合理性的前提下，也可以采用简化的计算方法，如按月数计算。公司库存股不属于发行在外的普通股，且无权参与利润分配，应当在计算分母时扣除。

**【例 9-1】** M 公司按月数计算每股收益的时间权数。2010 年期初 M 公司发行在外的普通股为 10 000 万股；3 月 31 日新发行普通股 5 700 万股；11 月 1 日回购普通股 2 700 万股，以备将来奖励职工之用。M 公司当年度实现净利润 3 318 万元。计算 2010 年度 M 公司的基本每股收益。

发行在外普通股加权平均数计算如下：

$$10\,000\times12/12+5\,700\times9/12-2\,700\times2/12=13\,825\text{（万股）}$$

基本每股收益=3 318/13 825=0.24（元）

新发行普通股股数应当根据发行合同的具体条款，从应收对价之日起计算确定。在一般情况下，应收对价之日即为股票发行日；但在一些特定发行的情况下，两个日期可能并不一致，企业应当以应收对价之日为准。

企业合并中作为对价发行的普通股何时计入发行在外普通股的加权平均数，应当区分以下两种情况进行处理：①对于非同一控制下的企业合并，购买方自购买日起取得对被购买方的实际控制权。②对于同一控制下的企业合并，同一控制下企业合并中作为对价发行的普通股，也应当视同列报最早期间期初就已发行在外，计入各列报期间普通股的加权平均数，与分子净利润口径相一致。

## 第三节 稀释每股收益

### 一、稀释性潜在普通股

潜在普通股是指赋予其持有者在报告期或以后期间享有取得普通股权利的一种金融工具或其他合同。目前，我国企业发行的潜在普通股主要有可转换公司债券、认股权证、股份期权等。

稀释性潜在普通股是指假设当期转换为普通股会减少每股收益的潜在普通股。对于亏损企业而言，稀释性潜在普通股假定当期转换为普通股，将会增加企业每股亏损的金额。如果潜在普通股转换为普通股，将增加每股收益或降低每股亏损的金额，则表明该项潜在普通股不具有稀释性，而是具有反稀释性，在计算稀释每股收益时不应予以考虑。

需要特别说明的是，潜在普通股是否具有稀释性的判断标准是看其对持续经营每股收益的影响；也就是说，假定潜在普通股当期转换为普通股，如果会减少持续经营每股收益或增加持续经营每股亏损，则表明其具有稀释性；否则，具有反稀释性。

## 二、计算稀释每股收益时应当考虑的因素

存在稀释性潜在普通股的复杂股权结构的公司，除了应当计算和列报基本每股收益外，还应当同时根据稀释性潜在普通股的影响计算和列报稀释每股收益。企业在计算稀释每股收益时应当考虑稀释潜在普通股以及对分子和分母调整因素的影响。

### 1. 分子的调整

在计算稀释每股收益时，应当根据下列事项对归属于普通股股东的当期净利润进行调整：①当期已确认为费用的稀释性潜在普通股的利息。潜在普通股一旦假定转换成普通股，与之相关的利息费用将不再发生，原本已从企业利润中扣除的费用应当加回来，从而增加归属于普通股股东的当期净利润。最常见的例子为可转换公司债券的利息。②稀释性潜在普通股转换时将产生的收益或费用。③一些随之而来的间接影响因素。

上述调整应当考虑相关的所得税影响，即按照税后影响金额进行调整。对于包含负债和权益成分的金融工具，仅需调整属于金融负债部分的相关利息、利得或损失。

**【例 9-2】** M 上市公司于 2010 年 1 月 1 日按面值发行 20 000 万元的三年期可转换公司债券，票面固定利率为 2.50%，利息自发行之日起每年支付一次，即每年 12 月 31 日为付息日。该批可转换公司债券自发行结束后 24 个月以后可转换为公司股票。债券利息不符合资本化条件，直接计入当期损益。所得税税率为 25%。假设不考虑可转换公司债券在负债和权益成分的分拆，且债券票面利率等于实际利率。按照公司利润分享计划约定，该公司高级管理人员按照当年税前利润的 2%领取奖金报酬。该公司 2010 年度的税前利润为 20 000 万元，税后净利润为 15 000 万元。

为计算稀释每股收益，分子归属于普通股股东的当期净利润应调整的项目主要包括以下两个方面：①假定可转换公司债券期初转换为普通股而减少的利息费用。②由此增加利润所导致的支付高管人员奖金的增加。

| | |
|---|---|
| 税后净利润 | 15 000 万元 |
| 加：减少的利息费用（20 000×2.50%） | 500 万元 |
| 减：相关所得税影响（500×25%） | （125）万元 |
| 减：增加的高管人员奖金（500×2%） | （10）万元 |
| 加：相关所得税影响（10×25%） | 2.50 万元 |
| 稀释每股收益计算中归属于普通股股东的当期净利润 | 15 367.50 万元 |

2. 分母的调整

在计算稀释每股收益时，当期发行在外普通股的加权平均数应当为计算基本每股收益时普通股的加权平均数与假定稀释性潜在普通股转换为已发行普通股而增加的普通股股数的加权平均数之和。

假定稀释性潜在普通股转换为已发行普通股而增加的普通股股数，应当根据潜在普通股的条件确定。当存在不止一种转换基础时，应当假定会采取从潜在普通股持有者角度看最有利的转换率或执行价格。

假定稀释性潜在普通股转换为已发行普通股而增加的普通股股数应当按照其发行在外时间进行加权平均。以前期间发行的稀释性潜在普通股，应当假设在当期期初转换为普通股；当期发行的稀释性潜在普通股，应当假设在发行日转换为普通股；当期被注销或终止的稀释性潜在普通股，应当按照当期发行在外的时间加权平均计入稀释每股收益；当期被转换或行权的稀释性潜在普通股，应当从当期期初至转换日（或行权日）计入稀释每股收益中，从转换日（或行权日）起所转换的普通股则计入基本每股收益中。

### 三、可转换公司债券

可转换公司债券是指发行公司依法发行、在一定期间内依据约定的条件可以转换成股份的公司债券。对于可转换公司债券，可以采用假设转换法判断其稀释性，并计算稀释每股收益。①假设这部分可转换公司债券在当期期初（或发行日）即已转换成普通股，从而一方面增加了发行在外的普通股股数，另一方面节约了公司债券的利息费用，增加了归属于普通股股东的当期净利润。②用增加的净利润除以增加的普通股股数，得出增量股的每股收益，与原来的每股收益比较。如果增量股的每股收益小于原每股收益，则说明该批可转换公司债券具有稀释作用，应当计入稀释每股收益的计算中。

在计算稀释每股收益时，以基本每股收益为基础，分子的调整项目为可转换公司债券当期已确认为费用的利息等的税后影响额；分母的调整项目为假定可转换公司债券当期期初（或发行日）转换为普通股的股数加权平均数。

**【例 9-3】** M 上市公司在 2010 年归属于普通股股东的净利润为 40 000 万元，期初发行在外的普通股股数为 16 000 万股，年内普通股股数未发生变化。2010 年 1 月 1 日，M 上市公司按面值发行 30 000 万元的三年期可转换公司债券，债券面值为 100 元/张，票面固定年利率为 3%，利息自发行之日起每年支付一次，即每年 12 月 31 日为付息日。该批可转换公司债券自发行结束后 18 个月以后即可转换为公司股票，即转股期为发行 18 个月后至债券到期日止的期间。转股价格为 10 元/股，即每 100 元债券可转换为 10 股面值为 1 元的普通股。债券利息不符合资本化条件，直接计入当期损益，所得税税率为 25%。

假设不具备转换选择权的类似债券的市场利率为 4%。M 上市公司在对该批可转换公司债券初始确认时，根据《企业会计准则第 37 号——金融工具列报》的有关规定将负债和权益成分进行了分拆。2010 年度稀释每股收益计算如下：

基本每股收益=40 000÷16 000=2.50（元/股）

每年支付利息=30 000×3%=900（万元）

负债成分公允价值=900÷（1+4%）+900÷（1+4%）$^2$+30 900÷（1+4%）$^3$=29 167.47（万元）

权益成分公允价值=30 000–29 167.47=832.53（万元）

假设转换所增加的净利润=29 167.47×4%×（1–25%）=875.02（万元）

假设转换所增加的普通股股数=30 000/10=3 000（万股）

增量股的每股收益=875.02/3 000=0.29（元/股）

增量股的每股收益小于基本每股收益，可转换公司债券具有稀释作用。

稀释每股收益=（40 000+875.02）/（16 000+3 000）=2.15（元/股）

### 四、认股权证和股份期权

认股权证是指公司发行的、约定持有人有权在履约期间内或特定到期日按约定价格向本公司购买新股的有价证券。股份期权是指公司授予持有人在未来一定期限内以预先确定的价格和条件购买本公司一定数量股份的权利，股份期权持有人对于其享有的股份期权，可以在规定的期间内以预先确定的价格和条件购买公司一定数量的股份，也可以放弃该种权利。

对于盈利企业，认股权证、股份期权等的行权价格低于当期普通股平均市场价格时，具有稀释性。对于亏损企业，认股权证、股份期权的假设行权一般不影响净亏损，但增加普通股股数，从而导致每股亏损金额的减少，实际上产生了反稀释的作用，因此，在这种情况下，不应当计算稀释每股收益。

对于稀释性认股权证、股份期权，在计算稀释每股收益时，一般无须调整分子净利润金额，只需要按照下列步骤调整分母普通股的加权平均数：

（1）假设这些认股权证、股份期权在当期期初（或发行日）已经行权，计算按约定行权价格发行普通股将取得的股款金额。

（2）假设按照当期普通股平均市场价格发行股票，计算需发行普通股的数量能够带来上述相同的股款金额。

（3）比较行使股份期权、认股权证将发行的普通股股数与按照平均市场价格发行的普通股股数，差额部分相当于无对价发行的普通股，作为发行在外普通股股数的净增加。也就是说，认股权证、股份期权在行权时发行的普通股可以视为两部分：一部分是按照平均市场价格发行的普通股，这部分普通股由于是按照市价发行的，导致企业经济资源流入与普通股股数同比例增加，既没有稀释作用也没有反稀释作用，不影响每股收益金额；另一部分是无对价发行的普通股，这部分普通股由于是无对价发行的，企业可利用的经济资源没有增加，但发行在外普通股股数增加，因此具有稀释性，应当计入稀释每股收益中。

（4）将净增加的普通股股数乘以其假设发行在外的时间权数，据此调整稀释每股收益的计算分母。

普通股平均市场价格的计算，理论上应当包括该普通股每次交易的价格，但在实务操作中通常对每周或每月具有代表性的股票交易价格进行简单算术平均即可。在股票价格比较平稳的情况下，可以采用每周或每月股票的收盘价作为代表性价格；在股票价格波动较大的情况下，可以采用每周或每月股票最高价与最低价的平均值作为代表性价格。无论采用何种方法计算的平均市场价格，一经确定，不得随意变更，除非有确凿证据表明原计算方法不再适用。当期发行认股权证或股份期权的，普通股平均市场价格应当自认股权证或股份期权的发行日起计算。

**【例 9-4】** M 公司 2010 年度归属于普通股股东的净利润为 600 万元，发行在外普通股加权平均数为 1 500 万股，该普通股平均市场价格为 5 元/股。2010 年 1 月 1 日，该公司对外发行 300 万份认股权证，行权日为 2011 年 4 月 1 日，认股权证可以在行权日以 4 元/份的价格认购本公司 1 股新发的股份。该公司 2010 年度每股收益计算如下：

基本每股收益=600/1 500=0.40（元/股）

调整增加的普通股股数=300–300×4÷5=60（万股）

稀释每股收益=600/（1 500+60）=0.38（元/股）

## 五、企业承诺将回购其股份的合同

企业承诺将回购其股份的合同中规定的回购价格高于当期普通股平均市场价格时，应当考虑其稀释性。在计算稀释每股收益时，与前述认股权证、股份期权的计算思路恰好相反，具体步骤如下：

（1）假设企业于期初按照当期普通股平均市场价格发行普通股，以募集足够的资金来履行回购合同；合同日晚于期初的，则假设企业于合同日按照自合同日至期末的普通股平均市场价格发行足量的普通股。在该项假设前提下，由于是按照市价发行普通股的，导致企业经济资源流入与普通股股数同比例增加，每股收益金额不变。

（2）假设回购合同已于当期期初（或合同日）履行，按照约定的行权价格回购本企业股票。

（3）比较假设发行的普通股股数与假设回购的普通股股数，差额部分作为净增加的发行在外普通股股数，再乘以相应的时间权数，据此调整稀释每股收益的计算分母数。

**【例 9-5】** M 公司 2010 年度归属于普通股股东的净利润为 600 万元，发行在外普通股加权平均数为 1 200 万股。2010 年 4 月 2 日，该公司与股东签订一份远期回购合同，承诺一年后以 6.60 元/股的价格回购其发行在外的 260 万股普通股。假设，该普通股 2010 年 4～12 月平均市场价格为 6 元/股。2010 年度每股收益计算如下：

基本每股收益=600/1 200=0.50（元/股）

调整增加的普通股股数=260×6.60÷6−260=26（万股）

稀释每股收益=600/（1 200+26×9/12）=0.49（元/股）

## 六、多项潜在普通股

企业对外发行不同潜在普通股的，单独考查其中某项潜在普通股可能具有稀释作用，但如果和其他潜在普通股一并考查时可能恰恰变为反稀释作用。为了反映潜在普通股最大的稀释作用，应当按照各潜在普通股的稀释程度从大到小的顺序计入稀释每股收益，直至稀释每股收益达到最小值。稀释程度根据增量股的每股收益衡量，即在假定稀释性潜在普通股转换为普通股的情况下，将增加的归属于普通股股东的当期净利润除以增加的普通股股数的金额。需要强调的是，企业每次发行的潜在普通股应当视做不同的潜在普通股，分别判断其稀释性，而不能将其作为一个总体考虑。在通常情况下，股份期权和认股权证排在前面计算，因为其假设行权一般不影响净利润。

对外发行多项潜在普通股的企业应当按照下列步骤计算稀释每股收益：

（1）列出企业在外发行的各项潜在普通股。

（2）假设各项潜在普通股已于当期期初（或发行日）转换为普通股，确定其对归属于普通股股东当期净利润的影响金额。可转换公司债券的假设转换一般会增加当期净利润金额，股份期权和认股权证的假设行权一般不影响当期净利润。

（3）确定各项潜在普通股假设转换后将增加的普通股股数。值得注意的是，稀释性股份期权和认股权证假设行权后，计算增加的普通股股数不是发行的全部普通股股数，而应当是其中无对价发行部分的普通股股数。

（4）计算各项潜在普通股的增量股每股收益，判断其稀释性。增量股每股收益越小的潜在普通股的稀释程度越大。

（5）按照潜在普通股稀释程度从大到小的顺序，将各项稀释性潜在普通股分别计入稀释每股收益中。在分步计算过程中，如果下一步得出的每股收益小于上一步得出的每股收益，表明新计入的潜在普通股具有稀释作用，应当计入稀释每股收益中；反之，则表明具有反稀释作用，不计入稀释每股收益中。

（6）最后得出的最小每股收益金额即为稀释每股收益。

**【例 9-6】** M公司2010年度归属于普通股股东的净利润为3 900万元，发行在外普通股加权平均数为13 000万股。年初已发行在外的潜在普通股：①认股权证5 400万份，行权日为2011年6月1日，认股权证可以在行权日以9元/份的价格认购1股本公司新发股票。②按面值发行的五年期可转换公司债券60 000万元，债券面值为100元/张，票面年利率为3.30%，转股价格为10元/股，即每100元债券可转换为10股面值为1元的普通股。③按面值发行的三年期可转换公司债券120 000万元，债券面值为100元/张，票面年利率为1.60%，转股价格为12.50元/股，即每100元债券可转换为8股面值为1元的普通股。当期普通股平均市场价格为12元，年度内没有认股权证被行权，也没有可转换公司债券被转换或赎回，所得税税率为25%。假设不考虑可转换公司债券在负债和权益成分的分拆，且债券票面利率等于实际利率。

2010年度每股收益计算如下：

基本每股收益=3 900/13 000=0.30（元/股）

计算稀释每股收益：

（1）假设潜在普通股转换为普通股，计算增量股的每股收益并排序。如表9-1所示。

**表 9-1　增量股的每股收益**

| | 净利润增加/万元 | 股数增加/万股 | 增量股的每股收益/（元/股） | 顺　序 |
|---|---|---|---|---|
| 认股权证 | — | 1 350① | — | 1 |
| 3.30%债券 | 1 485② | 6 000③ | 0.25 | 3 |
| 1.60%债券 | 1 440④ | 9 600⑤ | 0.15 | 2 |

①5 400−5 400×9÷12=1 350（万股）

②60 000×3.30%×（1−25%）=1 485（万元）

③60 000/10=6 000（万股）

④120 000×1.60%×（1−25%）=1 440（万元）

⑤120 000/12.50=9 600（万股）

由此可见，认股权证的稀释性最大，票面年利率为1.60%可转换公司债券的次之，票面年利率为3.30%可转换公司债券的稀释性最小。

（2）分步计入稀释每股收益。如表9-2所示。

表 9-2 分步计入稀释每股收益

| | 净利润/万元 | 股数/万股 | 每股收益/（元/股） | 稀释性 |
|---|---|---|---|---|
| 基本每股收益 | 3 900 | 13 000 | 0.30 | |
| 认股权证 | 0 | 1 350 | | |
| | 3 900 | 14 350 | 0.27 | 稀释 |
| 1.60%的可转换公司债券 | 1 440 | 9 600 | | |
| | 5 340 | 23 950 | 0.22 | 稀释 |
| 3.30%的可转换公司债券 | 1 485 | 6 000 | | |
| | 6 825 | 29 950 | 0.23 | 反稀释 |

因此，稀释每股收益为 0.22 元/股。

## 七、子公司、合营企业或联营企业发行的潜在普通股

子公司、合营企业、联营企业发行能够转换成其普通股的稀释性潜在普通股，不仅应当包括在其稀释每股收益的计算中，而且还应当包括在合并稀释每股收益以及投资者稀释每股收益的计算中。

**【例 9-7】** M 公司 2010 年度归属于普通股股东的净利润为 50 000 万元（不包括子公司 N 公司的利润或 N 公司支付的股利），发行在外普通股加权平均数为 42 000 万股，持有 N 公司 70%的普通股股权。N 公司 2010 年度归属于普通股股东的净利润为 25 800 万元，发行在外普通股加权平均数为 10 000 万股，该普通股当年平均市场价格为 10 元/股。年初，N 公司对外发行 700 万份可用于购买其普通股的认股权证，行权价格为 5 元/份，M 公司持有其中 15 万份认股权证，当年无认股权证被行权。假设除股利外，母子公司之间没有其他需抵销的内部交易；M 公司在取得对 N 公司的投资时，N 公司各项可辨认资产等的公允价值与其账面价值一致。2010 年度每股收益计算如下：

（1）子公司每股收益。

1）基本每股收益=25 800/10 000=2.58（元/股）

2）调整增加的普通股股数=700–700×5÷10=350（万股）

3）稀释每股收益=25 800/（10 000+350）=2.49（元/股）

（2）合并每股收益。

1）归属于母公司普通股股东的母公司净利润=50 000（万元）

包括在合并基本每股收益计算中的子公司净利润部分=2.58×10 000×70%=18 060（万元）

基本每股收益=（50 000+18 060）/42 000=1.62（元/股）

2）子公司净利润中归属于普通股且由母公司享有的部分=2.49×10 000×70%=

17 430（万元）

子公司净利润中归属于认股权证且由母公司享有的部分=2.49×350×15/700=18.68（万元）

3）稀释每股收益=（50 000+17 430+18.68）/42 000=1.61（元/股）

## 第四节　每股收益的列报

### 一、重新计算

1. 派发股票股利、公积金转增资本、拆股和并股

企业派发股票股利、公积金转增资本、拆股或并股等，会增加或减少其发行在外普通股或潜在普通股的数量，但并不影响所有者权益金额，为了保持会计指标的前后期可比性，企业应当在相关报批手续全部完成后，按调整后的股数重新计算各列报期间的每股收益。上述变化发生于资产负债表日至财务报告批准报出日之间的，应当以调整后的股数重新计算各列报期间的每股收益。

**【例 9-8】** M 企业 2009 年和 2010 年归属于普通股股东的净利润分别为 428.40 万元和 540 万元，2009 年 1 月 1 日发行在外的普通股为 300 万股，2009 年 5 月 1 日按市价新发行普通股 60 万股，2010 年 7 月 1 日分派股票股利，以 2009 年 12 月 31 日总股本 360 万股为基数每 10 股送 2 股，假设不存在其他股数变动因素。2010 年度比较利润表中基本每股收益的计算如下：

2010 年度发行在外普通股加权平均数=（300+60+72）×12/12=432（万股）

2009 年度发行在外普通股加权平均数=300×1.2×12/12+60×1.2×8/12=408（万股）

2010 年度基本每股收益=540/432=1.25（元/股）

2009 年度基本每股收益=428.40/408=1.05（元/股）

2. 配股

配股在计算每股收益时比较特殊，因为它是向全部现有股东以低于当前股票市价的价格发行普通股，实际上可以理解为按市价发行股票和无对价送股的混合体。也就是说，配股中包含的送股因素具有与股票股利相同的效果，导致发行在外普通股股数增加的同时，却没有相应的经济资源流入。因此，在计算基本每股收益时，应当考虑配股中的送股因素，将这部分无对价的送股（不是全部配发的普通股）视同列报最早期间期初就已发行在外，并据以调整各列报期间发行在外普通股的加权平均数，计算各列报期间的每股收益。

企业首先应当计算出一个调整系数，再用配股前发行在外普通股的股数乘以该调整系数，得出计算每股收益时应采用的普通股股数。

调整系数=行权前发行在外普通股的每股公允价值÷每股理论除权价格

其中：每股理论除权价格=（行权前发行在外普通股的公允价值总额+配股收到的款项）÷行权后发行在外的普通股股数

因配股重新计算的上年度基本每股收益=上年度基本每股收益÷调整系数

本年度基本每股收益=归属于普通股股东的当期净利润÷（配股前发行在外普通股股数×调整系数×配股前普通股发行在外的时间权重+配股后发行在外普通股加权平均数）

**【例 9-9】** M 企业 2010 年度归属于普通股股东的净利润为 6 110 万元，2010 年 1 月 1 日发行在外普通股股数为 2 000 万股。2010 年 6 月 10 日，M 企业发布增资配股公告，向截至 2010 年 6 月 30 日（股权登记日）所有登记在册的老股东配股，配股比例为每 4 股配 1 股，配股价格为 6 元/股，除权交易基准日为 2010 年 7 月 1 日。假设行权前一日的市价为 11 元/股，2009 年度基本每股收益为 2.75 元/股。2010 年度比较利润表中基本每股收益的计算如下：

每股理论除权价格=（11×2 000+6×500）÷（2 000+500）=10（元/股）

调整系数=11÷10=1.10

因配股重新计算的 2009 年度基本每股收益=2.75÷1.10=2.50（元/股）

2010 年度基本每股收益=6 110÷（2 000×1.10×6/12+2 500×6/12）=2.60（元/股）

## 二、列报

普通股或潜在普通股已公开交易的企业，以及正处于公开发行普通股或潜在普通股过程中的企业，应当计算每股收益指标，并在招股说明书、年度财务报告、中期财务报告等公开披露信息中予以列报。每股收益的计算以及相关信息的列报应当严格遵循每股收益准则的规定。

企业对外提供合并财务报表的，每股收益准则仅要求其以合并财务报表为基础计算每股收益，并在合并财务报表中予以列报；与合并财务报表一同提供的母公司财务报表中不要求计算和列报每股收益，企业可自行选择列报。

不存在稀释性潜在普通股的企业应当在利润表中单独列示基本每股收益。存在稀释性潜在普通股的企业应当在利润表中单独列示基本每股收益和稀释每股收益。在编制比较财务报表时，各列报期间中只要有一个期间列示了稀释每股收益，那么所有列报期间均应当列示稀释每股收益，即使其金额与基本每股收益相等。

企业应当在附注中披露与每股收益有关的下列信息：①基本每股收益和稀释每股收益分子、分母的计算过程。②列报期间不具有稀释性但以后期间很可能具有稀释性的潜在普通股。③在资产负债表日至财务报告批准报出日之间，企业发行在外普通股或潜在普通股发生重大变化的情况。

企业如有终止经营的情况，应当在附注中区分持续经营和终止经营披露基本每股收益和稀释每股收益。

## 【复习思考题】

1. 什么是基本每股收益？如何计算基本每股收益？

2. 什么是潜在普通股？什么是稀释性潜在普通股？

3. 计算稀释每股收益时应当考虑的因素有哪些？

4. 分别说明可转换公司债券、认股权证、股份期权和企业承诺将回购其股份的合同在什么情况下需要计算稀释每股收益？

5. 在什么情况下每股收益列报时需要重新计算？为什么？

6. 每股收益应如何列报？

## 【实务练习题】

1. M公司为上市公司，2009～2011年的有关资料如下：

（1）2009年1月1日M公司发行在外普通股股数为50 000万股。

（2）2009年9月30日，经股东大会同意并经相关监管部门核准，M公司向全体股东每10股发放2份认股权证，共计发放10 000万份认股权证，每份认股权证可以在2010年9月30日按照6元/股的价格认购1股M公司普通股。

2010年9月30日，认股权证持有人全部行权，M公司收到股款60 000万元。2010年10月1日，M公司将注册资本变更为60 000万元。

（3）2011年9月27日，经股东大会批准，M公司以2011年6月30日股份60 000万股为基数，向全体股东每10股派发2股股票股利。

（4）2009年度M公司归属于普通股股东的净利润为36 000万元，2010年度为42 000万元，2011年度为72 576万元。

（5）M公司股票2009年10月～2009年12月的平均市场价格为10元/股，2010年1月～2010年9月的平均市场价格为15元/股。

假定不存在其他股份变动因素。要求：

（1）计算M公司2009年度利润表中基本每股收益和稀释每股收益。

（2）计算M公司2010年度利润表中基本每股收益和稀释每股收益。

（3）计算M公司2011年度利润表中基本每股收益和稀释每股收益。

2. M上市公司2010年1月1日发行在外的普通股为40 000万股。2010年度M公司与计算每股收益相关的事项如下：

（1）4月1日，M上市公司以年初发行在外普通股股数为基数每10股送3股红股，以资本公积每10股转增2股，除权日为5月1日。

（2）6月1日，M上市公司与股东签订一份远期股份回购合同，承诺3年后以14元/股的价格回购股东持有的1 500万股普通股。

（3）8月1日，M上市公司授予高级管理人员2 400万股股票期权，股票期权行权时可按

6 元/股的价格购买 M 上市公司 1 股普通股。

（4）9 月 1 日，M 上市公司发行 3 000 万份认股权证，行权日为 2011 年 3 月 1 日，认股权证可在行权日以 5 元/股的价格认购 1 股 M 公司普通股。

M 上市公司当期普通股的平均市场价格为 8 元/股，2010 年实现的归属于普通股股东的净利润为 51 000 万元。2009 年实现的归属于普通股股东的净利润为 54 000 万元。

要求：

（1）计算 M 上市公司 2010 年度利润表中列示的基本每股收益。

（2）计算 M 上市公司 2010 年度利润表中列示的稀释每股收益。

（3）计算 M 上市公司 2010 年度利润表中经重新计算的比较数据。

# 第十章　分支机构会计

## 第一节　分支机构会计概述

### 一、分支机构概述

当一家企业发展到一定规模后，为了继续扩展其业务，扩大其产品销售范围，常常在不同的城市或同一城市的不同地区开设分支机构。分支机构与总部在地理位置上通常相隔一定的距离。有的较大分支机构也可能是企业合并的结果，被合并的企业解散，成为合并企业的分支机构而继续经营。

1. 分支机构的含义

所谓的分支机构是整体企业的一个组成部分，它在经营业务、经营方针等各方面都要受到公司总部不同程度的控制。分支机构不是独立的法律主体，但通常是一个独立的会计个体。

分支机构在不同的企业或行业中有不同的名称，如有些企业称为分公司，有些企业称为分厂，商业系统称为分店，银行系统称为分行等。

作为整个企业的一个组成部分，分支机构必须严格遵守公司总部统一的经营方针和管理方针。在此前提下，分支机构通常也具有相对独立的经营自主权。它们可以拥有齐全的库存商品，除向公司总部进货之外，也可以自行向其他厂商购进商品。顾客订货时，分支机构可以自行决定顾客订货条件，并直接向顾客交货。赊购赊销引起的应付应收款，由分支机构自行负责结算。分支机构可以以自己的名义在银行开户、存取现金、委托银行办理结算业务。

2. 分支机构与销售代理处的区别

分支机构与销售代理处的区别，主要体现在经营自主权上。销售代理处通常不直接经销商品，一切听从公司总部安排，不具有独立的经营自主权；而分支机构可以独立从事商品购销业务，比销售代理处有更多的经营自主权。但当分支机构只核算现金收支业务，而将销售、购货、收款等业务归于公司总部统一核算时，它与销售代理处就没有多少差别了。

销售代理处通常只陈列样品以供客户挑选，其本身没有商品存货，也不经营商品购销业务。客户在销售代理处看样订货后，销售代理处即将购货订单转交公司总部，由公司总部决定客户能否享受赊销及其赊销额度，并由公司总部直接向客户交货，应收账款也由公司总部登记入账并负责催收。销售代理处内需设置定额备用金，由公司总部拨款以应付日常开支，备用金将近用完时向公司总部报销补足，除此之外，代理处不经办其他现金收支业务。

分支机构通常拥有完备的商品存货，除了向公司总部进货之外，也可以自行向其他厂商购进商品。客户订货后，由分支机构自行决定客户能否享受赊销及其赊销额度，并由分支机构直接向客户交货，赊销商品引起的应收账款也由分支机构登记入账并负责催收。分支机构可以以自己的名义在银行开户，收到的销货款存入银行，发生的营业费用由分支机构开具支票直接支付。

3. 分支机构的分类

根据公司总部在资金和商品购销上对分支机构的控制程度不同，分支机构可以分为分散制分支机构和集中制分支机构两类。

分散制分支机构严格遵循公司总部的经营方针和管理政策，接受公司总部的控制，并拥有相对独立的业务经营自主权，其所需资本完全依赖公司总部。该机构可以以自己的名义在银行开户，将收到的销货款存入银行，发生的营业费用由分支机构开具支票直接支付。该机构拥有完备的商品存货，除了向公司总部进货之外，也可以自行向其他厂商购进商品。可以全权支配营运资金，自行决定赊销额度，直接向客户交货取款，单独核算盈亏。

集中制分支机构不设置正式账簿，只有简单的辅助或备查账登记日常收支业务，一切会计事项及其凭证都要随时报送公司总部，由公司总部并入自己的账簿；或虽设有正式账簿，但仍将一部分账项由公司总部直接处理和登记，而在分支机构账簿上不予记录。

## 二、分支机构会计的特点

分支机构会计的特点是由分支机构组织、管理上的特点决定的。大多数分支机构是一个独立的会计个体，有独立的会计记录和报告系统。它们通常需要设置一套较为完整的账簿，用来记录其本身发生的经济业务，单独核算财务状况和经营成果，定期编制会计报表，向公司总部报告。但分支机构会计科目的名称与编号、会计报表的内容和格式，以及内部控制制度和会计方针等，一般由公司总部事先规定。因此分支机构与公司总部的账簿设置具有对应性。

纳入分支机构会计核算的事项，一般是分支机构能够控制因而可以负责的有关事项；由于分支机构的固定资产和折旧费用，大多是由公司总部集中管理和核算的，因而被认为是分支机构不能控制的。分支机构单独编制的会计报表只供内部使用，它必须与公司总部单独编制的会计报表联合后，即编成联合会计报表后方可作为企业正式会计报表对外提供。公司总部与分支机构在与第三方进行交易时，仍按通常程序和方法进行会计处理。公司总部与分支机构之间的交易，由于分支机构受公司总部控制，而且公司总部与分支机构同属一个企业，因此，会计处理方法视不同交易价格可分别采用按成本计价、按成本加成计价或按售价计价进行核算。

# 第二节 按成本计价的会计处理

## 一、按成本计价的特点

按成本计价是指公司总部拨交分支机构的商品按采购成本或制造成本计价。这是发送给分支机构的商品存货计价方法中最为简单的方法。一方面反映公司总部与分支机构保持了计价标准的一致性，避免了在分支机构的期末存货信息中出现未实现的利润，简化了公司总部编制联合报表的工作；另一方面也可以在一定程度上反映出分支机构的经营成果。

## 二、按成本计价的会计处理方法

1. 账户设置

在设立分支机构时，在公司总部和分支机构账上都应加以记录。在分支机构账上应专门设置一个“公司总部往来”账户，凡收到公司总部拨来的现金、商品存货或其他资产时，均贷记该账户；凡向公司总部拨回现金、商品存货或其他资产时，则借记该账户，每期结账时分支机构所获得的净收益或净损失都转入该账户的贷方或借方。在公司总部账上则要设置一个对应账户“分支机构往来”，该账户的借方记载所有拨付给分支机构的现金、商品存货或其他资产，贷方记载由分支机构拨回的现金、商品存货和其他资产，每期结账时公司总部根据分支机构报来的财务报表，将其净收益或净损失记入该账户的借方或贷方。

2. 按成本计价的会计处理方法举例

**【例 10-1】** M 公司在 2010 年年初设立了一个分公司。分公司统一执行 M 公司的经营方针和管理政策，M 公司负责资金的调拨。2010 年 M 公司与分公司发生的各项业务如下：

（1）M 公司拨给分公司经营用现金 100 000 元。

（2）M 公司拨给分公司一批商品存货，其成本为 80 000 元。

（3）分公司将商品全部售出，售价为 95 000 元，价款尚未收到且满足收入确认的条件。

（4）分公司支付销售费用 7 000 元。

（5）分公司收到 95 000 元的商品销货款，并存入银行。

（6）分公司将 120 000 元交回 M 公司。

根据以上资料分别编制 M 公司与其分公司的会计分录：

| | 分公司的会计处理 | | M 公司的会计处理 | |
|---|---|---|---|---|
| （1） | 借：银行存款 | 100 000 | 借：分支机构往来 | 100 000 |
| | 贷：公司总部往来 | 100 000 | 贷：银行存款 | 100 000 |
| （2） | 借：库存商品 | 80 000 | 借：分支机构往来 | 80 000 |
| | 贷：公司总部往来 | 80 000 | 贷：库存商品 | 80 000 |

（3）借：应收账款 95 000
　　贷：主营业务收入 95 000
　借：主营业务成本 80 000
　　贷：库存商品 80 000
（4）借：销售费用 7 000
　　贷：银行存款 7 000
（5）借：银行存款 95 000
　　贷：应收账款 95 000
（6）借：公司总部往来 120 000 借：银行存款 120 000
　　贷：银行存款 120 000 贷：分支机构往来 120 000

分析上述会计分录，只有公司总部与分公司间发生的会计事项，双方才会各自作出会计分录，通过“分支机构往来”、“公司总部往来”两个账户来反映。公司总部对于分支机构的其他业务则不予记录。将以上涉及两账户的发生额登记入账，并结出余额，两个账户都为 60 000 元。

期末通过对账，在保证账证、账账、账实相符的基础上，M 公司与分公司各自编制结账的会计分录，以便及时结清各类事项，并确定当期的净收益。

分公司的会计处理 M 公司的会计处理

（1）借：主营业务收入 95 000
　　贷：主营业务成本 80 000
　　　　销售费用 7 000
　　　　本年利润 8 000
（2）借：本年利润 8 000 借：分支机构往来 8 000
　　贷：公司总部往来 8 000 贷：本年利润——分公司 8 000

年度终了，公司总部和分支机构应分别编制会计报表，用以反映各自的财务状况和经营成果。这种会计报表只能提供给内部管理使用，而不能对外报送。因此，公司总部还需要提供联合财务报表，以便于为投资者、债权人以及其他报表使用者提供关于企业整体财务状况和经营成果的会计信息。在编制联合财务报表时，需要把公司总部和分支机构各自的会计要素等项目联合列示，但是对于公司总部和分支机构之间的内部业务往来事项及其结果必须予以抵销，使联合财务报表所列示的是企业整体对外发生的经济业务事项以及结果。具体的抵销方法是，将“公司总部往来”账户的贷方余额与“分支机构往来”账户的借方余额相互抵销。为了保证联合财务报表编制的正确性，可以先编制联合财务报表的工作底稿。编制联合财务报表，应以公司总部和分支机构各自的财务报表为基础。根据【例 10-1】中的资料，对于 M 公司和分公司之间发生的内部往来，在编制联合财务报表工作底稿时，应编制以下抵销分录：

借：公司总部往来　　　　60 000
　　贷：分支机构往来　　　　60 000

需要注意的是，为编制联合财务报表而编制的抵销分录，仅仅是为编制联合财务报表服务的，不能作为登记公司总部和分支机构会计账簿的依据。

## 第三节　按高于成本计价的会计处理

### 一、按高于成本计价的特点

按高于成本计价包括按成本加成计价和按零售价格计价两种。按成本加成计价是指公司总部拨交分支机构的商品，按公司总部发生的成本加上一定百分比的利润计价。因此，对外销售的商品存货所实现的利润一部分在公司总部体现，另一部分在分支机构实现。这种方法能较为合理地反映分支机构的经营业绩，有利于对分支机构的工作作出正确的评价。但是，百分比的确定一定要符合实际情况，不能将公司总部因缺乏效率而多发生的成本转移到分支机构。此外，以成本加成计价，只要公司总部拨交分支机构的商品尚未全部对外销售，那么分支机构期末存货就包含着未实现的利润。因此，公司总部在期末编制联合财务报表时应进行适当的调整，以消除分支机构存货上高于成本的那部分未实现的利润。

按零售价格计价是指公司总部拨交分支机构的商品按对外销售的零售价格计价。采用该种计价方法，将使得全部利润都在公司总部实现。公司总部根据向分支机构的发货记录以及分支机构的销售报告，就可以了解分支机构可供销售商品的数量和金额。公司总部可以根据分支机构期末存货的盘点情况，及时组织力量进行检查和处理，有利于加强存货管理。但是，在此种计价方法下，分支机构利润表中并无利润，只有与营业费用数额相等的亏损，这显然不能反映出分支机构的实际经营业绩。此外，分支机构的期末存货也包含未实现的利润，公司总部在编制联合财务报表时需予以剔除。

### 二、按高于成本计价的会计处理方法

#### （一）账户设置

按高于成本计价意味着商品存货的调拨价高于成本。公司总部与分支机构之间往来事项的会计处理除了商品存货调拨要按高于成本的价值入账外，其他的经济业务会计处理与商品存货调拨按成本计价的会计处理相同。在公司总部应该设置“存货”与“备抵存货超成本数”两个账户。“存货”账户核算发往分支机构的成本价额，“备抵存货超成本数”账户核算发往分支机构商品的超过成本的价额。“备抵存货超成本数”账户的期末余额列做资产负债表中“分支机构往来”项目的对销数。在分支机构方面，按公司总部开具的价款记入“存货”账户。

### （二）按高于成本计价的会计处理方法举例

1. 在无期初存货情况下的会计处理

**【例 10-2】** M 公司在 2010 年年初设立了一个分公司。M 公司负责提供给分公司的商品存货，M 公司发运给分公司的商品按成本加成 10%计价。2010 年 M 公司与分公司发生的各项业务如下：

（1）M 公司拨给分公司经营用现金 100 000 元。

（2）M 公司拨给分公司一批商品存货，其成本为 80 000 元。

（3）分公司将商品全部售出，售价为 105 000 元，价款尚未收到且满足收入确认的条件。

（4）分公司支付销售费用 7 000 元。

（5）分公司收到 105 000 元的商品销货款，并存入银行。

（6）分公司将 120 000 元交回 M 公司。

根据以上资料分别编制 M 公司与其分公司的会计分录：

| 分公司的会计处理 | | M 公司的会计处理 | |
|---|---|---|---|
| （1）借：银行存款 | 100 000 | 借：分支机构往来 | 100 000 |
| 　　　贷：公司总部往来 | 100 000 | 　贷：银行存款 | 100 000 |
| （2）借：库存商品 | 88 000 | 借：分支机构往来 | 88 000 |
| 　　　贷：公司总部往来 | 88 000 | 　贷：库存商品 | 80 000 |
| | | 　　备抵存货超成本数 | 8 000 |
| （3）借：应收账款 | 105 000 | | |
| 　　　贷：主营业务收入 | 105 000 | | |
| 　　借：主营业务成本 | 88 000 | | |
| 　　　贷：库存商品 | 88 000 | | |
| （4）借：销售费用 | 7 000 | | |
| 　　　贷：银行存款 | 7 000 | | |
| （5）借：银行存款 | 105 000 | | |
| 　　　贷：应收账款 | 105 000 | | |
| （6）借：公司总部往来 | 120 000 | 借：银行存款 | 120 000 |
| 　　　贷：银行存款 | 120 000 | 　贷：分支机构往来 | 120 000 |

以上 M 公司账册中记录的“备抵存货超成本数”为 8 000 元，是 M 公司调拨给分公司的商品按高于成本作价而产生的内部未实现的利润。分公司的“公司总部往来”账户与 M 公司的“分支机构往来”账户余额比按成本计价处理增加了 8 000 元。根据 M 公司与分公司之间的往来事项的会计处理分别登记“分支机构往来”和“公司总部往来”账户，并结出其余额为 68 000 元。

期末通过对账，在保证账证、账账、账实相符的基础上，M 公司与分公司各自编制结账的会计分录，以便及时结清各类事项，并确定当期的净收益。

| 分公司的会计处理 | | | M公司的会计处理 | |
|---|---|---|---|---|
| （1）借：主营业务收入 | 105 000 | | | |
| 贷：主营业务成本 | 88 000 | | | |
| 销售费用 | 7 000 | | | |
| 本年利润 | 10 000 | | | |
| （2）借：本年利润 | 100 000 | | 借：分支机构往来 | 10 000 |
| 贷：公司总部往来 | 100 000 | | 备抵存货超成本数 | 8 000 |
| | | | 贷：本年利润 | 18 000 |

在编制联合财务报表工作底稿前，应编制下面的抵销分录：

借：备抵存货超成本数　　8 000

　贷：主营业务成本　　8 000

借：公司总部往来　　68 000

　贷：分支机构往来　　68 000

年度终了，根据公司总部与分支机构各自的会计报表，将抵销分录登入工作底稿，编制联合财务报表工作底稿；根据工作底稿上联合财务报表栏各项目的数据，就可以编制反映企业整体财务状况和经营成果的联合财务报表。

*2. 在有期初存货情况下的会计处理*

在持续经营的前提下，公司总部和分支机构一般会存在期初存货。对于存货由公司总部拨付并按高于成本计价的分支机构来说，在联合报表编制时应分别按不同销售情况编制抵销分录：

（1）本期接收，本期全部销售：

借：备抵存货超成本数

　贷：主营业务成本

　　存货

（2）本期接收，本期尚未销售：

借：备抵存货超成本数

　贷：存货

（3）本期接收，本期部分销售：

借：备抵存货超成本数

　贷：主营业务成本

　　存货

除此之外，其他公司总部与分支机构之间往来事项的会计处理，以及编制联合财务报表工作底稿的方法，基本与前面介绍的【例 10-2】相同，在此不再表述。

## 第四节　其他事项的会计处理

分支机构除了与公司总部发生内部交易事项外，还会发生从公司总部以外的其他企业单位购入资产业务、支付费用业务以及公司总部与分支机构的账户余额的调整等事项，这些事项属于分支机构的其他事项。

### 一、公司总部往来与分支机构往来的调节

“分支机构往来”账户与“公司总部往来”账户是一对相对应又相反的账户，这两个账户的余额是应该相等的，但是由于部分分支机构与公司总部不在同城，即使在同城也存在记账时间不一致或者出现记账错误等情况，会导致这对账户的期末余额不一致。这就需要在编制联合财务报表之前予以调节，使之相符，然后，根据调节后的余额在联合财务报表的工作底稿中予以抵销。公司总部与分支机构之间往来事项的调节，可以在期末通过编制“总分支机构相对账户调节表”进行处理。这有点类似企业与银行由于未达账项而进行的“银行存款余额调节表”的编制。

### 二、公司总部账上的分支机构费用

分支机构发生的固定资产折旧费用、保险费、房产税等，可能会统一记在公司总部的账上，而不记在分支机构账上。在这种情况下，当公司总部收到分支机构利润表并将分支机构利润登记入账后，应借记“本年利润——分支机构”账户，贷记“销售费用”账户的会计分录，使分支机构账上由于少记费用而虚增的利润，经过调整成为真正的利润。

公司总部也可能将某笔营业费用，如广告费等，在统一由公司总部支付后，再分摊给各分支机构负担。这时，公司总部可以通过开具借项通知单的方式告知各分支机构，并在公司总部账上借记“分支机构往来”账户，贷记“销售费用”账户。当各分支机构接到公司总部的通知单时，则应借记“销售费用”账户，贷记“公司总部往来”账户。在这种情况下，分支机构编制的利润表反映的是其真正的利润。

### 三、分支机构固定资产的处理

分支机构使用的固定资产，大多是由公司总部统一核算和管理的，而不需要在分支机构账上反映。当公司总部为分支机构购置固定资产时，在公司总部账上应借记“固定资产”账户，贷记“银行存款”账户。如果固定资产由分支机构自行购置时，则在分支机构账上借记“公司总部往来”账户，贷记“银行存款”账户，并报告公司总部；公司总部接到分支机构的报告后，应借记“固定资产”账户，贷记“分支机构往来”账户。在这种处理方法下，分支机构使用固定资产的折旧费应由公司总部负责计提和核算。

除此之外，分支机构使用的固定资产，也可以由分支机构进行核算和管理。

当公司总部拨给分支机构固定资产时，在公司总部的账上，应借记“分支机构往来”账户，贷记“固定资产”账户；而在分支机构的账上，则应借记“固定资产”账户，贷记“公司总部往来”账户。如果分支机构自行购置固定资产，只需在分支机构账上借记“固定资产”账户，贷记“银行存款”账户，而不需要登记“公司总部往来”和“分支机构往来”这两个账户。因为这笔业务仅仅使分支机构的资产构成发生变化，而为公司总部所拥有的分支机构净资产并未受到影响。在这种处理方法下，分支机构使用固定资产的折旧费，应按其使用情况由分支机构负责计提和核算。

## 【复习思考题】

1. 什么是分支机构？分支机构可以分为哪两类？
2. 简述分支机构按成本计价的会计处理方法。
3. 简述分支机构按高于成本计价的会计处理方法。
4. 简述“公司总部往来”与“分支机构往来”这两个账户的结构。

## 【实务练习题】

利安公司于2010年年初设立一个专门从事产品销售业务的分公司。2010年利安公司与分公司发生的各项业务如下：

（1）利安公司拨付给分公司经营用资金10 000元。

（2）利安公司拨付给分公司的商品产品成本为80 000元，市场零售价为100 000元。

（3）分公司从其他单位以赊购的方式购进商品产品，成本为16 000元，市场零售价为22 000元。

（4）分公司以银行存款支付自身发生的营业费用2 000元。

（5）分公司将利安公司拨付的商品产品的 80%对外销售，其中 50%收到价款，50%为赊销；同时将自购的商品全部售出且款项已收到。

（6）分公司以16 000元归还从其他单位赊购商品的应付款项。

（7）分公司的赊销商品款30 000元于月末收回。

（8）利安公司发生应由分公司负担的销售费用3 000元。

（9）分公司期末结存的现金，除20 000元留做备用外，其余都拨回利安公司。

要求：根据以上资料，按成本计价分别作出利安公司和分公司的会计分录。

# 第十一章 企业清算会计

## 第一节 企业清算会计概述

### 一、企业清算概述

#### （一）企业清算的原因

企业清算是指企业按章程规定解散以及由于破产或其他原因宣布终止经营后，对企业的财产、债权、债务进行全面清查，并进行收取债权、清算债务和分配剩余财产的经济活动。企业清算的原因通常可以归纳为以下几种：

（1）企业经营期限届满，投资方无意继续经营。

（2）企业合并或者分立，需要解散。

（3）投资一方或各方不履行协议、合同、章程规定的义务，致使企业无法继续经营。

（4）企业发生严重亏损，无力继续经营。

（5）企业因自然灾害、战争等无力抗拒因素遭受严重的损失，无法继续经营。

（6）企业因违反国家法律、法规，危害社会公共利益，被依法撤销。

（7）企业宣告破产。

（8）股份有限公司和有限责任公司的股东决定公司解散。

（9）法律、企业章程所规定的其他解散事由已经出现。

以上原因都会使企业解体，失去法人资格；而清算是企业解体过程中最重要的业务事项。

#### （二）企业清算的类型

1. 解散清算

解散清算也称普通清算，是指对因经营期满或者其他经营方面的原因，导致不宜或不能继续经营而自愿解散的企业所进行的清算。按企业规定的经营期限是否届满和企业终止法人资格的程序不同，解散清算可分为完全解散清算和非完全解散清算。完全解散清算是指对宣告解散并且各方都不再继续经营的企业所进行的清算。非完全解散清算也称产权转让清算，是指对因营业期满或其他原因，有一方将其所拥有的产权转让给另一方继续经营的企业所进行的清算。

2. 破产清算

破产清算是指对依法宣告破产的企业所进行的清算。

### （三）企业清算的程序

企业清算的业务程序一般分为以下六个步骤：

1. 成立清算组

企业在宣布经营终止时，应当在规定的期限内成立清算组。清算组是指企业经营终止后执行清算事务并代表企业行使职权的权力组织。清算组负责企业清算期间的一切事宜。有限责任公司的清算组，由股东组成；股份有限公司的清算组，由股东大会来确定人选；宣告破产的企业，则由人民法院组成清算组。

2. 清查债务

清算组成立后，应按有关的规定时间通知或公告债权人；债权人应在规定的时间内向清算组申报债权，并提供证明材料和有关债权说明；清算组应逐步审核、登记、编制企业债务明细表。

3. 清查财产和债权

清算企业的财产，包括宣布清算时企业的财产和清算期间企业所取得的财产。

4. 清偿债务

在全面清查企业财产、债权、债务后，清算组首先应该将清算财产用于支付清算期间为开展清算工作所支出的全部清算费用，然后对支付清算费用后的剩余财产，按下列顺序逐项清偿企业债务：

（1）支付应付未付的职工薪酬。

（2）缴纳所欠税款。

（3）清偿其他各项无担保债务。

如果企业的财产不足以清偿债务，要立即向法院申请宣告破产，待法院宣告破产后，清算组应将清算事务移交给法院。对宣告破产的企业，当破产财产不足以清偿同一顺序债务时，则在同一顺序内按比例清偿。

5. 分配剩余财产

企业清偿债务后的剩余财产，应在投资者之间进行分配。有限责任公司应按投资各方的出资比例或企业章程、协议规定的办法进行分配。股份有限公司应首先按优先股股份面值对优先股股份进行分配；优先股股东分配后的剩余部分，再按普通股股东的持股比例分配给普通股股东。如果剩余财产不足以全额偿付优先股股本，则按优先股股份面值的比例进行分配。

6. 编制清算报告和办理企业注销手续

企业清算结束后，清算组应编制清算报告，清算报告经注册会计师验证后，报股东大会或企业主管机关和企业原注册登记机关，办理注销手续，同时公告企业终止。

### 二、企业清算会计的一般核算程序

1. 完全解散清算会计的一般核算程序

企业解散清算分为完全解散清算和非完全解散清算两种。由于非完全解散清算的核算与完全解散清算的核算基本相同，因此只介绍完全解散清算会计的核算程序。在完全解散的情况下，由于企业终止经营，因此，清算组应变卖企业所有的财产，清偿所有的债务，并将剩余财产在投资者之间进行分配。完全解散清算会计的核算程序如下：

（1）全面清算财产，编制清查后的财产盘点表和资产负债表。

（2）核算监督财产和物资的处置、债权的回收、债务的偿付以及清算费用的支付和结转。

（3）计算清算损益，编制清算损益表和清算结束日的资产负债表。

（4）归还投资各方的资本，并分配剩余财产和结平各账户。

2. 破产清算会计的一般核算程序

破产清算的特殊性决定了其核算程序与普通清算程序有所区别。破产清算会计核算的一般程序如下：

（1）设置账户科目，建立新的账户体系。

（2）结转各破产清算账户的期初余额。

（3）在财产清查的基础上，编制清查后的财产盘点表和资产负债表。

（4）核算和监督破产企业财产的处置。

（5）核算和监督清算费用的支付。

（6）核算和监督破产企业财产的分配，结平各账户。

（7）编制清算财务报表，办理企业注销登记。

## 第二节　企业清算的会计处理

### 一、解散清算的会计处理

解散清算属于对企业正常终止的清算，不需要另设新的账户体系。但清算组对解散清算进行核算时，要增设“清算费用”和“清算损益”两个账户。“清算费用”账户用来核算在清算过程中发生的各项费用。“清算损益”账户用来核算在清算过程中变卖资产等发生的收益或损失。由于解散清算沿用旧账，因此不需结转账户的余额。

下面以M有限责任公司为例，说明企业解散清算的会计处理。

**【例 11-1】** M有限责任公司有甲、乙两方股东，所占的投资比例分别为70%和30%。由于经营期满，股东决定于2009年6月1日解散M有限责任公司，6月

30日清算结束。M有限责任公司解散清算前一日的资产负债表如表11-1所示。

**表11-1 资产负债表**

编制单位：M有限责任公司 2009年5月31日 单位：元

| 资 产 | 金 额 | 负债及所有者权益 | 金 额 |
|---|---|---|---|
| 流动资产： | | 流动负债： | |
| 货币资金 | 3 231 250 | 短期借款 | 456 250 |
| 应收票据 | 56 250 | 应付票据 | 125 000 |
| 应收账款 | 376 250 | 应付账款 | 225 000 |
| 其他应收款 | 100 000 | 应付职工薪酬 | 173 750 |
| 存货 | 751 250 | 应交税费 | 100 000 |
| 流动资产合计 | 4 515 000 | 流动负债合计 | 1 080 000 |
| 固定资产 | | 所有者权益： | |
| 固定资产原价 | 3 925 000 | 实收资本 | 2 150 000 |
| 减：累计折旧 | 2 700 000 | 资本公积 | 512 500 |
| 固定资产净值 | 1 225 000 | 盈余公积 | 668 750 |
| 无形资产 | 46 250 | 未分配利润 | 1 375 000 |
| | | 所有者权益合计 | 4 706 250 |
| 资产总计 | 5 786 250 | 负债及所有者权益总计 | 5 786 250 |

资产负债表中有关项目金额的详细资料如下：货币资金为3 231 250元，其中库存现金为36 875元，银行存款为3 194 375元；存货为751 250元，其中原材料为212 500元，库存商品为487 500元，低值易耗品为51 250元；实收资本为2 150 000元，其中，甲、乙双方投资额分别为1 505 000元和645 000元。

管理人对该家清算企业清算的过程如下：

1. 全面清查财产并编制清查后的财产盘点表和资产负债表

在企业清算工作开始时，应进行全面的财产清查，编制财产盘点表与清查后的资产负债表。根据财产清查结果，进行账务处理如下：

（1）将确实无法收回的应收账款12 500元核销，列为坏账损失。

借：清算损益 12 500

　　贷：应收账款 12 500

（2）存货中原材料盘盈37 500元，库存商品盘亏50 000元。

借：原材料 37 500

　　清算损益 12 500

　　贷：库存商品 50 000

(3) 清查固定资产，发现缺少一台机器，原价为200 000元，已提折旧60 000元。

借：累计折旧 60 000
　　清算损益 140 000
　　贷：固定资产 200 000

（4）核销确实无法支付的应付账款25 000元。

借：应付账款 25 000
　　贷：清算损益 25 000

根据以上账务处理后的账户余额编制清查后的资产负债表，如表11-2所示。

**表11-2 资产负债表**

编制单位：M有限责任公司　　2009年6月1日　　单位：元

| 资　　产 | 金　　额 | 负债及所有者权益 | 金　　额 |
|---|---|---|---|
| 流动资产： | | 流动负债： | |
| 货币资金 | 3 231 250 | 短期借款 | 456 250 |
| 应收票据 | 56 250 | 应付票据 | 125 000 |
| 应收账款 | 363 750 | 应付账款 | 200 000 |
| 其他应收款 | 100 000 | 应付职工薪酬 | 173 750 |
| 存货 | 738 750 | 应交税费 | 100 000 |
| 流动资产合计 | 4 490 000 | 流动负债合计 | 1 055 000 |
| 固定资产 | | 所有者权益： | |
| 固定资产原价 | 3 725 000 | 实收资本 | 2 150 000 |
| 减：累计折旧 | 2 640 000 | 资本公积 | 512 500 |
| 固定资产净值 | 1 085 000 | 盈余公积 | 668 750 |
| 无形资产 | 46 250 | 未分配利润<br>待转清算损益 | 1 375 000<br>−140 000 |
| | | 所有者权益合计 | 4 566 250 |
| 资产合计 | 5 621 250 | 负债及所有者权益总计 | 5 621 250 |

2. 核算和监督财产物资的处置、债权的收回、债务的偿付以及清算费用的支付和结转

有关M有限责任公司财产物资的处置、债权的收回、债务的偿付以及清算费用的支付和结转情况如下：

（1）将面值为56 250元的应收票据贴现，贴息为562.50元，贴现款为55 687.50元存入银行。贴现利息记入“清算损益”账户。

借：银行存款 55 687.50

清算损益　　562.50
贷：应收票据　　56 250

（2）收回各项应收账款 363 750 元存入银行。

借：银行存款　　363 750
贷：应收账款　　363 750

（3）收回其他应收款 100 000 元存入银行。

借：银行存款　　100 000
贷：其他应收款　　100 000

（4）变卖各项存货，实得销售收入为 1 074 250 元（其中，应交增值税为 156 087.60 元），所得款项存入银行。各项存货的账面价值如下：原材料为 250 000 元，库存商品为 437 500 元，低值易耗品为 51 250 元。销售收入与账面价值之差记入“清算损益”账户。

借：银行存款　　1 074 250
贷：原材料　　250 000
库存商品　　437 500
低值易耗品　　51 250
清算损益　　179 412.40
应交税费——应交增值税（销项税额）　　156 087.60

（5）出售各项固定资产，收到价款 1 525 000 元存入银行，同时，按收入的 5%计算缴纳营业税，出售收入与账面价值之差记入“清算损益”账户。

借：累计折旧　　2 640 000
银行存款　　1 525 000
贷：固定资产　　3 725 000
清算损益　　363 750
应交税费——应交营业税　　76 250

（6）出售无形资产（专利权），收到价款 40 000 元存入银行，按收入的 5%计算缴纳营业税，出售收入与账面价值之差记入“清算损益”账户。

借：银行存款　　40 000
清算损益　　8 250
贷：无形资产　　46 250
应交税费——应交营业税　　2 000

（7）计算清算过程应缴纳的城市维护建设税 16 403.63 元和教育费附加 7 030.13 元。

借：清算损益　　23 433.76
贷：应交税费——应交城建税　　16 403.63
——应交教育费附加　　7 030.13

（8）以银行存款归还短期借款 456 250 元，支付借款利息 6 875 元。借款利息记入“清算损益”账户。

借：短期借款 456 250

清算损益 6 875

贷：银行存款 463 125

（9）以银行存款支付不带息应付票据本金 125 000 元。

借：应付票据 125 000

贷：银行存款 125 000

（10）以银行存款偿付应付账款 200 000 元。

借：应付账款 200 000

贷：银行存款 200 000

（11）从银行提取现金 86 250 元，支付应付的职工薪酬。

借：库存现金 86 250

贷：银行存款 86 250

借：应付职工薪酬 86 250

贷：库存现金 86 250

（12）以现金 150 000 元发放职工的遣散补助费，其中，87 500 元应从应付职工薪酬中的福利费中开支，其余列入“清算费用”账户。现金不足的部分 113 125 元从银行提取。

借：库存现金 113 125

贷：银行存款 113 125

借：应付职工薪酬 87 500

清算费用 62 500

贷：库存现金 150 000

（13）以银行存款缴纳各种税费 357 771.36 元。

借：应交税费 357 771.36

贷：银行存款 357 771.36

（14）以银行存款 70 000 元支付各项清算费用。

借：清算费用 70 000

贷：银行存款 70 000

（15）将清算费用合计 132 500 元转入“清算损益”账户。

借：清算损益 132 500

贷：清算费用 132 500

3. 计算清算损益并编制清算损益表和清算结束日的资产负债表

将 M 有限责任公司上述的各项清算损益登记入账并结账，计算出“清算损益”账户余额为贷方余额231 541.14元，为清算收益。按照有关规定，清算净收益应视同利润，再按规定抵补以前年度亏损后缴纳所得税。该公司没有以前年度未弥补的亏损事项，因此净收益应按全额25%计算缴纳所得税。计算出应缴纳的所得税为 57 885.29 元。计算和以银行存款上缴所得税时，编制会计分录如下：

借：清算损益　　57 885.29
　　贷：应交税费——应交所得税　　57 885.29
借：应交税费——应交所得税　　57 885.29
　　贷：银行存款　　57 885.29

将税后的清算净收益173 655.85元转入“利润分配——未分配利润”账户。

借：清算损益　　173 655.85
　　贷：利润分配——未分配利润　　173 655.85

依据上述清算结果编制 M 有限责任公司清算损益表和清算结束日的资产负债表，如表11-3和表11-4所示。

**表 11-3　清算损益表**

编制单位：M有限责任公司　　2009年6月份　　单位：元

| 项　　目 | 本 期 数 | 累 计 数 |
|---|---|---|
| 一、清算收益 | 568 162.40 | 568 162.40 |
| 其中：1. 核销的应付账款收益 | 25 000 | 25 000 |
| 2. 出售存货的净收益 | 179 412.40 | 179 412.40 |
| 3. 出售固定资产的净收益 | 363 750 | 363 750 |
| 二、清算损失 | | |
| 1. 坏账损失 | 12 500 | 12 500 |
| 2. 存货盘存净损失 | 12 500 | 12 500 |
| 3. 固定资产盘亏 | 140 000 | 140 000 |
| 4. 应收票据贴现利息 | 562.50 | 562.50 |
| 5. 出售无形资产损失 | 8 250 | 8 250 |
| 6. 应缴的城市维护建设税和教育费附加 | 23 433.76 | 23 433.76 |
| 7. 短期借款利息 | 6 875 | 6 875 |
| 8. 结转的清算费用 | 132 500 | 132 500 |
| 三、清算净收益 | 231 541.14 | 231 541.14 |
| 减：所得税费用 | 57 885.29 | 57 885.29 |
| 四、税后净利润 | 173 655.85 | 173 655.85 |

表 11-4　资产负债表

编制单位：M 有限责任公司　　　　2009 年 6 月 30 日　　　　单位：元

| 资　产 | 金　额 | 负债及所有者权益 | 金　额 |
| --- | --- | --- | --- |
| 货币资金 | 4 879 905.85 | 实收资本 | 2 150 000 |
| | | 资本公积 | 512 500 |
| | | 盈余公积 | 668 750 |
| | | 未分配利润 | 1 548 655.85 |
| | | 其中：清算损益 | 173 655.85 |
| 资产合计 | 4 879 905.85 | 负债及所有者权益合计 | 4 879 905.85 |

4. 归还投资各方的资本和分配剩余财产及结平各账户

按投资比例计算甲、乙双方应收回的投资和分配的剩余财产如下：

甲方应分：1 505 000+（512 500+668 750+1 548 655.85）×70%=3 415 934.10（元）

乙方应分：645 000+（512 500+668 750+1 548 655.85）×30%
=1 463 971.75（元）

根据以上分配结果，用银行存款支付时，编制会计分录如下：

借：实收资本——甲方　　1 505 000
　　　　　　——乙方　　645 000
　　资本公积　　512 500
　　盈余公积　　668 750
　　利润分配——未分配利润　　1 548 655.85
　　贷：银行存款　　4 879 905.85

至此，M 有限责任公司所有账户均已结平，企业解散清算结束。

## 二、破产清算的会计处理

### （一）设置会计账户并建立新的账户体系

破产企业原来的各损益类账户，如“营业收入”、“营业成本”等，因为在清算开始时，破产企业已经将其账户发生额结转至“本年利润”账户，而“本年利润”账户的余额也已按规定转入“利润分配”账户，因此，对于停止生产经营活动的破产企业，原来各损益类科目和本年利润科目不再设置。

在破产清算过程中应该设置的账户如下：

（1）“清算费用”账户。它用来核算被清算企业在清算期间发生的各项费用。在支付各项清算费用时，记入该账户的借方；清算结束，将该账户发生额转入“清算损益”账户时，记入该账户的贷方。

（2）“土地转让收益”账户。它用来核算被清算企业转让土地使用权时取得的收入和发生的有关成本、税费等。取得土地使用权转让收入时，记入该账户的贷方；结转转让成本、从土地使用权所得支付职工安置费、支付转让的有关税费时，记入该账户的借方；在清算终结时，应将本账户的余额转入“清算损益”账户。

（3）“清算损益”账户。它用来核算被清算企业在破产清算期间处置资产、确认债务等发生的损益和被清算企业的所有者权益。其核算内容包括：①被清算企业在清算期间处置资产发生的损益。发生的收益记入该账户的贷方，发生的损失记入该账户的借方。②被清算企业在清算期间确认债务发生的损益。确认债务的减少数额，记入该账户的贷方。③结转被清算企业的所有者权益时，如果所有者权益的账户为贷方余额，记入该账户的贷方；如果所有者权益账户的余额为借方余额，记入该账户的借方。④结转的有关账户的余额，包括清算费用、土地转让收益和有关资产、负债账户的余额。结转这些账户的借方余额，记入该账户的借方；结转这些账户的贷方余额，记入该账户的贷方。

在清算开始时，应设置各有关清算会计账户，应设置的会计账户如表11-5所示。

**表 11-5　清算开始日会计科目表**

| 会计科目名称 | 会计科目名称 |
|---|---|
| 资产类： | 负债类： |
| 库存现金 | 短期借款 |
| 银行存款 | 应付票据 |
| 应收票据 | 应付职工薪酬 |
| 应收款 | 应交税费 |
| 材料 | 应付利润 |
| 半成品 | 长期债券 |
| 库存商品 | 其他应付款 |
| 投资 | 损益类： |
| 固定资产 | 清算费用 |
| 在建工程 | 土地转让收益 |
| 无形资产 | 清算损益 |

## （二）结转各破产清算账户的期初余额

开设新账后，清算组应将破产企业移交的截至清算开始日有关账户对应的内容逐一转入新设的相应账户中，并编制新的科目余额表。结转时均要编制结转分录，并据以登账。破产清算结转期初余额的对应账户说明，如表11-6所示。

**表 11-6 破产清算结转期初余额的对应账户说明**

| 破产企业有关会计账户名称 | 新开设的相对应的会计账户名称 |
|---|---|
| 库存现金 | 库存现金 |
| 银行存款、其他货币资金 | 银行存款 |
| 应收账款、预付账款（借方余额）、预收账款（借方余额）、其他应收款 | 应收款 |
| 应收票据 | 应收票据 |
| 材料采购、原材料、周转材料、材料成本差异、委托加工材料 | 材料 |
| 自制半成品、生产成本、制造费用 | 半成品 |
| 库存商品、发出商品 | 库存商品 |
| 交易性金融资产、长期股权投资 | 投资 |
| 固定资产、累计折旧 | 固定资产（固定资产余额减去累计折旧余额） |
| 短期借款、长期借款 | 借款 |
| 应付票据 | 应付票据 |
| 应付账款、预付账款（贷方余额）、预收账款（贷方余额）、其他应付款、长期应付款、专项应付款 | 其他应付款 |
| 实收资本、资本公积、盈余公积、利润分配 | 清算损益 |
| 坏账准备 | 清算损益 |
| 长期待摊费用 | 清算损益 |

**【例 11-2】** M 公司因经营管理不善，严重亏损，不能清偿到期债务，于 2009 年 7 月 11 日经法院宣告破产。M 公司截至 7 月 11 日的科目余额表如表 11-7 所示。

**表 11-7 科目余额表**

2009 年 7 月 11 日　　单位：元

| 总账科目 | 借方余额 | 贷方余额 | 总账科目 | 借方余额 |
|---|---|---|---|---|
| 库存现金 | 8 700 | | 短期借款 | 3 645 300 |
| 银行存款 | 725 000 | | 应付票据 | 1 281 800 |
| 应收票据 | 107 880 | | 应付账款 | 1 885 870 |
| 交易性金融资产 | 46 400 | | 预收账款 | 750 230 |
| 应收账款 | 1 166 670 | | 其他应付款 | 20 880 |
| 预付账款 | 144 130 | | 应付职工薪酬 | 2 346 100 |
| 其他应收款 | 174 000 | | 应交税费 | 2 328 120 |
| 原材料 | 559 700 | | 长期借款 | 1 438 400 |

（续）

| 总账科目 | 借方余额 | 贷方余额 | 总账科目 | 借方余额 |
|---|---|---|---|---|
| 半成品 | 217 500 | | | |
| 库存商品 | 502 280 | | | |
| 长期股权投资 | 2 030 000 | | 实收资本 | 1 632 700 |
| 固定资产 | 3 010 200 | | 盈余公积 | 256 012 |
| 累计折旧 | | 475 600 | 未分配利润 | 496 248 |
| 在建工程 | 1 392 000 | | | |
| 无形资产 | 1 624 000 | | | |
| 长期待摊费用 | 4 848 800 | | | |
| 合　计 | 16 557 260 | 475 600 | 合　计 | 16 081 660 |

清算组接管企业后，按规定开设了新的账户，并编制结转分录，结转各账户的期初余额，注销旧账。其中，大部分账户的期初余额是将旧账中相同名称的账户余额直接转入。需要将原账户余额合并计算后才能转入的期初余额的结转分录如下：

（1）结转“投资”账户的余额，编制会计分录如下：

借：投资　2 076 400
　　贷：交易性金融资产　46 400
　　　　长期股权投资　2 030 000

（2）结转“应收款”账户的余额，编制会计分录如下：

借：应收款　1 484 800
　　贷：应收账款　1 166 670
　　　　预付账款　144 130
　　　　其他应收款　174 000

（3）结转“固定资产”账户的余额，编制会计分录如下：

借：固定资产　2 534 600
　　累计折旧　475 600
　　贷：固定资产　3 010 200

（4）结转“借款”账户的余额，编制会计分录如下：

借：短期借款　3 645 300
　　长期借款　1 438 400
　　贷：借款　5 083 700

（5）结转“其他应付款”账户的余额，编制会计分录如下：

借：应付账款　1885 870

预收账款 750 230
其他应付款 20 880
贷：其他应付款 2 656 980

（6）结转“清算损益”账户的余额，编制会计分录如下：

借：清算损益 2 463 840
实收资本 1 632 700
盈余公积 256 012
利润分配 496 248
贷：长期待摊费用 4 848 800

转账后编制的账户余额表如表 11-8 所示。

**表 11-8 账户余额表**

2009 年 7 月 11 日 单位：元

| 总账科目 | 借方余额 | 贷方余额 | 总账科目 | 借方余额 | 贷方余额 |
|---|---|---|---|---|---|
| 库存现金 | 8 700 | | 借款 | | 5 083 700 |
| 银行存款 | 725 000 | | 应付票据 | | 1 281 800 |
| 应收票据 | 107 880 | | 其他应付款 | | 2 656 980 |
| 应收款 | 1 484 800 | | 应付职工薪酬 | | 2 346 100 |
| 材料 | 559 700 | | 应交税费 | | 2 328 120 |
| 半成品 | 217 500 | | | | |
| 库存商品 | 502 280 | | 清算损益 | 2 463 840 | |
| 投资 | 2 076 400 | | | | |
| 固定资产 | 2 534 600 | | | | |
| 在建工程 | 1 392 000 | | | | |
| 无形资产 | 1 624 000 | | | | |
| 合计 | 11 232 860 | | 合计 | 2 463 840 | 13 696 700 |

**（三）在财产清查的基础上编制清查后的财产盘点表和资产负债表**

清算组对于破产企业的财产和债务要进行全面的清查，并根据财产清查的结果进行账务处理，然后编制清查后的资产负债表。

**（四）核算和监督破产企业财产的处置**

1. 收回应收账款和应收票据等债权的核算

当清算组以银行存款或现金等方式收回各种应收账款时，应按实际收回的金额，借记“银行存款”、“库存现金”等账户，贷记“应收款”、“应收票据”等账户。对于不能收回的应收款项，按核销的金额，借记“清算损益”账户，贷记“应收款”、“应收票据”等账户。

如果破产企业的原债务人以原材料、产成品等实物资产抵销其债务，则清算组在收到抵销有关债权的实物时，应按实物资产预计可变现金额，借记“材料”、“库存商品”等账户；按应收的金额，贷记“应收款”、“应收票据”等账户；按应收金额与可变现金额的差额，借记或贷记“清算损益”账户。

2. 变卖材料、半成品、产成品等存货的核算

清算组在变卖破产企业的存货时，应按实际变卖收入和收取的增值税，借记“银行存款”等账户；按各存货的账面价值，贷记“材料”、“半成品”、“库存商品”等账户；按取得的增值税税额，贷记“应交税费——应交增值税（销项税额）”账户（若为小规模纳税企业，则贷记“应交税金——应交增值税”账户）；并将存货账面价值和变卖收入的差额，借记或贷记“清算损益”账户。

对于变卖产品等应缴纳的各种税款，应借记“清算损益”账户，贷记“应交税费”账户；对应缴纳的教育费附加，则借记“清算损益”账户，贷记“应交税费——应交教育费附加”账户。

3. 变卖固定资产和在建工程的核算

清算组在变卖破产企业的固定资产和在建工程时，应按实际变卖收入，借记“银行存款”等账户；按变卖财产的账面价值，贷记“固定资产”、“在建工程”等账户；按变卖财产的账面价值和变卖收入的差额，借记或贷记“清算损益”账户；对变卖固定资产和在建工程应缴纳的有关税费等，借记“清算损益”账户，贷记“应交税费”等账户。

4. 转让无形资产的核算

清算组在转让破产企业的专利权等无形资产时，应按其实际变卖收入，借记“银行存款”账户；按无形资产账面价值，贷记“无形资产”账户；按实际变卖收入与所变卖无形资产的账面价值的差额，借记或贷记“清算损益”账户；对所转让无形资产的有关税费，借记“清算损益”账户，贷记“应交税费”账户。

5. 转让对外投资的核算

当清算组在转让破产企业原来的投资时，应按实际取得的转让收入，借记“银行存款”账户；按投资的账面价值，贷记“投资”账户；按投资的账面价值与转让收入的差额，借记或贷记“清算损益”账户。

如果破产企业在清算期间分得投资收益，应按实际收款，借记“银行存款”账户，贷记“清算损益”账户。若原来按权益法将应分得的投资收益记入了“投资收益”账户，则在实际分得投资收益时，冲减投资，借记“银行存款”账户，贷记“投资”账户。

6. 转让土地使用权的核算

企业的土地使用权按取得方式不同分为无偿划拨取得和有偿转让两种。清算

组在对转让土地使用权进行核算时，应区分这两种不同的情况来进行。

对于无偿划拨的土地使用权，在转让时应按实际转让收入，借记“银行存款”账户，贷记“土地转让收益”账户。

对于有偿转让取得的土地使用权，因为破产企业在取得时已经记入“无形资产”账户，所以在转让时，应按实际的转让收入，借记“银行存款”账户；按其账面价值，贷记“无形资产”账户；按其实际转让收入与账面价值的差额，借记或贷记（一般为贷记）“土地转让收益”账户。

无论是有偿转让还是无偿转让，其转让所得，依据有关规定，首先应该用于破产企业职工的安置，安置后的剩余部分才列入破产企业财产。清算组在以土地使用权转让所得支付职工安置费时，应按实际支付的金额，借记“土地转让收益”账户，贷记“库存现金”账户或“银行存款”账户。如果土地使用权转让不足以支付职工安置费，而以其他破产清算的财产支付时，应按实际支付的金额，借记“清算损益”账户，贷记“库存现金”或“银行存款”账户。

清算终止，将土地使用权转让净收益转入清算损益时，应借记或贷记“土地转让收益”账户，贷记或借记“清算损益”账户。

7. 核销无法变现的资产与计提所转让的各项资产应缴纳城市维护建设税和教育费附加的核算

清算终止，清算组应对无法变现的各项资产进行核销，将核销的损失列入清算损益，借记“清算损益”账户，贷记“材料”、“库存商品”、“无形资产”、“投资”等账户。对于清算期间处置各项资产应缴纳的城市维护建设税和教育费附加亦应计提。在计提时，借记“清算损益”账户，贷记“应交税费”账户。

### （五）核算和监督清算费用的支付

清算期间支付的所有清算费用，都应通过“清算费用”账户核算。在支付有关费用时，应按实际发生额，借记“清算费用”账户，贷记“库存现金”、“银行存款”账户。清算终止，将“清算费用”账户发生额转入“清算损益”账户时，借记“清算损益”账户，贷记“清算费用”账户。

### （六）核算和监督破产企业财产的分配并结平各账户

1. 支付所欠职工的薪酬核算

在支付职工薪酬时，按实际支付的金额，借记“应付职工薪酬”账户，贷记“库存现金”、“银行存款”账户。清算期间，原未计提但实际支付给职工的各项费用，均直接计入清算费用，但也应通过“应付职工薪酬”账户核算。

2. 上缴所欠的税款

在上缴所欠税款时，按实际缴纳的金额，借记“应交税费”，贷记“银行存款”等账户。

3. 清偿其他破产债务的核算

在偿还债务时，按实际清偿额，借记“应付票据”、“其他应付款”、“借款”等账户，贷记“库存现金”、“银行存款”等账户。

4. 结转“清算费用”账户和“土地转让收益”账户余额的核算

清偿债务后，应结平“清算费用”和“土地转让收益”账户。

（1）将“清算费用”账户的余额转入“清算损益”账户。

借：清算损益

　　贷：清算费用

（2）将土地使用权转让净收益转入“清算损益”账户。

借：土地转让收益

　　贷：清算损益

5. 注销不再清偿债务的核算

当企业破产财产不足以清偿债务时，依据有关规定，尚欠的债务不再清偿。在注销未偿还的债务时，应借记“应付票据”、“其他应付款”、“借款”等账户，贷记“清算损益”账户。至此，所有账户的余额都已结清。

**（七）编制清算财务报表**

清算工作结束，应根据破产清算的账务处理结果编制清算损益表和债务清偿表，并向破产企业原登记机关办理注销登记。清算损益表和债务清偿表的编制略。

## 【复习思考题】

1. 什么是企业清算？什么原因导致企业进行清算？
2. 简述企业清算的业务程序。
3. 简述破产清算会计的一般核算程序。
4. 简述破产清算会计应设置的账户及其账户的结构。

## 【实务练习题】

利安有限责任公司有甲、乙和丙三方投资者，所占的投资比例分别为45%、30%和25%。利安有限责任公司由于经营期满，于2009年12月1日宣布解散，12月31日清算结束。该公司的注册资本为300万元，2009年12月1日的资本公积为90万元，留存收益为60万元，在解散过程中发生的清算收益为80万元。

要求：计算利安有限责任公司解散时甲、乙、丙三方分别应收回的投资额，并进行相关的会计处理。

# 第十二章　其他专题介绍

## 第一节　合伙企业会计

### 一、合伙企业的含义

合伙企业是指一种有两人或两人以上通过订立合伙协议，共同出资、共负盈亏、共担风险的企业组织形式。合伙企业不是法律主体，不具有法人资格，合伙人必须以个人的法律名义从事经营活动。

合伙企业一般具有以下特征：

（1）合伙企业生命有限。相对于有限责任公司和股份有限公司，合伙企业比较容易设立和解散。由于合伙企业是以合伙协议为基础的，原合伙人的退出或新合伙人的进入，都会引起原合伙企业的解散和新合伙企业的成立。

（2）经营责任无限。由于合伙企业不是法律主体，不具有法人资格，因此，合伙企业的债务就成了所有合伙人的共同债务。当合伙企业破产时，如剩余资产不足清偿企业负债，每个合伙人都有提供个人资产，清偿企业债务的责任。并且当某一合伙人没有足够个人财产偿债时，其他合伙人还必须负连带偿债责任。

有些合伙人负有无限责任，有些合伙人负有有限责任，这只是合伙人的一种内部约定而已，并不改变合伙组织整体的无限责任性质。

（3）合伙财产共有。合伙企业的财产为所有合伙人共同享有，不经全体合伙人的同意，任何一个合伙人均无权处置企业财产。只提供劳务、不提供资本的合伙人虽有权分享一部分利润，但无权分享合伙财产。

（4）相互代理机制。每一个合伙人均可以作为企业代理人，在正常经营范围内，代表合伙企业对外承担法律责任。每个合伙人代表合伙企业所发生的经济行为对所有合伙人均有约束力。

（5）无合伙企业所得税。合伙企业对其经营所得和其他所得不缴纳所得税。合伙企业的净收益被分配后，成为各合伙人的应税收入。

### 二、合伙企业的经营核算

#### （一）合伙企业的初始投资

合伙人以货币、实物、无形资产或劳务出资，合伙企业一般按合伙人设立资本账户，反映合伙人在合伙企业的资本。

【例 12-1】 合伙人马某和李某订立合伙协议，开设泰山合伙企业。依据协议，两人分别投入现金 100 000 元和一栋厂房（双方认可其价值为 200 000 元）。

借：库存现金　　100 000
　　固定资产　　200 000
　　贷：资本——马某　　100 000
　　　　资本——李某　　200 000

【例 12-2】 在某合伙企业成立期间，所有合伙人均认可于某提供的劳务，作价 30 000 元，作为其对该合伙企业的出资。

借：长期待摊费用　　30 000
　　贷：资本——于某　　30 000

### （二）利润分配

合伙企业损益分配的方法有很多，通常在合伙协议中有约定。若未作约定，合伙人则平均分配。除了平均分配方法，还有多种方案可供选择。

1. 按约定比例分配

【例 12-3】 假定甲、乙、丙三个合伙人经营一家企业，合伙协议约定，损益分配的比例为 2:3:5。本年度净收益为 800 万元，甲、乙、丙三人的分配额分别是 160 万元、240 万元和 400 万元。

借：损益汇总　　8 000 000
　　贷：资本——甲　　1 600 000
　　　　　　——乙　　2 400 000
　　　　　　——丙　　4 000 000

2. 按照投入资本分配

由于合伙人在合伙期间，会发生合伙人增资、提款等情况，分配方法有按照期初资本分配、按照期末资本分配和按照平均资本分配。

【例 12-4】 甲、乙两人于 2009 年年初组建公司。合伙人甲于 2009 年 1 月 1 日投入 40 000 元，4 月 1 日又投入 10 000 元；合伙人乙于 2009 年 1 月 1 日投入 80 000 元，7 月 1 日提款 5 000 元。合伙企业本年度盈利 15 000 元。

按期初资本分配，本年度净收益分配情况如下：

甲：40 000/（40 000+80 000）×15 000=5 000（元）

乙：80 000/（40 000+80 000）×15 000=10 000（元）

作会计分录如下：

借：损益汇总　　15 000
　　贷：资本——甲　　5 000
　　　　资本——乙　　10 000

【例 12-5】 以【例 12-4】资料为例。按照期末资本分配，本年度净收益分配情况如下：

甲：50 000/（50 000+75 000）×15 000=6 000（元）

乙：75 000/（50 000+75 000）×15 000=9 000（元）

借：损益汇总　15 000
　　贷：资本——甲　6 000
　　　　资本——乙　9 000

**【例 12-6】** 以【例 12-4】资料为例。按照平均资本分配，本年度净收益分配情况如下：

甲资本平均余额：40 000+10 000×9/12=47 500（元）

乙资本平均余额：80 000×6/12+75 000×6/12=77 500（元）

甲：47 500/（47 500+77 500）×15 000=5 700（元）

乙：77 500/（47 500+77 500）×15 000=9 300（元）

借：损益汇总　15 000
　　贷：资本——甲　5 700
　　　　资本——乙　9 300

除此之外，合伙人也可以按照工作量分配，也可以按年薪或固定利率分配，或上述的各种组合。

## 三、合伙权益变动

### （一）新合伙人入伙

合伙企业成立后，为了筹集资金，扩大规模，或者需要具有一定技能的人才改善企业经营，因此需要吸收新的合伙人入伙。新的合伙人入伙必须取得原合伙人的同意，并需要修改原来的合伙协议或者重新订立新的合伙协议。通常，新的合伙人可以采用购买原合伙人全部或部分权益和新合伙人投入资本取得权益两种方式。

#### 1. 新合伙人购买原合伙人全部或部分权益

这种方式是指，在取得原合伙人一致同意后，将现有伙权的一部分或全部转让给新合伙人，但合伙企业的资本总额并未发生增减变化，只需要在合伙人的权益上进行调整。

**【例 12-7】** 某甲、乙合伙企业拥护有资本 200 000 元。其中甲出资 120 000 元，乙出资 80 000 元。现经甲、乙两方同意，各自将资本的 20%转让给新合伙人丙，成立甲、乙、丙合伙企业。

丙合伙人入伙的权益变动会计分录如下：

借：资本——甲　24 000
　　资本——乙　16 000
　　贷：资本——丙　40 000

2. 新合伙人投入资本取得权益

由于原合伙企业已经过一段时期的经营，各项资产的账面价值与入伙时的公允价值往往不一致。为使新合伙人避免因合伙企业资产或负债的账面价值与公允价值不一致而遭受损失，或取得不当得利，在入伙时，需对资产和负债进行确认和评估。

（1）原合伙企业净资产账面价值等于公允价值，说明原合伙企业资产价值不变。

（2）原合伙企业净资产账面价值小于公允价值，说明原合伙企业资产升值。

（3）原合伙企业净资产账面价值大于公允价值，说明原合伙企业资产减值。

入伙使原有合伙关系中止，新的合伙关系成立，为了公允地反映新合伙人间的联合关系，应当将资产账面价值调整为当时的公允价值，新合伙人与原合伙人经过协商和谈判，最终会按照下面三种情况之一取得新合伙企业的伙权：

（1）以等于公允价格的代价取得部分伙权。

（2）以高于公允价格的代价取得部分伙权，表明原合伙企业有商誉。

（3）以低于公允价格的代价取得部分伙权，表明新合伙人有商誉，或原合伙企业有负商誉。

对于上述情况，在会计上有两种处理方法：①将商誉价值确认入账。②将存在的商誉分配给原合伙人。

（1）将商誉价值确认入账。这种方法是指在新合伙人入伙时，为原合伙人确认商誉，并按损益分配比例将商誉价值分配给原合伙人。

**【例 12-8】** 某甲、乙合伙企业，在新的合伙人入伙前资本总额为 120 000 元，其中甲资本为 50 000 元，乙资本为 70 000 元。其损益分配比例为 40%和 60%。现新合伙人丙要求入伙，经过三方协商，丙合伙人以 65 000 元现金取得新合伙企业 1/3 的权益，并按 30%比例分享损益。

根据丙合伙人以 65 000 元取得新合伙企业的 1/3 权益，可以推算出合伙企业的资本总额为 195 000 元，它与新合伙企业的净资产 185 000 元相比差额为 10 000 元，这 10 000 元就为原合伙企业的商誉，归甲、乙合伙人所有，应按 40%和 60%的损益分配比例在甲、乙两合伙人之间进行分配，分别计入其明细账。作会计分录如下：

借：商誉　　10 000
　　贷：资本——甲　　4 000
　　　　　　——乙　　6 000
借：库存现金　　65 000
　　贷：资本——丙　　65 000

**【例 12-9】** 假定【例 12-8】的某甲、乙合伙企业的获利能力较低，而丙合伙人又具有特殊技能，经协商，允许丙合伙人以现金 54 000 元取得新合伙企业 1/3 的权益。

按原甲、乙两合伙人的资本总额 120 000 元，占新合伙企业 2/3 的权益，可以推算出新合伙企业的资本总额为 180 000 元，与甲、乙、丙合伙企业的净资产 174 000 元相比，差额为 6 000，这表明丙合伙人拥有商誉 6 000 元。

那么，丙合伙人投入资本及商誉确认的会计分录如下：

借：库存现金　　54 000

　　商誉　　6 000

　　贷：合伙人资本——丙　　60 000

现在，新的甲、乙、丙合伙企业资本总额为 180 000 元，其中甲、乙、丙各个合伙人的资本分别为 50 000 元、70 000 元和 60 000 元。

（2）将存在的商誉分配给原合伙人。这种方法是指在新合伙人入伙时，按原合伙企业的资本额和新合伙人的实际投资额计算、确定新合伙企业的资本总额，将原合伙企业存在的商誉按损益分配比例分配给原合伙人，而不在账面上予以确认。

**【例 12-10】** 假设原甲、乙合伙企业两合伙人的资本额及权益比例分别是：甲合伙人为 80 000 元，乙合伙人为 40 000 元。现新合伙人丙以 50 000 元现金投入，取得新合伙企业 1/4 的权益。

这时，新的甲、乙、丙合伙企业的资本总额为 170 000 元，新合伙人丙的 1/4 权益应为 42 500 元，实际多付了 7 500 元，说明原合伙企业存在商誉。这笔商誉不在账面上确认，而应按损益分配比例转做原合伙企业甲、乙合伙人的资本增加额（假定甲、乙合伙人损益分配比例为 6:4）。

新合伙人丙投资的会计分录如下：

借：库存现金　　50 000

　　贷：资本——甲　　5 000

　　　　　——乙　　2 500

　　　　　——丙　　42 500

**（二）退伙**

在某些情况下，现有合伙人可能退出合伙企业，称为退伙。合伙人退伙除了需要征得其他合伙人同意外，还需要在退伙时对原合伙企业的债务负有清偿责任。退伙一般有两种方式：一种方式是出售给其他合伙人，也包括新合伙人；一种方式是从合伙企业中抽出资本。

出售给其他合伙人只涉及合伙人之间的权益记录，不涉及合伙企业资产和资本的增减变化，因此，只需要作反映变更合伙人的明细记录。从合伙企业中抽出资本，既使其资产减少，又使其伙权减少，其会计处理也如前述商誉法和红利法。退伙时，商誉法还可采用确认退伙人部分的商誉和确认全部商誉两种方法。

**【例 12-11】** 承【例 12-10】，新合伙人丙以 47 000 元现金入伙，并取得 1/3 权益后，不久，乙合伙人要求退伙。经协商，合伙企业同意付给乙合伙人现金 48 000 元，比其账面资本额 40 000 元高出 8 000 元。

1. 采用将商誉减值确认入账的方法

（1）将超额支付的 8 000 元，按乙合伙人占有企业 2/3 权益的 40%比例推算，该合伙企业的商誉应为 30 000 元。

（2）按损益分配比例分配确认商誉入账。

甲:乙:丙=2/3×60%:2/3×40%:1/3=6/15:4/15:5/15

甲、乙、丙合伙人应分配的商誉：

甲：30 000×6/15=12 000（元）

乙：30 000×4/15=8 000（元）

丙：30 000×5/15=10 000（元）

作会计分录如下：

| | 借方 | 贷方 |
|---|---|---|
| 借：商誉 | 30 000 | |
| 贷：资本——甲 | | 12 000 |
| ——乙 | | 8 000 |
| ——丙 | | 10 000 |

做乙合伙人退伙的会计处理如下：

| | 借方 | 贷方 |
|---|---|---|
| 借：资本——乙 | 48 000 | |
| 贷：库存现金 | | 48 000 |

2. 采用不确认商誉（直接按损益分配比例分配给其他合伙人）的方法

**【例 12-12】** 甲、乙两人的合伙企业，在丙入伙前，甲、乙的资本分别为 54 000 元和 90 000 元，损益分配比例为 1:1。现丙以 50 000 元现金取得新合伙企业权益总额的 25%。

丙投入 50 000 元后，合伙企业权益总额为 194 000 元，25%的权益为 48 500 元，丙多付出 1 500 元，意味着原合伙企业有未入账的商誉，因此丙多付出的 1 500 元，应按损益比例转为甲、乙的资本，相当于给原合伙人红利。作会计分录如下：

| | 借方 | 贷方 |
|---|---|---|
| 借：库存现金 | 50 000 | |
| 贷：资本——甲 | | 750 |
| ——乙 | | 750 |
| ——丙 | | 48 500 |

## 四、合伙人提款

合伙企业通常允许合伙人从企业中提取现金或其他资产，以满足个人生活开支或其他需要。进行会计处理时，借记“提款”账户，贷记“库存现金”等资产账户；在会计期末，将提款账户结清，结账分录为借记“资本”账户，贷记“提款”账户。

### 五、合伙企业清算

合伙企业清算是指合伙企业符合合伙人约定或法律规定的终止、解散条件或者合伙企业出现其他客观事实状态时，清算人依法对合伙企业的财产及债权债务进行清理清偿和分配的行为。

合伙企业可设置“清算损益”账户，反映企业在清算过程中所发生的费用、财产变现损失以及债务清理损益，其余额应按比例转入合伙人的有关资本账户。

根据清算的不同方式，清算可分为一次付款清算和分次付款清算。根据实际情况，企业可确定使用其中一种方法。

（1）一次付款清算是指将全部资产变现，并收回债权，偿付了所有债务后，将剩余财产按资产比例一次分配给合伙人的清算方法。这种方法要求所有资产在分配给合伙人前先变现，从而避免了合伙资产过早分配导致不足以偿付债务的可能。

（2）分次付款清算是指清算结束前，分次付款给债权人和合伙人，以利于合伙人及时将资金转投与其他项目，以防止资金闲置。采用此方法分配剩余财产时，必须事先估计所有负债、可能的变现损失和清算费用。为此，需要编制现金付款计划，确定每一次的可分配数。如果合伙人中有人出现资本借方余额，则应在分配前先由其他合伙人予以弥补，以防止过度分配导致侵害债权人利益。

## 第二节　衍生金融工具会计

### 一、相关概念

（1）金融工具是指形成一个企业的金融资产，并形成其他单位的金融负债或权益工具的合同。

（2）衍生金融工具，也称衍生工具，是在基础金融工具基础上派生出来的，具有下列特征的金融工具或其他合同：

1）其价值随特定利率、金融工具价格、商品价格、汇率、价格指数、汇率指数、信用等级、信用指数或其他类似变量的变动而变动；变量为非金融变量的，该变量与合同的任何一方不存在特定关系。

2）不要求初始净投资，或与对市场情况变化有类似反应的其他类型合同相比，要求很少的初始净投资。

3）在未来某一日期结算。

衍生金融工具包括金融远期合同、金融期货合同、金融互换和金融期权，以及具有远期合同、期货合同、互换和期权中一种或一种以上特征的工具。

## 二、衍生金融工具的内容

### 1. 金融远期合同

金融远期合同是指规定合约双方同意在将来某一特定日期按照事先约定的价格（如汇率、利率、股票价格等），以预先确定的方式买卖约定数量的某种金融工具的合约。按其标的来分，有远期外汇合约、远期利率协议、远期股票合约、远期运费协议等。

相对于其他衍生金融工具，金融远期合同具有以下特征：

（1）非标准化。该合约内容是根据交易双方的需要而特别制定的，合约的交易对象、数量、价格、交割时间和其他交易条件都是由交易双方协商决定的，并没有统一的标准和限制。因此，金融远期合同的灵活性较大。但由于合约是双方自愿达成的协议，所以不容易转让给第三方，且达成交易的成本相对较高。

（2）场外交易。由于没有统一的交易场所和清算机构，金融远期合同主要在银行间或者银行与企业之间进行，个人和小公司参与的机会很少。这种交易也称柜台交易，所受监管程度较低，违约风险较高。

（3）不实行保证金制度。除了银行对小客户收取保证金外，绝大多数金融远期合同都不用交纳保证金，金融远期合同到期的履约取决于交易双方的信用和客户的履约能力。因此信用风险较大。

（4）大部分金融远期合同要进行实物交割。由于金融远期合同是双方达成的意愿，因此其流通性差，绝大多数金融远期合同要按照约定的时间进行实物交割。而期货合约在到期前，大部分都可以对冲了结。

### 2. 金融期货

金融期货是指买卖双方在有组织的交易所内，按交易所的规定，以公开竞价的方式达成协议，约定在未来的某一特定时间交割标准数量特定金融工具的交易方式。期货合约实质上就是在交易所内进行买卖的标准化金融远期合约。

金融期货一般有外汇期货、利率期货、股票指数期货等。

金融期货的特点如下：

（1）交易集中在有组织的交易所内，一般不允许场外交易。交易所作为非营利机构，为期货交易者提供场所和必要的设施设备，并制定一系列规章制度，为交易双方的买卖提供担保。交易各方可以平等地公开竞价、参与买卖。

交易所实行保证金制度、每日无负债结算制度、限仓制度、涨跌停板制度、风险准备金制度。进场交易和清算实行会员制。

（2）合约最终进行实物交割的比例较低。参与者除了少量为了规避风险进行套期，其余绝大多数都是投机者，多数合约在到期前会择机平仓了结。

（3）交易的对象是标准化合约。合约的标的除了价格可变，其他诸如数量、交割时间、规格、品质等均固定，从而使期货合约具有较强的流动性，易于买卖转让，同时也降低了交易成本，并且可避免双方对合约条款的理解不同产生纠纷。

（4）实行保证金制度。期货交易所为保障买卖双方的利益，要求参与期货买卖的各方，必须交纳一定数量的保证金，包括初始保证金和维持保证金，进入交割月，保证金的比例也会相应提高。初始保证金一般为合约价值的5%～10%不等。保证金制度既保障了期货交易的安全履约，也为投机者提供了高杠杆效应。保证金制度“以小博大”的杠杆效应也强烈地吸引着投机者的参与，从而使期货交易更加活跃，市场影响力更大。

3. 金融期权

期权是一种证券化契约，是指赋予买方在合约到期日或到期日之前，以契约约定价格向卖方买入或卖出一定数量的商品及有价证券的权利。它是一种选择权，买方有权决定履约或不履约。而期权卖出方有义务接受买入方的要求，进行出售或购买。期权交易就是买卖权利的一种交易。期权交易中，买方买入期权支付的买价，称为期权费或期权价格。

金融期权是期权的一种，是指投资者按一定价格购买期权合约，获得在规定时间内以约定价格买入或卖出某种金融工具的权利。

金融期权一般有外汇期权、利率期权、股票期权、股票指数期权等。

金融期权具有以下特点：

（1）风险收益不对称。买方有权决定履约或不履约，并没有必须履约的义务，卖方有义务必须接受买方履约或不履约；买方没有义务履约，而只有在对其有利的情况下，才会选择履约。因此买方的风险至多就是损失付出的期权费，而在有利时行权，可获得较高的收益。卖方的最大收益是收取的期权费，在对方行权时，卖方有义务接受，因此期权卖方的风险比较大；买方无需交纳保证金，而卖出方由于承担必须履行交易义务可能带来的损失，所以需要交纳保证金。

（2）金融期权交易是就期权的价格达成协议，期权合约中金融工具的价格是固定不变的。

（3）金融期权通常在有组织的交易所进行，合约也相应采用标准格式。标准化期权的买卖，买卖双方均需交纳保证金。

4. 金融互换

金融互换是指交易双方根据互换合同，按照事先约定的价格，交换未来各自债务现金流量的一种金融交易方式。其实质是一种长期债权多头与另一种债券空头的组合，或是一种一系列远期合约的组合。金融互换一般是私下达成的协议。金融互换包括货币互换和利率互换。

金融互换的特点如下：

（1）合约的标的是用于交换的两种不同金融工具，可以是不同的货币，也可以是计息方式不同的同一货币；而其他衍生金融工具的标的是某一种金融工具。

（2）绝大部分金融互换的期限较长，一般是2～10年或更长；其他衍生金融工具一般在一年内到期。

（3）金融互换属于场外交易，为满足参与者特殊需要，通常进行具体的设计，量身定做，这使得互换合约具有较强的灵活性，同时也提高了金融互换成本。

（4）金融互换是利用交易双方各自对所交换的不同金融工具的优势进行的，交换的结果对双方均有利，因而是一种充分发挥资源优势的“双赢”或“多赢”交易方式。

（5）金融互换的目的主要是降低筹资成本和规避利率、汇率风险，很少用于投机，这也使得金融互换的市场风险较低。

## 三、衍生金融工具的会计处理

### 1. 衍生金融工具会计处理的一般原则

持有衍生金融工具的主要目标包括投资获利和套期保值。除了用于有效套期的衍生金融工具外，衍生金融工具一般都应该归类为交易性金融资产或金融负债，而后按照交易性金融资产或金融负债的核算规则进行会计处理。对所有衍生金融工具的会计处理，归纳起来主要包括以下几项原则：

（1）在企业成为合同的一方时，进行初始确认，将衍生金融工具在资产负债表中确认为一项资产或负债。

（2）按公允价值计量所有的衍生金融工具，包括初始计量和后续计量。

（3）对于所有用于投资的衍生金融工具，资产负债表日公允价值的变动额计入当期损益；而用于套期保值的衍生金融工具，依照套期的不同类型，资产负债表日公允价值的变动额或计入当期损益，或计入所有者权益。

（4）在对衍生金融工具进行处置时，其公允价值与初始入账金额之间的差额确认为投资收益，并调整公允价值变动损益。

以下是针对企业用于投资以期获得风险收益的衍生金融工具的会计处理。在进行此类衍生金融工具的账务处理时，均应通过“交易性金融资产”或“交易性金融负债”一级账户进行核算。

### 2. 远期外汇合约的会计处理

在各种衍生金融工具的核算过程中，最关键的是确定衍生金融工具的价值。远期外汇合约的公允价值，在考虑时间价值的影响后，应当按照各计量时点的远期外汇汇率进行折算。因此，远期外汇合约的公允价值确认需要三个方面的信息：①合同约定汇率，即远期合约达成时的市场远期汇率。②现行远期汇率，即各计量时点的市场远期汇率。③折现率，通常使用企业的增量借款利率。

现举例说明远期外汇合约的会计处理。

【例 12-13】 2009 年 10 月 1 日，某国内企业签订了一份 6 个月期的购买 1 000 000 美元的远期合约（到期日为 2010 年 3 月 31 日），双方约定在交割日以净额现金交割。各相关时点的远期合约的即期汇率和远期汇率如表 12-1 所示。

**表 12-1 各相关时点的远期合约的即期汇率和远期汇率**

| 日 期 | 美元兑换人民币即期汇率（人民币元/美元） | 交割日 2010 年 3 月 31 日美元兑换人民币远期汇率（人民币元/美元） |
|---|---|---|
| 2009 年 10 月 1 日 | 7.17 | 7.20 |
| 2009 年 12 月 31 日 | 7.14 | 7.17 |
| 2010 年 3 月 31 日 | 7.23 | 7.23 |

假设企业年增量贷款利率为 12%，各时点远期合约的公允价值计算如表 12-2 所示。

**表 12-2 各时点远期合约的公允价值**

| 日 期 | 近期合约约定汇率 | 市场远期汇率 | 差 异 | 名义本金/元 | 预计交割的现金流量/元 | 折现因子 | 估计公允价值的变动额/元 |
|---|---|---|---|---|---|---|---|
| 2009 年 12 月 31 日 | 7.20 | 7.17 | −0.03 | 1 000 000 | −30 000 | 1.030 3 | −29 118 |
| 2010 年 3 月 31 日 | 7.20 | 7.23 | 0.03 | 1 000 000 | 30 000 | 1 | 30 000 |

2009 年 10 月 1 日，签订远期外汇合约。因公允价值为零，故没有会计分录，但需要登记备忘。

2009 年 12 月 31 日，登记远期外汇合约的价值变动，会计分录如下：

借：公允价值变动损益——远期美元 29 118

　　贷：交易性金融资产——衍生金融工具——远期美元 29 118

2010 年 3 月 31 日，执行远期合约，会计分录如下：

借：交易性金融资产——衍生金融工具——远期美元 59 118

　　贷：公允价值变动损益——远期美元 29 118

　　　　投资收益——远期美元 30 000

借：银行存款 30 000

　　贷：交易性金融资产——衍生金融工具——远期美元 30 000

3. 金融期货交易的会计处理。

【例 12-14】 假设某国内公司 2010 年 6 月 1 日在外汇期货市场上以 0.17 人民币元/美元的成交价格买入 9 月份到期的 200 000 美元的期货合约。当日持仓的清算价格为 0.155RMB/USD。日后，该公司平仓时的交易价为 0.15 人民币元/美元。初始保证金的比率为交易金额的 10%，维持保证金为 2 000 元。上述业务的会计处理如下（以人民币为记账本位币）：

（1）存入期货交易保证金（200 000×0.17×10%=3 400）：

借：期货保证金——外汇期货　　3 400

　　贷：银行存款　　3 400

（2）当日结算后，记录追加期货保证金–3 000 元[（0.155–0.17）×200 000]，同时记录外汇期货合同的公允价值损失：

借：期货保证金——外汇期货　　3 000

　　贷；银行存款　　3 000

借：公允价值变动损益　　3 000

　　贷：期货保证金——外汇期货　　3 000

（3）记录平仓结算，同时收回保证金：

借：银行存款　　2 400

　　投资收益　　4 000

　　贷：期货保证金——外汇期货　　3 400

　　　　公允价值变动损益　　3 000

其中：

投资收益=（0.15–0.17）×200 000=–4 000（元）

银行存款=3 400–（0.155–0.15）×200 000=2 400（元）

4. 金融期权交易的会计处理

对于在交易所交易的期权，市场价格是期权公允价值计量的最好工具；而对于场外交易的期权，交易方的报价则是期权公允价值计量的较好选择；如果交易方的报价无法取得，则只能通过相关定价模型来确定期权的价值。而期权的内在价值一般能够单独计量，所以，期权的公允价值一般都能够表示为内在价值金额与时间价值金额之和。

在进行会计处理时，只有当期权合同被指定为有效套期工具时，才有必要将期权的内在价值和时间价值分开核算。在其他情况下，也就是利用期权作为投机工具获取风险收益时，期权合同在资产负债表上都是按照整体公允价值报告的，整体公允价值的变动应计入当期损益。【例 12-15】简要说明了在使用金融期权合约进行投机以获取风险收益情况下的会计处理方法。

**【例 12-15】** 乙公司于 2009 年 7 月 1 日通过其经纪人在交易所购买了以甲公司股票为标的物的欧式看涨期权 1 000 份，每份期权可以购买 1 股甲公司股票。表 12-3 是甲公司股票和以甲公司股票为标的证券的期权的相关信息。

表 12-3 甲公司股票及期权的相关信息

| | 甲公司股票 | 看涨期权 |
|---|---|---|
| 到期时间 | — | 18 个月 |
| 执行价格 | — | 10 元/股 |
| 2009 年 7 月 1 日市场价格 | 15 元/股 | 4 元/份 |
| 2009 年 12 月 31 日市场价格 | 18 元/股 | 9 元/份 |
| 2010 年 12 月 31 日市场价格 | 17 元/股 | 7 元/份 |

乙公司应编制会计分录如下：

（1）2009 年 7 月 1 日，记录看涨期权的购买：

借：衍生金融工具——欧式看涨期权　　4 000

　贷：银行存款　　4 000

（2）2009 年 12 月 31 日，记录所购入期权的公允价值变动：

借：衍生金融工具——欧式看涨期权　　5 000

　贷：公允价值变动损益　　5 000

（3）2010 年 12 月 31 日，记录期权的公允价值变动，同时记录看涨期权的行权：

借：公允价值变动损益　　2 000

　贷：衍生金融工具——欧式看涨期权　　2 000

借：交易性金融资产——成本　　17 000

　公允价值变动损益　　3 000

　贷：银行存款　　10 000

　　衍生金融工具——欧式看涨期权　　7 000

　　投资收益　　3 000

5. 金融互换交易的会计处理

下面以利率互换为例，说明对金融互换交易的会计处理。

互换也是衍生工具的一种，其会计处理与其他三种衍生工具一样，只不过互换的公允价值确定相对更加复杂。互换合约从交易安排的实质上看，其实是由一系列远期合同组成的。因此，互换的公允价值等于合约未来每期的收益（或支付）净额的贴现值，也就是计算每期交换的净现金流量的现值，然后将所有各期的净现金流量的现值加总。互换比远期合约复杂的是，在确定互换的公允价值时，必须估计各期期初的远期利率，并用这些估计的远期利率贴现各期的净现金流量。

**【例 12-16】** M 公司于 2009 年 1 月 1 日与某金融机构签订了一项 2 年期的利率互换合约。双方约定，M 公司将向该金融机构支付名义本金为 10 000 000 美元、浮动利率为 LIBOR+0.50%的浮动利息，以前一个支付日的 LIBOR 为准；而该金融机构向 M 公司支付名义本金相等、固定利率为 4.515%（年利率）的利息。利息每半年交换一次。表 12-4 是互换合约期间的 LIBOR 利率。

**表 12-4　互换合约期间的 LIBOR 利率**

| 日　期 | LIBOR 年利率（%） |
|---|---|
| 2009 年 1 月 1 日 | 4.015 |
| 2009 年 6 月 30 日 | 3.95 |
| 2009 年 12 月 31 日 | 4.05 |
| 2010 年 6 月 30 日 | 4.25 |
| 2010 年 12 月 31 日 | 4.15 |

M 公司在互换期间的现金流量和互换的公允价值计算如表 12-5 所示。

**表 12-5　现金流量和互换的公允价值计算**

| 日　期 | 浮动利率=LIBOR+0.50% | 固定利率与浮动利率的差额 | 实际收取（支付）的现金/元 | 互换的公允价值——以 LIBOR+0.50%折现的净现值/元 | 互换的公允价值变动额/元 |
|---|---|---|---|---|---|
| 2009 年 1 月 1 日 | 4.515% | 0 | 0 | 0 | 0 |
| 2009 年 6 月 30 日 | 4.45% | 0.065% | 0 | 9 332 | 9 332 |
| 2009 年 12 月 31 日 | 4.55% | –0.035% | 3 250 | （3 384） | （12 716） |
| 2010 年 6 月 30 日 | 4.75% | 0.235% | （1 750） | （11 477） | （8 093） |
| 2010 年 12 月 31 日 | | | （11 750） | 0 | 11 477 |

注：净现值按年金计算其复利现值。

M 公司在互换期间应编制会计分录如下：

2009 年 1 月 1 日，由于互换公允价值为 0，所以不需要编制会计分录，但是应该登记备忘。

（1）2009 年 6 月 30 日，记录互换公允价值的变动：

借：衍生金融工具——利率互换　　9 332

　　贷：公允价值变动损益　　9 332

（2）2009 年 12 月 31 日，记录互换公允价值的变动以及根据互换合同收到的现金：

借：公允价值变动损益　　12 716

　　贷：衍生金融工具——利率互换　　12 716

借：银行存款　　3 250

　　贷：财务费用　　3 250

（3）2010 年 6 月 30 日，记录互换公允价值的变动以及根据互换合同支付的现金：

借：公允价值变动损益　　8 093
　贷：衍生金融工具——利率互换　　8 093
借：财务费用　　1 750
　贷：银行存款　　1 750

（4）2010 年 12 月 31 日，记录互换合约到期以及根据互换合同支付的现金：

借：衍生金融工具——利率互换　　11 477
　贷：公允价值变动损益　　11 477
借：财务费用　　11 750
　贷：银行存款　　11 750

## 第三节　套期保值会计

### 一、套期保值概述

套期保值（以下简称套期）是指企业为规避外汇风险、利率风险、商品价格风险、股票价格风险、信用风险等，指定一项或一项以上套期工具，使套期工具的公允价值或现金流量变动，预期抵销被套期项目全部或部分的公允价值或者现金流量变动。简言之，就是企业指定某项衍生金融工具进行风险管理的过程。

（1）套期是指金融工具之间或金融工具与非金融工具之间的一种特殊关系，进行套期行为可以理解为指定套期工具和被套期项目的过程，即建立一种套期关系。

（2）套期可以减少甚至消除风险，降低特定风险暴露可能形成的不利影响。套期的作用机制是针对被套期项目，购入或售出一项或多项衍生金融工具或者非衍生金融工具（特定情况），使其公允价值或未来现金流量的变动方向与被套期项目相反、金额相当，以全部或部分抵销特定风险所导致的被套期项目价值变动所带来的损失。

（3）套期与投机有本质区别。投机是买空卖空，利用市场上金融工具或非金融工具的价格差别来获取风险收益。套期则着重于缓解风险，尽可能规避价格等因素的波动可能给企业带来的不利影响。当然，从实际交易的结果看，套期在规避风险的同时，也可能部分损失或全部丧失获利的机会。

### 二、套期保值的分类

企业为规避资产、负债、确定承诺、很可能发生的预期交易，或在境外经营的净投资有关的外汇风险、利率风险、股票价格风险、信用风险等展开的套期保值业务，为确定套期保值的会计方法，按照套期关系（即套期工具和被套期项目之间的关系），可划分为公允价值套期、现金流量套期和境外经营净投资套期。

1. 公允价值套期

公允价值套期是指对已确认资产或负债、尚未确认的确定承诺（或该项资产、负债，或尚未确认的确定承诺中的可辨认部分）的公允价值变动风险进行套期。该类价值变动源于某种特定风险，并且将影响企业的损益。如企业对承担的固定利率负债采用利率互换避险，属于公允价值套期。

2. 现金流量套期

现金流量套期是指对现金流量变动风险进行的套期。该类现金流量变动源于与已确认资产或负债（如浮动利率债务）、很可能发生的与预期交易有关的某类特定风险，并且将影响企业的损益。需要注意的是，很可能发生的预期交易，表明企业进行套期保值需要具有前瞻性和相应的规划。与公允价值套期不同的是，现金流量套期没有在现货市场签订合同。

对确定承诺的外汇风险进行的套期，企业既可以作为现金流量套期，也可以作为公允价值套期。

3. 境外经营净投资套期

境外经营净投资套期是指对境外经营净投资的外汇风险进行的套期。境外经营净投资是指企业在境外经营净资产中的权益份额。这种套期主要考虑对境外净投资可能因汇率变动而给企业带来的风险。

## 三、套期工具和被套期项目

套期工具和被套期项目是企业经营者为适应风险管理策略的需要进行保值业务而指定的套期关系中最重要的两个因素。

1. 套期工具

（1）套期工具是指企业为进行套期而指定的，其公允价值或现金流量变动预期可抵销被套期项目的公允价值或者现金流量变化的衍生工具。对外汇风险进行套期，还可以将非衍生金融资产或非衍生金融负债作为套期工具。

衍生工具通常可以作为套期工具。衍生工具包括远期合同、期货合同、互换和期权，以及具有远期合同、期货合同、互换和期权中一种或一种以上特征的工具。如企业为规避库存铜价格下降的风险，可以卖出一定数量的铜期货合同。其中，铜期货合同即是套期工具。

在理解套期工具的概念时，需要注意以下几点：

1）如果衍生工具无法有效地对冲被套期项目的风险，则不能作为套期工具。如对于利率上下限期权或由一项发行的期权和一项购入的期权组成的期权，其实质相当于企业发行的一项期权（即企业收取了净期权费），不能将其指定为套期工具。

2）非衍生金融资产或非衍生金融负债，只有用于对外汇风险进行套期时，才能被指定为套期工具。如某种外币借款可以作为对同种外币结算的销售承诺的套期工具，又如，持有至到期投资可以作为规避外汇风险的套期工具。

3）无论是衍生工具还是某些非衍生金融资产或非衍生金融负债，其作为套期工具的基本条件就是公允价值能够可靠地计量。因此，在活跃市场上没有报价的权益投资工具，以及与该权益挂钩并需通过该权益工具进行结算的衍生工具，由于其公允价值难以计量，不能作为套期工具。企业自身的权益工具既非企业的金融资产也非金融负债，因而也不能作为套期工具。

4）在运用套期会计方法时，只有涉及报告主体以外的主体的工具，才能作为套期工具。这里所指报告主体，是指企业集团或企业集团内的各企业，也指提供分部会计信息的各分部。因此，在分部或集团内各企业的财务报告中，只有涉及这些分部或企业以外的主体的工具及相关套期指定，才能在符合套期保值准则规定条件时运用套期会计方法；而在集团合并报表中，如果这些套期工具及相关套期指定并不涉及集团外的主体，则不能对其运用套期会计方法进行处理。

（2）对套期工具的指定。对于符合套期工具条件的衍生工具，在确立套期关系时，通常应将其整体或其一定比例（不含套期工具剩余期限内的某一时段）指定为套期工具。如将衍生工具名义金额的60%指定为某项具有价格风险的资产套期。但下列情况除外：

1）对于期权，企业可以将期权的内在价值和时间价值分开，只就内在价值变动将期权指定为套期工具。

2）对于远期合同，企业可以将远期合同的利息和即期价格分开，只就即期价格变动将远期合同指定为套期工具。这样规定，是因为期权的内在价值和远期合同的贴水通常可以单独计量。

需要说明的是，单项衍生工具通常被指定为对一种风险进行套期。但是，附有多种风险的衍生工具也可以被指定为对一种以上风险进行套期，前提是可以清晰地辨认这些被套期风险，并且可以证明套期有效性，同时可以确保该项衍生工具与不同风险头寸之间存在具体指定关系。

企业也可以将两项或两项以上衍生工具的组合或该组合的一定比例指定为套期工具。对于外汇风险套期，企业可以将两项或两项以上非衍生工具的组合或者该组合的一定比例，或将衍生工具和非衍生工具的组合或者该组合的一定比例指定为套期工具。但是，对于利率上下限期权或由一项发行的期权和一项购入的期权组成的期权，其实质相当于企业发行的一项期权（即企业收取了净期权费），不能将其指定为套期工具。

2. 被套期项目

（1）被套期项目是指使企业面临公允价值或现金流量变动风险，且被指定为被套期对象的下列项目：

1）单项已确认资产、负债、确定承诺、很可能发生的预期交易，或境外经营净投资。

2）一组具有类似风险特征的已确认资产、负债、确定承诺、很可能发生的预期交易，或境外经营净投资。

3）利率风险公允价值组合套期中分担同一被套期利率风险的金融资产或金融负债组合的一部分。

其中，确定承诺是指在未来某特定日期或期间，以约定价格交换特定数量资源、具有法律约束力的协议。预期交易是指尚未承诺但预期会发生的交易。

（2）被套期项目的指定。在指定被套期项目时，应当注意以下几点：

1）对持有至到期投资的指定。对于企业的持有至到期投资，如果被套期风险是外汇风险或信用风险，则该项投资可以指定为被套期项目；如果被套期风险是利率风险或提前还款风险，则该项投资不能指定为被套期项目。

2）对集团内部交易项目的指定。一般而言，只有涉及主体以外的其他方的资产、负债、确定承诺、很可能发生的预期交易，才能指定为被套期项目。但是，企业集团内部交易形成的货币性项目的汇兑损益，不能在合并报表中全额抵销的，该货币性项目的外汇风险可以在合并报表中指定为被套期项目。企业内部很可能发生的预期交易，按照进行此项交易的主体的记账本位币以外的货币标价，且相关的外汇风险将影响合并利润或损失的，该项外汇风险可以在合并报表中指定为被套期项目。

3）对金融项目和金融项目组的指定。对于与金融资产或金融负债现金流量或者公允价值的一部分相关的风险，其套期有效性可以计量的，企业可以就该项风险将金融资产或金融负债指定为被套期项目。把具有类似风险特征的金融资产或金融负债组合在一起作为一个资产组或者负债组进行套期的条件有两个：①组合中的各单项金融资产或单项金融负债共同承担被套期风险。②组合内各单项金融资产或单项金融负债由被套期风险引起的公允价值变动，预期与该组合由被套期风险引起的公允价值整体变动基本成比例。

4）对非金融项目的指定。非金融资产或非金融负债指定为被套期项目的，被套期风险应当是该项非金融资产或非金融负债相关的全部风险或外汇风险。这样规定的原因在于，非金融资产或非金融负债除外汇风险以外的特定风险所引起的现金流量或公允价值变动部分难以合理地分离和计量。

5）对现金流量的指定。企业可以将金融资产或金融负债的全部指定为被套期项目，但金融资产或金融负债现金流量的一部分指定为被套期项目的，被指定部分的现金流量应当少于该项金融资产或金融负债的现金流量总额。

## 四、运用套期保值会计的条件

套期会计方法是指在相同会计期间将套期工具和被套期项目公允价值变动

的抵销结果计入当期损益的方法。套期会计是一种特殊的会计处理方法，它将套期工具和被套期项目作为一个经济业务组合来进行会计处理，改变了套期工具和被套期项目的常规的确认和计量程序。

公允价值套期、现金流量套期或境外经营净投资套期必须同时满足一定条件，才能作为套期保值工具，并采用相应的套期会计方法进行处理。这些条件具体如下：

（1）应当明确指定套期工具、被套期项目以及所规避的风险。因此，必须有正式书面文件，包括风险管理目的及策略，指定用哪一个衍生工具来规避某一资产、负债、确定承诺或预期交易的哪一种风险。

（2）该套期保值要高度有效，且符合企业最初为相关套期关系所确定的风险管理策略。

（3）对预期交易的现金流量套期。预期交易应当发生的可能性很大，并且必须使企业面临最终将影响损益的现金流量变动风险。

（4）套期有效性能够可靠地计量，即被套期风险引起的被套期项目的公允价值或现金流量以及套期工具的公允价值能够可靠地计量。

（5）企业应当持续地对套期有效性进行评价，并确保该项套期在套期关系被指定的会计期间高度有效。

企业为规避风险采用套期保值时，只有套期保值高度有效，才能采用相应的套期会计进行处理。一般来说，企业应至少在编制年度或中期财务报表时对该项套期的有效性进行评价。评价套期有效性的方法取决于企业的风险管理策略。若企业的风险管理策略是定期调整套期工具的金额，以反映被套期头寸的变动，则企业只需证明在对套期工具金额进行下一次调整之前的期间内，套期预期是高度有效的。企业在其套期策略的书面记录中，应包括其评价套期有效性的程序。这些程序应指明对有效性的评价是否包括了套期工具的全部利得或损失，或者是否将套期工具的时间价值排除在外。

一项套期只有在满足下列两个条件时，企业才能认定其为高度有效：

（1）在套期开始时和后续期间内，预期该项套期在抵销指定套期期间内归属于被套期风险的公允价值变动或现金流量变动方面是高度有效的。这种预期可以通过比较归属于被套期风险的被套期项目公允价值或现金流量的过去变动与套期工具公允价值或者现金流量的过去变动，或通过证明被套期项目的公允价值或者现金流量与套期工具的公允价值或现金流量之间存在统计上的高度相关。

（2）该项套期的实际抵销结果在 80%～125%的范围内。如某企业套期的实际结果是，套期工具公允价值变动形成的损失为 120 万元，而被套期项目的公允价值变动形成的利得为 100 万元，两者相互抵销的程度可以计为 120÷100×100%=120%或者 100÷120÷100%=83.33%。如果该项套期也同时满足上面的条件（1），那么，该企业可以认定套期是高度有效的。

## 五、套期保值的确认和计量

套期工具的初始计量、后续计量按照金融工具的确认、计量处理。

对于不同套期类型的套期保值事项，适用不同的会计处理程序。表 12-6 简要总结了对公允价值套期保值、现金流量套期保值和境外经营净投资套期保值的会计处理方法，之后将分别对这三种套期类型的会计处理进行详细的论述。

**表 12-6　三种套期类型的会计处理方法**

| 套期类型 | 套期关系 | 资产负债表 | 因被套期风险形成的利得或损失 |
|---|---|---|---|
| 公允价值套期保值 | 套期工具 | 调整账面金额，以公允价值计量 | 确认当期公允价值变动损益 |
| | 被套期项目 | 调整账面金额，以公允价值计量 | 确认抵销的利得或损失，计入当期损益 |
| 现金流量套期保值 | 套期工具 | 公允价值计量 | 无效套期部分，确认当期公允价值变动损益；有效套效部分，确认递延利得或损失（所有者权益项目），在被套期项目影响损益的相同期间等比例转入当期损益 |
| | 被套期项目 | 套期期间不处理 | 按常规方法确认 |
| 境外经营净投资套期保值 | 套期工具 | 公允价值计算 | 无效套期部分，确认当期公允价值变动损益；有效套期部分，递延利得或损失（所有者权益项目），在境外经营机构处置时转入当期损益 |
| | 被套期项目 | 即期汇率计量 | 递延处理，处置时转入损益 |

## 六、套期的会计处理

### 1. 公允价值套期保值的会计处理

在财务报告期间，公允价值套期保值符合运用套期会计方法的条件的，应当按照以下规定进行处理：

套期工具为衍生工具的，套期工具公允价值变动形成的利得或损失应当计入当期损益；套期工具为非衍生工具的，套期工具账面价值因汇率变动形成的利得或损失应当计入当期损益。

被套期项目因被套期风险形成的利得或损失应当计入当期损益，同时调整被套期项目的账面价值。被套期项目如为按成本与可变现净值孰低法进行后续计量的存货、按摊余成本进行后续计量的金融资产或可供出售的金融资产，也应当按此规定处理。

如果被套期项目是尚未确认的确定承诺，该项确定承诺因被套期风险引起的公允价值变动累计额应当确认为一项资产或负债，相关的利得或损失应当计入当期损益，相关的套期工具公允价值变动也应当计入当期损益。而在购买资产或承担负债的确定承诺的公允价值套期中，该项确定承诺因被套期风险引起的公允价值变动累计额（已确认为资产或负债），应当调整履行该项确定承诺所取得资产或承担负债的初始确认金额。

下面举例说明对公允价值套期保值的会计处理。

**【例 12-17】** 某公司于 2009 年 12 月 1 日买入 A 股票，共 100 000 股，市价为 20 元/股，并将其归入可供出售金融资产。半个月后，A 股市价为 23 元/股。为了规避股价下跌的风险，该公司于 2009 年 12 月 15 日买入 6 个月后到期的欧式看跌期权，标的物为 100 000 股 A 股票，执行价格为 23 元/股，支付权利金 200 000 元。同时，该公司将该项看跌期权指定为 A 股票的套期工具，套期的有效性以投资的公允价值变动和看跌期权的内在价值的变动作为评估基础，即不考虑期权的时间价值变化。套期期间的股票和期权价格变化如表 12-7 所示。假定 2010 年 6 月 15 日，A 股票的市价为 18 元/股，该公司行使该项期权，同时对套期业务进行处理。

**表 12-7　套期期间的股票和期权价格变化**　　单位：元

| | | 2009 年 12 月 1 日 | 2009 年 12 月 15 日 | 2009 年 12 月 31 日 | 2010 年 6 月 15 日 |
|---|---|---|---|---|---|
| A 股票 | 每股价格/元 | 20 | 23 | 22 | 18 |
| | 数量/股 | 100 000 | 100 000 | 100 000 | 100 000 |
| | 总价值/元 | 2 000 000 | 2 300 000 | 2 200 000 | 1 800 000 |
| 欧式看跌期权 | 内在价值/元 | | 0 | 100 000 | 500 000 |
| | 时间价值/元 | | 200 000 | 170 000 | 0 |
| | 市场价格/元 | | 200 000 | 270 000 | 500 000 |

该公司对此项业务的账务处理如下：

（1）2009 年 12 月 1 日，对证券投资业务按公允价值进行初始确认：

借：可供出售金融资产——A 股票　　2 000 000

　　贷：银行存款　　2 000 000

（2）2009 年 12 月 15 日，确认股价上涨，指定 A 股票为被套期项目，购入看跌期权并指定为套期工具：

借：可供出售金融资产——A 股票　　300 000

　　贷：资本公积——其他资本公积　　300 000

借：被套期项目——A 股票　　2 300 000

　　贷：可供出售金融资产——A 股票　　2 300 000

借：套期工具——看跌期权　　200 000

　　贷：银行存款　　200 000

（3）2009 年 12 月 31 日，确认套期工具和被套期项目的公允价值变动（注意要区分期权内在价值和时间价值变动的不同处理）：

借：套期损益 100 000
　　贷：被套期项目——A 股票 100 000
借：套期工具——看跌期权（内在价值变动） 100 000
　　贷：套期损益 100 000
借：套期损益 30 000
　　贷：套期工具——看跌期权（时间价值变动） 30 000

（4）2010 年 6 月 15 日，确认套期工具和被套期项目的公允价值变动，同时确认行使看跌期权，并将直接计入资本公积的可供出售金融资产价值变动转出，计入当期损益：

借：套期损益 400 000
　　贷：被套期项目——A 股票 400 000
借：套期工具——看跌期权（内在价值变动） 400 000
　　贷：套期损益 400 000
借：套期损益 170 000
　　贷：套期工具——看跌期权（时间价值变动） 170 000
借：银行存款 2 300 000
　　贷：套期工具——看跌期权 500 000
　　　　被套期项目——A 股票 1 800 000
借：资本公积——其他资本公积 300 000
　　贷：套期损益 300 000

**【例 12-18】** 某国内企业于 2009 年 11 月 1 日与一家美国企业签订购货合同，约定将于 2010 年 1 月 31 日以 60 000 美元的价格购入一批原材料。该企业为规避购入原材料成本的外汇风险，于签订购货合同当天与某金融机构签订一项 3 个月到期的远期外汇合约，约定汇率为 1 美元=7.80 元人民币，远期合约金额为 60 000 美元。2010 年 1 月 31 日，该企业以净额方式结算远期外汇合约，并购入原材料。合约期间，2009 年 12 月 31 日，1 个月美元兑人民币的远期汇率为 1 美元=7.70 元人民币；2010 年 1 月 31 日，美元兑人民币的即期汇率为 1 美元=7.60 元人民币。该企业的增量借款利率为 6%。假定该项套期符合运用套期保值准则所规定的运用套期会计的条件，并且为了简化问题，不考虑增值税等相关税费。

对上述事项的会计处理如下：

2009 年 11 月 1 日，由于远期合约在定价时，对双方的公允价值均为零，故不需作账务处理，但是要将套期保值进行表外登记备忘。

2009 年 12 月 31 日，确认套期工具和被套期项目的公允价值变动。

借：套期损益 5 970

贷：套期工具——远期外汇合约 5 970

借：被套期项目——确定承诺 5 970

贷：套期损益 5 970

2010 年 1 月 31 日，确认套期工具和被套期项目的公允价值变动，远期合约结算，同时确认对原材料的购买，并用被套期项目的余额调整原材料的入账价值。

远期外汇合约的公允价值=（7.60–7.80）×60 000=–12 000（元）

期间公允价值变动=–12 000–（–5 970）=–6 030（元）

借：套期损益 6 030

贷：套期工具——远期外汇合约 6 030

借：套期工具——远期外汇合约 12 000

贷：银行存款 12 000

借：被套期项目——确定承诺 6 030

贷：套期损益 6 030

借；库存商品——原材料 456 000

贷：银行存款（60 000×7.60） 456 000

借：库存商品——原材料 12 000

贷：被套期项目——确定承诺 12 000

2. 现金流量套期保值的会计处理

在财务报告期间，现金流量套期保值符合运用套期会计方法的条件的，应当按照以下规定进行处理：

（1）套期工具利得或损失中属于有效套期的部分，应当直接确认为所有者权益，并单列项目反映。

（2）套期工具利得或损失中属于无效套期的部分（即扣除直接确认为所有者权益后的其他利得或损失），应当计入当期损益。

被套期项目为预期交易，且该项预期交易使企业随后确认一项非金融资产或一项非金融负债的，企业应当选择以下两种方式之一进行处理：

（1）原直接在所有者权益中确认的相关利得或损失，应当在非金融资产或非金融负债影响企业损益的同一期间转出，计入当期损益。但是，企业预期原直接在所有者权益中确认的净损失全部或部分在未来一个或一个以上财务报告期间不能补偿的，应当将不能补偿的部分转出，计入当期损益。

（2）将原直接在所有者权益中确认的相关利得或损失转出，计入该非金融资产或非金融负债的初始入账价值。

非金融资产或非金融负债的预期交易成为一项确定承诺时，如果该项确定承诺符合采用公允价值套期会计的条件，也应当选择以上两种方式之一进行会计处理。企业选择了以上两种处理方式之一作为会计政策后，应当一致地运用于相关的所有预期交易套期保值业务，不得随意变更。

预期交易套期除以上两种情况以外的，原直接计入所有者权益中的套期工具利得或损失，应当在被套期预期交易影响损益的相同期间转出，计入当期损益。

终止使用现金流量套期会计方法的条件，基本与终止使用公允价值套期会计方法的条件相同，需要注意的是，对于预期交易套期，在套期有效期间直接计入所有者权益的套期工具利得或损失不应当转出，直到预期交易实际发生或预计不会发生。预期交易实际发生的，应按上述有关规定处理；预期交易预计不会发生的，原直接计入所有者权益中的套期工具利得或损失应当转出，计入当前损益。

**【例 12-19】** 承【例 12-18】，根据套期保值准则，对外汇确定承诺的套期既可以划分为公允价值套期，也可以划分为现金流量套期。如果将该项远期外汇合约划分为现金流量套期，则其会计处理如下：

（1）2009 年 11 月 1 日，不作账务处理，将套期保值进行表外备查登记。

（2）2009 年 12 月 31 日，确认套期工具的公允价值变动：

借：资本公积——其他资本公积（套期工具价值变动）　　5 970
　　贷：套期工具——远期外汇合约　　5 970

（3）2010 年 1 月 31 日，确认套期工具的公允价值变动，结算远期外汇合约，并确认原材料采购：

借：资本公积——其他资本公积（套期工具价值变动）　　6 030
　　贷：套期工具——远期外汇合约　　6 030

借：套期工具——远期外汇合约　　12 000
　　贷：银行存款　　12 000

借：库存商品——原材料　　456 000
　　贷：银行存款　　456 000

**【例 12-20】** N 公司于 2009 年 1 月 1 日借入 2 年期限的 10 000 000 美元债务，以年利率 LIBOR+0.50%的利息每半年支付一次，LIBOR 在每个利息支付日重新确定。因为 N 公司没有收取浮动利息的资产，N 公司为了规避现金流量变动的风险，同日与某家金融机构签订了一项 2 年期的利率互换合约。双方约定 N 公司向金融机构支付名义本金相等、固定利率为 4.515%（年利率）的利息，而金融机构将向 N 公司支付名义本金为 10 000 000 美元、浮动利率为 LIBOR+0.50%的浮动利息，以前一个支付日的 LIBOR 为准。利息每半年交换一次。

表 12-8 是互换合约期间的 LIBOR 利率。

**表 12-8　互换合约期间的 LIBOR 利率**

| 日　期 | LIBOR 年利率（%） |
|---|---|
| 2009 年 1 月 1 日 | 4.015 |
| 2009 年 6 月 30 日 | 3.95 |
| 2009 年 12 月 31 日 | 4.05 |
| 2010 年 6 月 30 日 | 4.25 |
| 2010 年 12 月 31 日 | 4.15 |

N 公司将该项互换合约指定为浮动利率债务的现金流量套期工具。假定该项套期完全有效，并符合应用现金流量套期会计应用的全部条件。

N 公司在互换期间的现金流量和互换的公允价值计算如表 12-9 所示。

**表 12-9　现金流量和互换的公允价值计算**

| 日　期 | 浮动利率=LIBOR+0.50% | 浮动利率与固定利率的差额 | 实际收取（支付）的现金/元 | 互换的公允价值——以 LIBOR+0.50%折现的净现值/元 | 互换的公允价值变动额/元 |
|---|---|---|---|---|---|
| 2009 年 1 月 1 日 | 4.515% | 0 | 0 | 0 | 0 |
| 2009 年 6 月 30 日 | 4.45% | 0.065% | 0 | （9 332） | （9 332） |
| 2009 年 12 月 31 日 | 4.55% | –0.035% | （3 250） | 3 384 | 12 716 |
| 2010 年 6 月 30 日 | 4.75% | 0.235% | 1 750 | 11 477 | 8 093 |
| 2010 年 12 月 31 日 | | | 11 750 | 0 | （11 477） |

N 公司在套期期间应作的会计分录如下：

（1）2009 年 1 月 1 日，记录 N 公司借入浮动利率借款，并将其指定为被套期项目。而由于作为套期工具的利率互换合约的公允价值为 0，所以不需要作会计分录，但是应该进行登记备忘。

借：银行存款　　10 000 000

　　贷：长期借款　　10 000 000

借：长期借款　　10 000 000

　　贷：被套期项目——长期借款　　10 000 000

（2）2009 年 6 月 30 日，记录支付的浮动利率现金利息，同时记录套期工具公允价值的变动。

借：财务费用（10 000 000×4.515%÷2）　　225 750

　　贷：银行存款　　225 750

借：资本公积——其他资本公积　　9 332

贷：套期工具——利率互换 9 332

（3）2009 年 12 月 31 日，记录支付的浮动利率现金利息和互换合约的净额结算，同时记录套期工具公允价值的变动。

借：财务费用（10 000 000×4.45%÷2） 222 500

贷：银行存款 222 500

借：财务费用 3 250

贷：银行存款 3 250

借：套期工具——利率互换 12 716

贷：资本公积——其他资本公积 12 716

（4）2010 年 6 月 30 日，记录支付的浮动利率现金利息和互换合约的净额结算，同时记录套期工具公允价值的变动。

借：财务费用（10 000 000×4.55%÷2） 227 500

贷：银行存款 227 500

借：银行存款 1 750

贷：财务费用 1 750

借：套期工具——利率互换 8 093

贷：资本公积——其他资本公积 8 093

（5）2010 年 12 月 31 日，记录支付的浮动利率现金利息和互换合约的净额结算，同时记录套期工具公允价值的变动，以及偿还长期借款。

借：财务费用（10 000 000×4.75%÷2） 237 500

贷：银行存款 237 500

借：银行存款 11 750

贷：财务费用 11 750

借：资本公积——其他资本公积 11 477

贷：套期工具——利率互换 11 477

借：被套期项目——长期借款 10 000 000

贷：银行存款 10 000 000

**【例 12-20】** 中，由于企业采取收取浮动利息、支付固定利息的互换合约将浮动利率负债转换成了固定利率负债，因此，每期实际付出的利息费用金额相等。因为【例 12-20】中假设套期不存在任何无效部分，所以，套期工具的所有公允价值变动损益都计入所有者权益。同时，由于互换的公允价值在互换合约到期日变为 0，计入所有者权益的公允价值变动损益最终也变为 0，因此不存在转出到当期损益的问题。

3. 境外经营净投资套期保值的会计处理

对境外经营净投资的套期保值，企业应按类似于现金流量套期会计的规定处理。

（1）套期工具形成的利得或损失中，属于有效套期的部分，应当直接确认为所有者权益，并单列项目反映。处置境外经营时，上述在所有者权益中单列项目反映的套期工具利得或损失应当转出，计入当期损益。

（2）套期工具形成的利得或损失中，属于无效套期的部分，应当计入当期损益。

同时，境外经营净投资也要按照现时汇率（公允价值）进行计量，汇率变动产生的损益（即折算调整金额）列入所有者权益，并于境外经营处置时转出，计入当期损益。

**【例 12-21】** 2009 年 10 月 1 日，M 公司在其境外子公司有一项境外净投资，价值为 1 000 万美元，此时美元兑人民币的汇率为 7.76 人民币元/美元。为了规避境外经营净投资的外汇风险，M 公司与某境外金融机构签订了一项外汇远期合约，约定 2010 年 4 月 1 日卖出美元 1 000 万元，约定汇率为 7.73 人民币元/美元。该企业每个季度对境外经营净投资余额进行检查，并根据检查结果调整对净投资价值的套期。2009 年 12 月 31 日，即期汇率为 7.66 人民币元/美元；2010 年 4 月 1 日，汇率为 7.56 人民币元/美元。2009 年 12 月 31 日和 2010 年 4 月 1 日远期合约的公允价值分别为 79 万元和 170 万元。假定上述套期满足运用套期会计方法的所有条件。

M 公司的会计处理如下（单位：万元）：

（1）2009 年 10 月 1 日，由于外汇远期合约的公允价值为 0，因而不作处理，仅记录境外经营净投资业务。

| | | |
|---|---|---|
| 借：被套期项目——境外经营净投资 | 7 760 | |
| 　　贷：长期股权投资 | | 7 760 |

（2）2009 年 12 月 31 日，确认远期合约的公允价值变动，以及对子公司净投资的汇兑损益。

| | | |
|---|---|---|
| 借：套期工具——远期外汇合约 | 79 | |
| 　　财务费用——汇兑损失 | 21 | |
| 　　贷：资本公积——其他资本公积 | | 100 |
| 借：外币报表折算净额 | 100 | |
| 　　贷：被套期项目——境外经营净投资 | | 100 |

（3）2010 年 4 月 1 日，确认远期合约的公允价值变动、对子公司净投资的汇兑损益，以及远期外汇合约的结算。

| | | |
|---|---|---|
| 借：套期工具——远期外汇合约 | 91 | |
| 　　财务费用——汇兑损失 | 91 | |

## 第四节 物价变动会计

### 一、物价变动概述

1. 物价变动的含义

所谓物价变动，是指商品或劳务价格的上涨或下跌。在市场经济条件下，商品或劳务的价格是以货币表现的。物价上涨，用同等货币所能购买的商品或劳务的数量就会减少；物价下跌，用同等货币所能购买的商品或劳务的数量就会增多。这种货币所能购买其他商品或劳务的能力，称为货币购买力。因此，从严格意义上讲，物价变动就是指因商品或劳务价格水平发生变化而引起的货币购买力的变化。物价变动与货币购买力成反比，物价越高，货币购买力越低；物价越低，货币购买力则越高。

2. 物价变动的类型

物价变动可以分为个别物价变动和一般物价变动。个别物价变动是指个别特定商品或劳务的市场价格的变化。一般物价变动是指商品或劳务价格平均水平的变化，亦即单位货币购买力的变化。当商品或劳务平均价格水平上涨时，这种物价变动称为通货膨胀；反之，当商品或劳务平均价格水平下跌时，则称为通货紧缩。

对物价变动的考察，一般利用物价指数来进行。物价指数可用报告期物价水平与基期物价水平相比较而得。当将个别商品或劳务的报告期单价与基期单价相比较时，可求得个别物价指数；当将报告期的社会全部商品或劳务的平均价格水平与基期比较时，则可求得一般物价指数。

计算一般物价指数，首先要确定具有代表性的商品与劳务的品种项目及各自的权数，并确定一个基期。然后按基期单价和报告期单价，结合各自权数，分别求出基期及报告期商品和劳务的价格总额。以报告期的价格总额除以基期的价格总额，即可得到报告期的一般物价指数。其计算过程如表 12-10 所示。

**表 12-10 一般物价指数计算表**

| 所选代表性商品或劳务 | 单价/元 | | 权　数 | 金额/元 | |
|---|---|---|---|---|---|
| | 2009 年（基期） | 2010 年（报告期） | | 2009 年（基期） | 2010 年（报告期） |
| A | 1 000 | 1 500 | 0.30 | 300 | 450 |
| B | 500 | 300 | 0.40 | 200 | 120 |
| C | 10 | 20 | 0.30 | 3 | 6 |
| 合　计 | | | | 503 | 576 |

根据表中数据，可计算 2010 年的一般物价指数=576/503=114.51%，以 114.51 表示。计算结果表明，2010 年的一般物价水平比 2009 年上升了 14.51%（114.51%–100%）。若对个别商品进行考察，A 商品 2010 年物价比 2009 年上升了 50%，B 商品下降

了 40%，C 商品上升了 100%。若将基期物价指数除以报告期物价指数，所得百分比则为报告期相对于基期的货币购买力。本例中，2010 年的货币购买力（相当于 2009 年）为 87.33%（100/114.51），即 0.8733。也就是说，2010 年的 1 元钱仅相当于 2009 年的 0.8733 元，货币购买力下降了 12.27%（100%–87.33%）。

一般物价指数的计算取决于对代表性商品的选择及权数的选用。在通常情况下，一般物价指数由政府部门或专业团体计算并公布。

## 二、物价变动对会计的影响

会计作为人们用以管理经济事务的一种管理活动，其所提供的信息，长期以来是建立在币值不变和历史成本基础之上的。若不出现物价变动，货币本身价值相对稳定，以历史成本为基础提供的会计信息就能如实地反映一个单位的财务状况和经营成果。然而，在物价急剧变动的情况下，货币本身的价值亦发生剧烈变动，此时，如果仍按历史成本基础提供会计信息，财务报表所列示的资产、负债、所有者权益以及收入与费用等就难以表现其真实的价值。这将使得会计信息失去可靠性，根据失实的会计信息难以对企业的经营业绩作出正确的评价，将会给决策者带来重大损失。

（1）在持续、剧烈的物价变动条件下，以历史成本为计量属性提供的会计信息不能如实反映企业当前的财务状况和经营成果。如在存货的重置成本高于历史成本的情况下，按照历史成本结转销售成本，会少摊成本，虚增收益。一方面资本补偿不足，使再生产难以维持；另一方面，将虚增的利润当做真实的利润必然导致超过真实的收益分配。反之，当存货的重置成本低于历史成本时，从历史成本结转销售成本，会多计成本，虚减收益，纳税不足。

（2）在物价变动剧烈的情况下，收入与成本相配比的原则名存实亡。传统会计上讲的配比，是通过价格配比尽可能使价值配比，使由此计算的盈亏符合客观实际。在物价变动剧烈的情况下，以较高的现行价格计算的销售收入同过去偏低的历史成本进行配比，将使配比原则失去意义。

（3）在物价变动剧烈的情况下，权责发生制不能正确地反映各会计期间的权责关系。传统财务会计按权责发生制计算收入和支出时，通常都要采取待摊和预提、应收和应付等会计程序，在物价大幅度变动的情况下。待摊、预提、应收和应付受币值变动的影响，难以正确地反映各个时期的权责关系。

为克服在物价变动条件下历史成本会计模式所存在的缺陷，充分发挥会计在管理企业和促进市场经济发展方面的重要作用，人们开始不断探索，试图对传统会计的某些理论和实务进行修正改革，构建一种新的会计程序与方法。物价变动会计应运而生。最早提出物价变动会计的，是美国的会计学家斯威尼（H.W.Sweeney）。我国于 2006 年 2 月 15 日颁布了新企业会计准则体系，在《企业会计准则第 19 号——外币折算》中，对物价变动会计进行了规定。

## 三、物价变动会计的种类和理论基础

### （一）物价变动会计的概念

物价变动会计是指在对会计要素的确认、计量和报告中，考虑物价变动的影响因素，根据一般物价指数或现行成本数据，对历史成本财务报表重新进行表述，进而真实地反映企业财务状况和经营成果的一种会计管理活动。

### （二）物价变动会计的类型

物价变动会计按调整会计计量单位和计量属性的不同，分为如下三类：

（1）一般物价水平会计。它是指按一般物价指数将财务报表中各项数值加以调整，从而消除一般物价水平变动影响的会计程序和方法。

（2）现行成本会计。它是指以资产的现行成本而不是以历史成本对各项资产进行计价，并以此为基础，反映企业的财务状况和经营成果的会计程序和方法。

（3）现行成本/不变币值会计。它是指为了全面、正确地反映和消除物价变动的影响，将一般物价水平会计和现行成本会计相结合，既改变传统财务会计的计量单位，又改变计量属性的会计程序和方法。

### （三）物价变动会计的理论基础

物价变动会计的理论基础，对于完整、全面、深刻地把握物价变动会计的实质至关重要。综观各种物价变动会计流派，物价变动会计的理论基础大致有以下两种主要观点。

1. 资本保全理论

资本保全理论是物价变动会计的理论基础。持续的物价变动，首先使资本概念发生裂变，分化成财务资本和实体资本两个概念，继而在此基础上形成相互对立的两大学派——财务资本保全理论和实体资本保全理论。

（1）财务资本保全理论。财务资本保全理论以财务资本概念为基础，将资本看做是业主投入企业的货币或购买力，是净资产或业主产权的等同物。因此，企业所需要保持的资本就是企业原有净资产或业主产权；企业净资产的计量单位可以是名义货币，也可以是不变购买力货币；企业净资产的计量属性可以是历史成本，也可以是重置成本或现行成本或者其他计量属性。这样，对于一定的会计期间来说，期末净资产超过期初净资产的部分，减去当期净投入后的余额，就是当期收益。因此，可将物价变动导致的利益一部分或全部计列为收益。符合财务资本保全理论的这个会计收益，是综合收益，也称全面收益。

（2）实体资本保全理论。实体资本保全理论则以实体资本概念为基础，将资本视为企业的实物生产能力或经营能力或者取得这种能力所需的资源或资金，因此是生产能力或经营能力的同义语。所以在实体资本保全观念下，企业所需要保持的资本，就是企业原有的生产能力或经营能力。因此，企业净资产的计量单位可以是名义货币，也可以是不变购买力货币；企业净资产的计量属性则必须是重置成本、现行成本等表现其现行价值的计量属性。这样，对于一定的会计期间来说，期末实物生产能力或经营能力或者取得这种能力所需的资源或资金超过期初的部分，在扣除当期资本净投入后的剩余部分，才能计列为当期收益。在实体资本保全观念下，物价变动对企业资产、负债的影响只能作为企业实物生产能力等在计量上的变动，不能计列为收益，而应计列为资本保全调整、现行成本调整、资本保全准备或物价变动准备，作为所有者权益的组成部分，列入资产负债表。

2. 计量选择理论

物价变动会计的核心是改善会计计量，会计计量应当根据不同的社会经济环境、不同时期会计信息用户的需要，选择适当的计量单位和计量属性来进行。物价变动会计之所以重要，是因为在物价变动条件下，传统会计模式所选用的计量单位是名义货币，计量属性是历史成本，由此产生的会计数据背离了客观的需要，而物价变动会计，就是要改变这种选择。选择的原则是要从客观环境出发，服从会计信息用户的需要，把一定的计量单位和计量属性组合起来，构成一定的会计模式。会计计量的选择，不一定要选择某一纯粹的模式，允许以某一模式为主，添加某些措施或删除某些措施。客观环境和用户的需求是变化的，会计模式也不能一成不变。能适应需要，就是最好的选择。综上所述，物价变动会计的核心是要改善会计计量，因而“计量选择理论”就成为物价变动会计的理论基础。

## 四、一般物价水平会计

### （一）一般物价水平会计的含义及特征

一般物价水平会计，也称一般购买力会计、不变购买力会计或不变币值会计，它是用一般物价指数将历史成本财务报表中的各项数据加以调整，按货币的现时购买力反映企业的财务状况和经营成果的一种会计程序与方法。

一般物价水平会计的主要特点是，按一般物价水平调整财务报表中的数据，而并不考虑企业各类资产价值的实际变化。因此，在日常的会计核算方面，无须特别设置账户，也不进行特有的或单独的会计账务处理，只是会计期末在传统财务报表的基础上，根据一般物价指数变动的幅度及其对传统财务报表数据的影响进行换算调整，从而编制出以等值货币计量的财务报表，作为传统财务报表的补充，以反映和消除物价变动对传统会计信息的影响。

### （二）一般物价水平会计的会计程序和方法

一般物价水平会计主要是在报告期末依据一般物价指数和传统财务报表数据，重新编制一般物价水平财务报表。因此，其会计程序分为四步：划分货币性项目和非货币性项目；将非货币性项目的金额，按一般物价指数加以调整；计算持有货币性项目所发生的损益；编制一般物价水平财务报表。

1. 划分货币性项目和非货币性项目

编制一般物价水平的财务报表，首先必须将企业的会计要素划分为货币性项目和非货币性项目。这是因为在物价变动情况下，货币性项目和非货币性项目的账面余额受货币购买力变化的影响不同，需要采取不同的会计处理方法。

（1）货币性项目。所谓货币性项目，是指其金额依据合同而固定，或是以货币直接反映，不因物价变动而发生金额变动的项目。它具体包括货币性资产、货币性负债和货币性业主权益等。货币性资产是指企业持有的货币资金和将以固定或可确定的金额收取的资产。这类项目通常包括现金、应收账款、应收票据、利息固定的长期债券投资等。货币性负债是指企业所承担的应在未来期间偿还的金额固定的债务。这类项目一般包括应付账款、应付票据、应付公司债券以及银行借款等。货币性业主权益主要是指股利固定的优先股和在公司停业清理时对剩余资产有固定求偿权的优先股。

货币性项目有以下两个特点：①货币性项目的金额不因物价变动而变动。②货币性项目在物价变动时期会发生购买力损益。尽管货币性项目的金额不因物价变化而变化，但它们必然受到一般物价水平的影响。也就是说，它们所实际代表的购买力会因物价水平的影响而上下波动。在通货膨胀时期，持有货币性资产者因购买力下降而遭受损失，持有货币性负债者则因货币购买力下降而获得利益。相反，在通货紧缩时期，持有货币性资产者因货币购买力上升而得益，持有货币性负债者因货币购买力上升而受到损失。

（2）非货币性项目。所谓非货币性项目，是指其金额并不是固定不变，而是随着物价变动而发生变化的项目。当物价上涨时，非货币性项目的金额提高，当物价下跌时，非货币性项目的金额降低，如存货、厂房、设备以及业主权益等。

非货币性项目具有以下两个特点：①在物价变动时期，其金额随物价变动而变动，应按一般物价水平变动的幅度加以调整。②非货币性项目在物价变动时期并不发生购买力损益。这是因为非货币性项目的金额可以随物价变动而变化，所代表的购买力与币值的升降保持同步，因而不会发生货币购买力变动。这与货币性项目需要计列购买力损益的情况恰恰相反。

将财务报表的各项目划分为货币性项目和非货币性项目，如同对其他事物按不同的标准分类一样，大多数项目可以按照定义和特点明确加以区分，但有少数项目同时具有货币性和非货币性的特点，因而给划分带来了困难。对这些项目，可根据经济业务的具体情况及划分的标准来加以判断。

2. 按一般物价指数调整非货币性项目金额

一般物价水平会计需要将以历史成本反映的非货币性项目金额按一般物价指数作为换算系数加以调整，借以反映其价值变化情况。在调整过程中，最主要的问题是选取何种物价指数作为换算系数。物价指数一般有年初物价指数、年末物价指数、年度平均物价指数以及交易日物价指数等。选用不同的物价指数，在调整会计指标中的工作繁简不同，调整的结果亦不同。如果使用平均物价指数调整利润表项目，调整后的金额就会比较真实，并且可以简化利润表的换算工作量，因为大多数收入和费用项目都可以假定是在一年内均匀发生的。如果用它来调整资产负债表项目，则显得不够真实，因为资产负债表应反映年末的企业财务状况，所以应使用年末物价指数来进行调整。因此，必须根据不同的调整对象，使用不同的物价指数。其计算公式如下：

$$某项目按一般物价指数调整的金额=历史成本为基础的金额\times\frac{现代一般物价指数}{历史期一般物价指数}$$

**【例 12-22】** 某企业于 2009 年购进一台设备，历史成本为 150 000 元，以 2009 年为基年，2009 年物价指数为 120，假定 2010 年的物价指数为 200，2010 年年末对该项设备进行调整：

调整后的金额=150 000×200/120=250 000（元）

除上述固定资产账面价值的调整外，其他资产的调整也可按此方法进行，关键在于确认非货币性项目发生的时间和当时的物价指数。如对期末存货账面价值进行调整，就要按某种方法确认期末存货的进货日期以及相应时问的物价指数。由于每一项目的换算系数不同，如按每一品种、规格的存货分别确定换算系数，则调整的工作很大；如按大类或综合换算率，则可减少调整的工作量。

**【例 12-23】** 某企业按先进先出法计算存货成本，期末存货的成本为 120 000 元，最近月份进货的物价指数为 120，年末的物价指数为 130。

对该企业存货的调整结果如下：

调整后的金额=120 000×130/120=130 000（元）

3. 计算货币性项目购买力损益

如前所述，在物价变动情况下，货币性项目的金额是固定不变的，但它们所代表的货币购买力则发生了变化。因此，在物价变动时期，企业持有货币性资产和负债项目必然发生损益。这种损益称为购买力损益。其计算方法如下：

货币性项目购买力损益=调整后的期末货币性资产净额–期末未调整的货币性资产净额

在物价上涨时期，持有货币性资产会损失购买力，相应产生购买力损失；而持有货币性负债则会增加购买力，相应产生购买力收益。两者相抵后的净额，即为货币性项目购买力损益净额，或称净货币购买力损益。用公式表示如下（设为物价上涨）：

净货币购买力损益=货币性负债收益–货币性资产损失

**【例 12-24】** 某企业期初库存现金为 200 000 元，应收账款 400 000 元，应付账款为 500 000 元。假定期初物价指数为 130，期末物价指数为 195。该企业年度销售收入为 600 000 元，年度费用总额为 400 000 元，年度平均物价指数为 160。该企业货币购买力损益计算如下：

（1）期初货币性资产净额=600 000–500 000=100 000（元）

（2）调整后期初货币性资产净额=100 000×195/130=150 000（元）

（3）调整货币性收入和费用：

1）调整货币性收入金额=600 000×195/160=731 250（元）

2）调整货币性费用金额=400 000×195/160=487 500（元）

（4）计算货币购买力损益：

1）调整后的期末货币性资产净额=150 000+731 250–487 500=393 750（元）

2）期末未调整货币性资产净额=100 000+600 000–400 000=300 000（元）

3）货币购买力损益=393 750–300 000=93 750（元）

**（三）编制按一般物价水平调整的财务报表**

编制一般物价水平财务报表是一般物价水平会计的最后一个会计程序，即对非货币项目的金额进行换算和对货币性项目的购买力损益进行计算后编制的，包括一般物价水平会计资产负债表、一般物价水平会计利润表、购买力损益计算表等。

**【例 12-25】** M 公司于 2009 年实行一般物价水平会计，有关换算资料及相关资料如下：

（1）2009 年 M 公司传统财务会计资产负债表和利润表及所有者权益变动表的部分项目如表 12-11 和表 12-12 所示。

有关 M 公司业务情况及物价变动资料在资产负债表各项目数据换算调整金额已计算得出，可直接选用。

**表 12-11 资产负债表**

编制单位：M 公司　　2009 年 12 月 31 日　　单位：元

| 项　目 | 2009 年 1 月 1 日 | 2009 年 12 月 31 日 |
|---|---|---|
| 货币资金 | 560 000 | 910 000 |
| 存货 | 700 000 | 840 000 |
| 固定资产原值 | 1 680 000 | 1 680 000 |
| 其中：设备 | 420 000 | 420 000 |
| 土地 | 1 260 000 | 1 260 000 |
| 累计折旧 | — | 28 000 |
| 固定资产净值 | 1 680 000 | 1 652 000 |
| 资产合计 | 2 940 000 | 3 402 000 |
| 短期借款（货币性） | 280 000 | 560 000 |
| 长期借款（货币性） | 1 820 000 | 1 820 000 |
| 负债合计 | 2 100 000 | 2 380 000 |
| 股本 | 840 000 | 840 000 |
| 未分配利润 | — | 182 000 |
| 所有者权益合计 | 840 000 | 1 022 000 |
| 负债和所有者权益合计 | 2 940 000 | 3 402 000 |

**表 12-12　利润表及所有者权益变动表的部分项目**

编制单位：M 公司　　　　　　2009 年度　　　　　　单位：元

| 项　　目 | 金　　额 |
|---|---|
| 销售收入 | 2 240 000 |
| 销售成本 | 1 316 000 |
| 期初存货（1 月 1 日） | 700 000 |
| 本期购进 | 1 456 000 |
| 可供销售存货 | 2 156 000 |
| 期末存货（12 月 31 日） | 840 000 |
| 毛利 | 924 000 |
| 销售费用与管理费用、财务费用 | 476 000 |
| 折旧费用 | 28 000 |
| 税前利润 | 420 000 |
| 所得税费用 | 210 000 |
| 税后利润 | 210 000 |
| 年初未分配利润 | 0 |
| 可供分配利润 | 210 000 |
| 对所有者（或股东）的分配 | 28 000 |
| 未分配利润 | 182 000 |

（2）M 公司有关经济业务资料如下：

1）2009 年 1 月 1 日购进固定资产设备原值为 420 000 元，当日交付使用，预计使用 15 年，无残值，采用直线法计提折旧（假定 2009 年按 12 个月计提折旧），同日购进土地原值为 260 000 元，不提折旧。

2）存货为年内均匀购进。

3）发出存货成本采用先进先出法计价。

4）长短期借款均为年初借入，年末尚未归还。

5）年内全部销售收入和销售费用、管理费用均为年内均匀发生。

6）所需发放现金股利为年终结算后决定。

（3）有关年内物价资料如下：

1）2009 年 1 月 1 日一般物价指数为 100。

2）2009 年 12 月 31 日一般物价指数为 180。

3）2009 年全年平均一般物价指数为 150。

4）期末存货购进期间一般物价指数为 160。

要求：

（1）根据一般物价水平，会计对传统财务会计资产负债表中货币性项目和非货币性项目数据进行换算调整。

（2）根据一般物价水平，会计对传统财务会计利润表及所有者权益变动表部分项目数据进行换算调整。

（3）根据以上资料，编制购买力损益计算表。

（4）根据以上结果，编制 M 公司一般物价水平会计资产负债表和利润表及所有者权益变动表的部分项目。

M 公司购买力损益计算表如表 12-13 所示。

**表 12-13 M 公司购买力损益计算表**（按等值货币计算）

2009 年度　　　　单位：元

| 项　目 | 未调整金额 | 换算系数 | 调整后金额 |
|---|---|---|---|
| 期初货币资金 | 560 000 | 180/100 | 1 008 000 |
| 期初短期借款（货币性） | 280 000 | 180/100 | 504 000 |
| 期初长期借款（货币性） | 1 820 000 | 180/100 | 3 276 000 |
| 期初货币性项目净额 | –1 540 000 | 180/100 | –2 772 000 |
| 本期货币性项目增减变动 | | | |
| 加：销售收入 | 2 240 000 | 180/150 | 2 688 000 |
| 减：发出本期进货 | 1 456 000 | 180/150 | 1 747 200 |
| 销售、管理、财务费用 | 476 000 | 180/150 | 571 200 |
| 所得税费用 | 210 000 | 180/150 | 252 000 |

M 公司调整后的资产负债表、利润表及所有者权益变动表的部分项目如表 12-14 和表 12-15 所示。

**表 12-14 M 公司资产负债表**（以等值货币为基准）

编制单位：M 公司　　　　2009 年 12 月 31 日　　　　单位：元

| 项　目 | 2009 年 1 月 1 日 | 2009 年 12 月 31 日 |
|---|---|---|
| 货币资金 | 1 008 000 | 910 000 |
| 存货 | 1 260 000 | 945 000 |
| 固定资产原值 | 3 024 000 | 3 024 000 |
| 其中：设备 | 756 000 | 756 000 |
| 土地 | 2 268 000 | 2 268 000 |
| 累计折旧 | — | 50 400 |
| 固定资产净值 | 3 024 000 | 2 973 600 |
| 资产合计 | 5 292 000 | 4 828 600 |
| 短期借款 | 504 000 | 560 000 |
| 长期借款 | 3 276 000 | 1 820 000 |
| 负债合计 | 3 780 000 | 2 380 000 |
| 股本 | 1 512 000 | 1 512 000 |
| 未分配利润 | — | 936 600 |
| 所有者权益合计 | 1 512 000 | 2 448 600 |
| 负债和所有者权益合计 | 5 292 000 | 4 828 600 |

表 12-15　利润表及所有者权益变动表的部分项目（按等值货币计算）

编制单位：M 公司　　2009 年度　　单位：元

| 项　　目 | 金　　额 | 金　　额 |
|---|---|---|
| 销售收入 | | 2 688 000 |
| 销售成本： | 1 260 000 | |
| 期初存货（1 月 1 日） | 1 747 200 | |
| 本期购进 | 3 007 200 | |
| 可供销售存货 | 945 000 | 2 062 200 |
| 期末存货（12 月 31 日） | | |
| 毛利 | | 625 800 |
| 销售与管理费用、财务费用 | | 571 200 |
| 折旧费用 | | 50 400 |
| 税前利润 | | 4 200 |
| 所得税费用 | | 252 000 |
| 税后利润 | | –247 800 |
| 货币性项目净额购买力损益 | | 1 212 400 |
| 等值货币净收益 | | 964 600 |
| 年初未分配利润 | | 0 |
| 可供分配利润 | | 964 600 |
| 对所有者（或股东）的分配 | | 28 000 |
| 未分配利润 | | 936 600 |

### （四）一般物价水平会计的优缺点

1．一般物价水平会计的优点

（1）简便易行。它不改变传统历史成本会计的程序和方法，仅通过一般物价指数对历史成本财务报表进行调整，方法简便，而且物价指数可取自官方公布数字，简便易行。

（2）增强了财务数据的可比性。对于特定企业来说，因其按照一般物价指数调整了财务报表的各项数据，因而统一了同期报表中不同时点形成的数据的计量单位。如果将这种方法连续应用于相邻会计期，将会提高各期报表财务数据之间的可比性。如果相关企业都采用这一会计模式，则由于所采用的指数相同，将会增强企业之间财务信息的可比性。

（3）易于监督。由于所有企业依据相同指数（一般由政府公布）进行调整，使调整后的财务报表具有客观性和可验证性，从而便于进行审计等监督。

2．一般物价水平会计的缺点

（1）不能确切反映企业真实的财务状况和经营成果。一般物价水平会计按一般物价指数调整财务报表中的数值，没有考虑企业各类资产价值的实际变化。从实际情况看，一般物价水平变动与个别物价变动之间的差异可能很大。因而，财务报表即使按一般物价指数作了调整，仍无法确切反映企业的财务状况和经营成果。

（2）易造成误解。一般物价水平会计所揭示的购买力损益，只是一种计算上的差额，并不意味着企业的股东因此可以分享相应的股利，也不意味着企业可因此而积累更多的盈余来扩大经营规模。如果企业承担着巨额负债，将会出现这样的情况：一方面，在历史成本会计模式下，将沉重的利息支出计入了历史成本经营费用；另一方面，在一般物价水平会计下，又会出现巨额的购买力利得。这很可能给人以错觉，导致决策失误。

## 五、现行成本会计

### （一）现行成本会计概述

1. 现行成本会计的含义

现行成本会计，也称现行重置成本会计，是指以资产的现行成本或现行重置成本作为计价基础，从而反映和消除物价变动对企业财务状况和经营成果影响的一种会计程序和方法。

在现行成本法下，会计人员要根据资产的现行成本对资产的计价基础进行调整，在调整的基础上，确定对资产的持有损益（或称置存损益），最终再以财务报表中的现行收入与产生收入所耗的现行成本相配比，确定出本期损益。

2. 现行成本会计的特点

（1）资产按现行重置成本计价。现行成本会计的一个主要特点，是随着物价的波动，不断地对同一资产进行重新计量。现行成本会计正是通过企业资产价值变化的不断计量，来提供更为相关的会计信息。现行成本即重新购置在品种、规格等方面与现有资产相同的资产的成本。现行重置成本可以按市场的现行重置价格直接确定。

（2）反映资产的持有损益。历史成本会计的收益是收入与成本相配此的结果，它不反映由于物价变动而引起持有资产价值变化给企业带来的损益。在物价变动时，物价上涨将带来资产持有收益，物价下跌将会发生资产持有损失。历史成本会计对资产持有损益在资产未出售前不予确认，只是在销售时才体现于经营收益中；但现行成本会计对资产在持有期间按现行重置成本的变化不断进行计量，以反映物价变动所带来的损益。

### （二）现行成本会计的会计程序和方法

现行成本会计的一般处理步骤如下：①现行成本的确定。②流动资产、固定资产持有损益的确定。③按现行成本编制财务报表。

1. 现行成本的确定

《企业会计准则——基本准则》中规定会计的计量属性包括历史成本、重置成本、可变现净值、现值和公允价值。

在一般情况下，现行成本是指现行重置成本，它是一种会计计量属性。

现行重置成本的确定方法一般有两类：直接定价法和价格指数法。

（1）直接定价法。采用直接定价法确定实物资产的现行成本时，一般可以采用：①现行发票价格。②供货方的价目表或报价单。③能反映现行成本的标准制造成本等。

（2）价格指数法。在最近没有发生交易、没有价目表或者价目表已不适用的情况下，一般可用个别物价指数计算个别项目的现行成本。个别物价指数有两个来源：①政府或其他权威机构提供的特种或分类物价指数。②企业自行编制的某种或某类商品物价指数。

2. 资产持有损益的确定

在现行成本会计中，货币性项目的购买力损益是不计的，因为从现行成本会计的观点看，不认为不同时期的计量单位已经改变，而当非货币性项目被重新表述时，持有损益就出现了。持有损益主要发生在存货、房屋设备等具有实物形态的资产上，并延及销货成本和折旧费等利润表项目。在初次实行现行成本会计的情况下，持有损益是当年现行成本总额与财务报表显示的历史成本总额的差额。在前期已经实行现行成本会计的情况下，由于每年年末都曾确认过当时的现行成本金额，因此在报告期末，只需确认本期现行成本变动额与上期现行成本变动额的差额。

持有损益分为已实现和未实现两部分。已实现持有损益是指已经销售或转换的资产的持有损益，主要包括已销售存货上的持有损益和当期计提折旧的资产在当期现行成本折旧额中的持有损益等，计算金额为已被消耗资产的现行成本与其历史成本之差。未实现持有损益是指尚未销售或处置的资产上的持有损益，主要产生于期末存货、房屋设备等这类实物资产，计算金额为企业期末持有的资产按现行成本计算与其历史成本之差。

持有损益的计算可分为以下两个步骤：

（1）汇总有关项目的历史成本与现行成本（其差额就是持有损益）。

（2）汇总有关项目上已实现和未实现的持有损益。

存货持有损益的确定举例如下：

**【例 12-26】** M 公司期初购入存货 20 000 件，价格为 15 元/件；该公司于年中按 20 元/件的价格售出该种存货 15 000 件，当时该种商品的重置成本为 17 元/件；期末公司仍持有存货 5 000 件，重置成本为 18 元/件。

根据此资料，M 公司应进行的会计处理如下：

（1）期初按实际支付价格记录购入存货：

借：库存商品　　300 000

　　贷：银行存款　　300 000

（2）期中按重置成本记录销出的存货：

借：银行存款　　300 000

　　贷：主营业务收入　　300 000

借：主营业务成本　　255 000

　　贷：库存商品　　255 000

（3）计算本期已实现和未实现的持有损益：

已实现存货持有损益=15 000×（17–15）=30 000（元）

未实现存货持有损益=5 000×（18–15）=15 000（元）

编制会计分录如下：

借：库存商品　　45 000

　　贷：已实现持有损益　　30 000

　　　　未实现持有损益　　15 000

固定资产持有损益的确定举例如下：

**【例 12-27】** N 公司年初按 1 000 000 元价格，购入一台管理用设备，该项设备预计可使用 5 年，假定本年按 12 个月计提折旧，直线法提取的折旧额为 200 000 元。年末该项资产的重置成本为 1200 000 元。

N 公司应作的会计处理为两部分，即在物价变动后调整资产价值，使其与现行成本相一致；调整已提取的折旧额，并按已提折旧的情况确定出资产的已实现、未实现持有损益。

根据固定资产的特点，应将固定资产价格上升的金额部分视为持有损益；而且将已计提折旧部分视为已实现持有损益，未计提折旧部分视为未实现持有损益。

固定资产持有损益=1 200 000–1 000 000=200 000（元）

固定资产已实现持有损益=1 200 000/5–1 000 000/5=40 000（元）

固定资产未实现持有损益=960 000–800 000=160 000（元）

编制会计分录如下：

借：固定资产——设备　　200 000

　　贷：已实现持有损益　　40 000

　　　　未实现持有损益　　160 000

借：管理费用——增补折旧费　　40 000

　　贷：累计折旧　　40 000

3. 按现行成本调整财务报表

按现行成本调整财务报表的方法如下：①按现行成本对报表内的资产项目进行调整，使其账面价值与现行成本趋于一致。②按调整后各账户的余额编制资产负债表，按计算过的资产持有损益编制利润表。

（1）资产负债表项目的调整。在对资产负债表项目进行调整时，对货币性项目和非货币性项目要区别对待。由于货币性项目是按固定金额表述的，不受个别物价变动影响，各年末的历史成本就是其现时成本，因此，对货币性项目按历史成本表述，不用进行任何调整。非货币性项目受个别物价变动的影响，其形成时的历史成本就是当时的现时成本，会计期末要根据有关资产市场价值的变动情况将其调整为资产负债表日的现时成本。

（2）利润表项目的调整。利润表中的某些项目（如销售收入、除折旧费用以外的费用、所得税等）是按当期的物价水平或接近于当期的物价水平逐渐累积的，其历史成本和现时成本极为接近，为简化调整工作，通常不对其进行调整。至于折旧费用和销售成本，因其与特定的、较早取得的资产的历史成本相联系，与相应资产当期的价格距离较近，应按相应资产的现时成本调整确定它们的现时成本。

**（三）现行成本会计的优缺点**

现行成本会计可以客观地评价企业管理人员的工作业绩，维护企业的产权资本和实际生产经营能力，能够提供较真实的经营收益。但是现行成本会计中资产的现行成本难以准确地确定，且没有考虑一般物价水平的变化，应用成本较高。

## 六、现行成本/不变币值会计

### （一）现行成本/不变币值会计概述

1. 现行成本/不变币值会计的含义

现行成本/不变币值会计是一种完全不同于传统财务会计的物价变动会计。传统的财务会计进行计量时有两个特征：①采用历史成本作为其计量属性。②以名义货币单位为其计量单位。现行成本/不变币值会计既改变了传统会计的计量单位，又改变了传统会计的计量属性，实际上是将不变币值会计与现行成本会计有机地结合在一起，发挥了两者的长处，避免了两者的短处，以便全面、完整、准确地反映和消除物价变动对会计信息的影响，因而成为一种完全不同于传统财务会计的物价变动会计。

2. 现行成本/不变币值会计的特点

现行成本/不变币值会计模式与传统会计、一般物价水平会计和现行成本会计相比，具有以下几个特点：

（1）既改变计量基础——用现行成本取代历史成本，又改变计量单位——用不变币值货币取代名义货币单位。

（2）既确认非货币性项目的持有损益，又确认货币性项目购买力损益，而且，两者计算结果分别与现行成本/名义货币会计模式和历史成本/不变币值会计模式下资产持有损益和货币性项目购买力损益计算结果相同。

（3）对资产持有损益要进行分解。在最终编制的现行成本/不变币值财务报表中，资产持有损益要被区分为一般物价水平变动影响的金额和个别物价水平变动影响的金额两部分，并将后者单项列示。

### （二）现行成本/不变币值会计的基本程序

现行成本/不变币值会计模式下编制财务报表的具体步骤如下：

（1）按现行成本对历史成本/名义货币财务报表数据进行调整，并确定资产持有损益。

（2）重编现行成本/名义货币财务报表。

（3）按不变币值货币对现行成本/名义货币财务报表数据进行调整，并确定货币性项目购买力损益。

（4）确定个别物价水平变动超过一般物价水平变动对资产持有损益的影响数。

（5）编制现行成本/不变币值财务报表。

### （三）现行成本/不变币值会计的优缺点

1. 现行成本/不变币值会计的优点

（1）能够为决策提供更为相关的信息。一般物价水平会计改变了传统会计的计量单位，在按历史成本计价的基础上反映了物价变动的影响，但它采用的计量属性决定了它所提供信息的局限性。现行成本会计改变了传统会计的计量属性，能够提供比历史成本计价更为相关的会计信息，但它仍采用名义货币计量单位，不能全面反映和消除物价变动的影响。而现行成本/不变币值会计既改变了传统会计的计量单位，又改变了它的计量属性，因而，综合了一般物价变动会计和现行成本会计的优点。它以不变币值作为计量单位，以现行成本作为计量属性，因而能够提供对决策更为相关的会计信息。

（2）可以更加真实地反映企业收益和更好地评价管理人员的业绩。传统的会计以现行收入与历史成本相配比，计算出收益，而且以名义货币单位计量，从而使收益水分更大。现行成本/不变币值会计以不变币值计量的现行收入与现行成本相配比，使计算出的收益更为客观。同时，将收益分为经营收益和持有收益，并对持有收益进一步加以区分，能够较科学地评价管理人员运用资本获取利润的能力和科学地管理资产及资产保值增值的水平。

2. 现行成本/不变币值会计的缺点

（1）所需资料难以得到。现行成本/不变币值会计为了反映和消除物价变动对会计信息的影响，采用现行成本计价。但各项资产的现行成本资料难以取得，实际上主观随意性大。此外，用不变币值作为计量单位需要各种与各企业资产结构相适应的物价指数，而这些物价指数同样难以取得。这就使现行成本/不变币值会计的推广运用受到限制。

（2）会计程序和方法过于繁杂，所提供的信息阅读者不易理解。采用现行成本/不变币值会计对以现行成本为计量基础的财务报表还需要按不变币值货币进行换算，既要反映货币购买力损益，又需反映资产的持有损益，还要对持有损益加以区分，其调整计算过程比较复杂。经多次调整计算后得到的报表资料，在理解上有一定的难度，能真正搞清楚这种报表所提供的信息的使用者很少。

（3）需要花费较高的成本，效益是否大于成本值得探讨。由于现行成本/不变币值会计程序和方法较复杂，因而大大增加了其工作量，相应地增加了信息的取得成本，从而使其效益是否一定大于成本成为一个值得探讨的问题。甚至从开始实行现行成本/不变币值会计，就有很多企业认为现行成本/不变币值会计的效益小于成本，因而难以被人们接受。

## 【复习思考题】

1. 什么是合伙企业？它有什么特点？
2. 合伙企业的协议一般包括哪些内容？
3. 合伙人作为资本投入的方式有哪几种？其作价依据是什么？
4. 什么是衍生金融工具？衍生金融工具一般有哪几种？各有什么特点？
5. 如何理解套期？怎样区分公允价值套期与现金流量套期？
6. 货币性项目净额上的购买力损益是基于什么样的假设？它是如何确定的？
7. 资产持有损益是基于什么样的假设？它是如何确定的？
8. 简述一般物价水平会计的基本程序。
9. 简述现行成本会计的基本程序。
10. 简述现行成本/不变币值会计的基本程序。

# 参 考 文 献


[1] 财政部会计司编写组．企业会计准则讲解[M]．北京：人民出版社，2008．

[2] 中国注册会计师协会．会计[M]．北京：中国财政经济出版社，2010．

[3] 财政部会计资格评价中心．中级会计实务[M]．北京：经济科学出版社．2010．

[4] 刘永泽，傅荣．高级财务会计[M]．大连：东北财经大学出版社，2009．

[5] 梁莱歆．高级财务会计[M]．北京：清华大学出版社，2010．

[6] 企业会计准则编审委员会．企业会计准则——应用指南[M]．上海：立信出版社，2006．

[7] 陈信元．高级财务会计[M]．上海：上海财经大学出版社，2009．

[8] 张文贤，高伟富，陈平平．高级财务会计[M]．大连：东北财经大学出版社，2009．

[9] 张劲松，李瑛．高级财务会计[M]．北京：科学出版社，2008．

[10] 余国杰．高级财务会计[M]．北京：清华大学出版社，2008．

[11] 傅秉潇．高级财务会计[M]．北京：清华大学出版社，2010．

[12] 赵雪媛，朱莲美，万寿琼．高级财务会计[M]．北京：中国财政经济出版社，2010．